Wettbewerb, Unternehmenskonzentration und Innovation

Kommission für wirtschaftlichen
und sozialen Wandel 37

Udo Müller

Wettbewerb, Unternehmenskonzentration und Innovation

Verlag Otto Schwartz & Co., Göttingen

Wettbewerb, Unternehmenskonzentration und Innovation

Literaturanalyse zur These vom Wettbewerb als Entdeckungsverfahren

von

Prof. Dr. Udo Müller
Lehrstuhl C für Volkswirtschaftslehre
an der Technischen Universität Hannover
unter Mitarbeit von
Dipl.-Volkswirt Peter Stahlecker

Verlag Otto Schwartz & Co., Göttingen

ISBN 3-509-00823-5

Druck: Verlag Otto Schwartz & Co., Göttingen

Die Bundesregierung hat im Jahre 1971 die Kommission für wirtschaftlichen und sozialen Wandel berufen. Die Kommission ist in ihrer Tätigkeit unabhängig und setzt sich aus Vertretern der Arbeitgeber und Arbeitnehmer sowie der Wissenschaft zusammen. Sie ist beauftragt, die mit dem technischen, wirtschaftlichen und sozialen Wandel zusammenhängenden Auswirkungen und Aufgaben im Hinblick auf eine Weiterentwicklung der Gesellschaftspolitik zu untersuchen und wirtschafts-, sozial- und bildungspolitische Gestaltungsmöglichkeiten aufzuzeigen.

Die Kommission vergibt hierzu Forschungsaufträge. Sie legt hiermit unabhängig von ihrer Stellungnahme das Ergebnis eines Forschungsauftrags vor. Auf Beschluß der Bundesregierung äußert sich die Kommission gegenüber der Öffentlichkeit nur in Form eines Schlußgutachtens.

INHALTSVERZEICHNIS

GLIEDERUNG

Seite

Seite

Verzeichnis der Tabellen — Seite

Seite

0. Problembereiche, Aufbau und Beurteilungskriterien der Untersuchung

0.1. Problembereiche

Das in der Fragestellung eingeengte Teilprojekt 87 hat sich als Literaturanalyse mit dem folgenden Problemkreis zu befassen: Es soll auf der Basis empirischer Daten und Fakten untersucht werden, ob und inwieweit angesichts andauernder horizontaler, vertikaler und konglomeraler Unternehmenskonzentrationsprozesse die These vom Wettbewerb als einem idealen Entdeckungsverfahren modifiziert werden muß. Da sind Argumente, die der Unternehmenskonzentration eine Erhöhung des innovatorischen Potentials zuschreiben (bessere Finanzierungsmöglichkeiten, breitere Risikostreuung, Verringerung des Markt- und Forschungsrisikos durch zunehmende Planbarkeit u.a.). Eine andere Argumentation verbindet die Konzentration dagegen mit abnehmender Innovationsneigung und Innovationsmotivation. Von dieser Seite wird darauf hingewiesen, daß die Forschungskonkurrenz durch Absprachen bzw. die Forschungseffizienz durch wachsende Unternehmensgrößen und damit verbundene Ineffektivität abnehme.

Auch die ständigen Diskussionen der Konsumenten über den Wert oder auch Unwert mancher Neuerungen sowie kritische Stimmen zu der angeblich mangelnden oder fehlgeleiteten Forschungsaktivität von Großunternehmen legen den Versuch nahe, das gegenwärtige Marktsystem dahingehend zu durchleuchten, inwieweit die Wirtschaftssubjekte zu Innovationen fähig und geneigt sind. In der vorliegenden Literaturanalyse sind in bezug auf diese Fragestellung die Aussagen im Schrifttum über die Einflüsse der Unternehmensgröße und der Unternehmenskonzentration auf die Innovationsfähigkeit und die Innovationsbereitschaft kritisch zu betrachten. Die gedankliche und tatsächliche Kausalkette verläuft dabei über den Knotenpunkt Wettbewerb, zu dessen maßgeblichen Funktionen die Förderung von Neuerungen auf produktionstechnischem und produktmäßigem Gebiet zählt. Eine Kernfrage lautet: Werden durch die Unternehmenskonzentration und wachsende Unternehmensgrößen derartige Einflüsse auf den Wettbewerb und das innovatorische Potential ausgelöst, daß sich die These vom Wettbewerb als bestmöglichem Entdeckungsverfahren nicht mehr halten läßt? Diese Frage wäre z.B. dann zu bejahen, wenn wachsende Unternehmensgrößen und Untermehmenskonzentration aus technischen Gründen unvermeidbar wären, gleichzeitig aber einen solchen Einfluß auf den Wettbewerb hätten, daß dysfunktionale Wirksamkeit bzw. "Insuffizienzsyndrome" (S.L. G a b r i e l, 1971, S. 8o2, 196) des Wettbewerbs die Folge wären.

Muß die These vom Wettbewerb als bestmöglichem Entdeckungsverfahren wegen der Auswirkungen und Erfordernisse des wirtschaftlichen und sozialen Wandels verworfen werden? Diese Frage wird in der Literatur kontrovers beantwortet. F.A. H a y e k, der die Metapher vom "Wettbewerb als Entdeckungsverfahren" für seinen Vortrag vom 5. Juli 1968 im Institut für Weltwirtschaft an der Universität Kiel prägte, plädiert besonders engagiert für den Wettbewerb als Anreiz- und Organisationsprinzip. Er sieht im Wettbewerb dasjenige Verfahren, mit dessen Hilfe mehr und bessere Entdeckungen in einer Gesellschaft möglich sind und tatsächlich anfallen als bei jeder anderen gesellschaftlichen Organisation. Jedoch ist F.A. H a y e k nicht der einzige Autor, der den Wettbewerb als optimales Innovationsverfahren auffaßt.

O.2. Aufbau und Beurteilungskriterien

Eine Durchsicht der Literatur zeigt sehr unterschiedliche Varianten des Wettbewerbs als Entdeckungsverfahren, wobei vor allem in jeder dieser Varianten ganz verschiedene Faktoren als innovationsfördernd angesehen werden. Die Einflüsse wachsender Unternehmensgrößen und der Unternehmenskonzentration auf Wettbewerb und Innovation werden sehr abweichend beurteilt. Dieser Sachverhalt ist in bezug auf den Aufbau und die Beurteilungskriterien dieser Literaturanalyse zu beachten, die in den folgenden Punkten (1) bis (8) erläutert werden:

(1) Die Basis Wettbewerbs<u>theorie</u> ist in wesentlichen Punkten kontrovers. Ein wichtiges Kriterium für ihre kritische Beurteilung ist der <u>Erkundungsgrad</u>, das Ausmaß, in dem es gelungen ist, das ursprünglich gedanklich nicht strukturierte und empirisch weitgehend unbekannte Feld des marktwirtschaftlichen Wettbewerbs zu ergründen, die Zusammenhänge zu präzisieren und operational zu formulieren.

(2) Die moderne wettbewerbs<u>politische</u> Diskussion offeriert (abgeleitet mehr oder weniger aus der Wettbewerbstheorie) eine Reihe grundverschiedener wettbewerbspolitischer Konzeptionen. In diesen werden völlig abweichende Meinungen (Hypothesen) bezüglich derjenigen Faktoren vertreten, die in einer Gesellschaft innovationsverstärkend wirken und die Wirtschaftssubjekte auf innovatives Verhalten hin ausrichten. Diese wettbewerbspolitischen Konzeptionen bedürfen der Überprüfung auf <u>Stringenz</u> (innere Geschlossenheit) und <u>therapeutische Ergiebigkeit</u> (Umfang der möglichen Schlußfolgerungen für die praktische Wettbewerbspolitik).

(3) In den wettbewerbspolitischen Konzeptionen weichen die Auffassungen über den Einfluß wachsender Unternehmensgrößen und Unternehmenskonzentration auf Wettbewerb und innovatorisches Potential stark voneinander ab.

(4) Weitgehende Einigkeit besteht im Grundsatz darüber, daß die Innovationsaktivität eine der wichtigsten Quellen des Produktionswachstums darstellt.

(5) Der Anteil des auf Ausnutzung des innovatorischen Potentials zurückführbaren Produktionswachstums ist nicht nur von Volkswirtschaft zu Volkswirtschaft, sondern auch von Branche zu Branche verschieden. Mit bestimmten statistischen Verfahren hat man versucht (F r o h n u.a., 1973, 192), den Anteil des auf Innovationen und Imitationen begründeten intensiven Wachstums am gesamten Produktionswachstum zu messen. Dabei ergab sich für 29 Industriebereiche der Bundesrepublik die folgende Reihenfolge:

a) Industriegruppen, deren Produktionswachstum ausschließlich auf technischem Fortschritt beruht:

Eisen-, Stahl- und Tempergießerei,

Schiffbau,

Leder- und Schuhindustrie,

Textilindustrie,

Feinkeramikindustrie,

Sägewerke und holzverarbeitende Industrie.

b) Industriegruppen, deren Produktionswachstum überwiegend (zu mehr als 5o %) auf technischem Fortschritt beruht:

Holzschliff, Zellstoff, Papier und Pappe erzeugende Industrie, Ziehereien und Kaltwalzwerke,

Feinmechanische und optische Industrie sowie Uhrenindustrie,

Holzverarbeitende Industrie,

Chemische Industrie,

Mineralölverarbeitung.

c) Industriegruppen, deren Produktionswachstum nur teilweise auf technischem Fortschritt beruht (5o % und darunter):

NE-Metallindustrie,

Eisen-, Blech- und Metallwarenindustrie, Stahlverformung,

Stahl- und Leichtmetallbau,

Elektrotechnische Industrie,

Gummi- und asbestverarbeitende Industrie,
Bekleidungsindustrie,
Papier- und pappeverarbeitende Industrie,
Druckerei- und Vervielfältigungsindustrie,
Eisenschaffende Industrie,
Glasindustrie.

d) Industriegruppen, deren Produktionswachstum nicht auf technischem Fortschritt beruht:

Ölmühlen- und Margarineindustrie,
Maschinenbau,
Zuckerindustrie,
Industrie der Steine und Erden,
Straßenfahrzeugbau,
Brauerei und Mälzerei.

(6) Die empirischen Befunde über den Einfluß der Unternehmensgröße und der Unternehmenskonzentration auf das innovatorische Potential müssen an einem wettbewerbspolitischen Leitbild gemessen werden, wenn und soweit Aussagen über den Bestand des Wettbewerbs als Entdeckungsverfahren gemacht werden sollen. Die wettbewerbspolitischen Leitbilder ihrerseits müssen anhand der empirischen Befunde überprüft werden (Interaktion von Theorie und Praxis).

(7) Die in der Literatur vorgelegten empirischen Befunde sind auf die Kriterien Zuverlässigkeit (Reliabilität) und Gültigkeit (Validität) hin zu untersuchen. Bei der Zuverlässigkeit geht es um die korrekte und vollständige Datensammlung, die statistisch-methodisch einwandfreie Bearbeitung und die Zulässigkeit der aus dem Zahlenmaterial gezogenen Schlußfolgerungen. In Sachen Gültigkeit geht es um eine Kernfrage: Sind die in der Literatur anzutreffenden Aussagen Antworten tatsächlich zu derjenigen Frage, zu der sie eine Antwort geben wollen?

(8) Der so geführte Vergleich ergibt möglicherweise Anhaltspunkte, ob und inwieweit die Konzeption des Wettbewerbs als Entdeckungsverfahren modifiziert werden muß.

1. Wettbewerbstheoretische Grundlagen und Verankerung des Wettbewerbs als Entdeckungsverfahren in alternativen wettbewerbspolitischen Konzeptionen

H. W a l t e r kommt in seinem, viele Widersprüche in diesem Zweig der Theorie aufdeckenden Aufsatz "Bemerkungen zum gegenwärtigen Stand der Wettbewerbstheorie" (H. W a l t e r, 1969, S. 555, 656) zu folgendem Urteil über die Möglichkeiten und Notwendigkeiten der weiteren wettbewerbstheoretischen Entwicklung: "Damit erhebt sich zum Schluß die Frage, ob uns das nicht mit einem Scherbenhaufen zurückläßt. Ist es unter diesen Umständen überhaupt möglich, Modelle zu entwickeln, die den Wettbewerbsprozeß adäquat wiedergeben? Wenn man den Modellbegriff in der bisher in der Wettbewerbstheorie üblichen Weise faßt, dann wird man die Frage wohl verneinen müssen. Ein einfaches Erklärungsschema, etwa nach Art der Preisbildungsmodelle, reicht einfach nicht aus. Wahrscheinlich liegt der erfolgversprechendere Weg darin, die Probleme des Wettbewerbsprozesses mit der Analyse der (auch kurzfristig zu interpretierenden) strukturellen Wandlungen in einer wachsenden Wirtschaft zu verbinden, denn beide Problemkreise sind im Grunde nur zwei Seiten der gleichen Medaille. Nur aus einem solchen Ansatz lassen sich Kriterien entwickeln, die dem dynamischen Charakter des Wettbewerbs gerecht werden."

Diese Verknüpfung des Wettbewerbs mit dem wirtschaftlichen und sozialen Wandel - auch von E. T u c h t f e l d t (1966, 642) in Verbindung mit der langfristigen Wirtschaftspolitik hervorgehoben - muß auf eine überzeugende wettbewerbstheoretische Basis und daraus konsequent abgeleitete wettbewerbspolitische Konzeptionen gestützt werden. Ob beide Leistungen allerdings beim heutigen Stand der Theorie erbracht werden (können), ist zweifelhaft. S.L. G a b r i e l (1971, S. 8o2 f., 196) spricht von einem "Trümmerhaufen", den uns Häretiker wie C h a m b e r l i n (1937), J.M. C l a r k (1939/4o) und S c h u m p e t e r (1942) hinterlassen haben und fügt in bezug auf die Suche nach der optimalen Marktform bissig hinzu: "Was die Klassiker in ihrer Schlichtheit nur vermutet hatten, ließ sich jetzt exakt beweisen. Vor allem aber war immer ganz klar, was die Wettbewerbspolitik zu tun hatte: Vier Anbieter waren besser als zwei, zwölf entschieden besser als vier und sehr viele Anbieter unter allen Umständen eine sehr schöne Sache. Produktdifferenzierung war ebenso dubios wie die endlich entlarvte Werbung, wirtschaftliche Mächte schlechthin von Übel und der Monopolist, der schon von weitem erkennbare Schurke in diesem Stück. Dieser Traum ist leider zu Ende. In unserer zweitbesten Welt kann der Versuch, sich an irgendeiner Stelle den Gleichgewichtsbedingungen eines Systems kompetitiver Märkte und damit den Erfordernissen paretianischer Effizienz in aller Bescheidenheit auch nur zu nähern, die Lage bekanntlich verschlechtern. Vielleicht kann man sie damit auch verbessern. Eine Vergrößerung der Zahl selbständiger Entscheidungsträger kann den Wettbewerb intensivieren, aber ebensogut abschwächen. Ein Mehr an Produktdifferenzierung kann nützlich sein, eine verbesserte Transparenz den Wettbewerb beschränken. Und während aktive Konkurrenz ohne jede wirtschaftliche Macht kaum denkbar ist, mußte allein schon das Phänomen des erfolgreichen - und offensichtlich notwendigen - Innovators davor warnen, jeden Monopolisten weiterhin unbesehen als Schurken anzusprechen."

1.1. Die Dimensionen des Wettbewerbsprozesses

Bei aller Strittigkeit in den Grundlagen und im Detail ergibt eine Analyse der Literatur zunehmend eine tendenzielle Einigkeit über die wesentlichen Dimensionen, die ein Marktprozeß aufweisen muß, wenn er zu Recht als Wettbewerbsprozeß bezeichnet werden darf. Diese Einigkeit bezieht sich allerdings nur auf die Tatsache, daß bestimmte Dimensionen dem Wettbewerbsprozeß zuzurechnen sind. Die inhaltliche Interpretation dagegen zeigt eine Vielfalt stark gegensätzlicher Auffassungen, die sich in den abgeleiteten unterschiedlichen wettbewerbspolitischen Konzeptionen niederschlägt.

Diese aus der Literatur aus vielen Einzelstellen und einer Vielzahl von Autoren herauszulesenden Dimensionen des Wettbewerbsprozesses sind:

1.1.1. Verhaltensweisen (im Wettbewerb),
1.1.2. Marktphasen,
1.1.3. Präferenzpotentialverteilungsänderungen,
1.1.4. Intensität,
1.1.5. Richtung,
1.1.6. Widerstreit polypolisierender und monopolisierender Kräfte.

Bei der Bewertung und Gewichtung dieser Dimensionen des Wettbewerbsprozesses, in ihrer Verknüpfung mit den Wettbewerbsvoraussetzungen (vergl. dazu 1.2.) und den Aufgaben des Wettbewerbs und in ihrer Verbindung untereinander wie auch bezüglich der gesellschaftspolitischen Schlußfolgerungen schälen sich vor allem fünf Grundauffassungen über den Wettbewerb als Entdeckungsverfahren als wettbewerbspolitische Konzeptionen heraus:

a) Die Konzeption der Freiburger Schule,
b) die Konzeption der gegengewichtigen Marktmacht,
c) die Konzeption des weiten Oligopols,
d) die Konzeption der Wettbewerbsfreiheit,
e) die von F.A. H a y e k vorgetragene Konzeption, die ausdrücklich die Bezeichnung "Wettbewerb als Entdeckungsverfahren" führt.

Zunächst wird auf die Dimensionen des Wettbewerbsprozesses eingegangen; später (1.4.) auf die wettbewerbspolitischen Konzeptionen.

1.1.1. Verhaltensweisen im Wettbewerb

Kreatives, adaptives und konsolidierendes Verhalten unterscheidet H. W a l t e r (1969, S. 55o ff., 656) in Anlehnung an andere Autoren. Kreatives Verhalten zeigt sich in unternehmerischen Maßnahmen, die das Ziel verfolgen, einen Vorsprung(sgewinn) vor den Konkurrenten herauszuholen: Produkt- und Verfahrensinnovationen werden als Wettbewerbsinstrumente eingesetzt. Beim adaptiven Verhalten ahmen Wettbewerber die erfolgreichen Maßnahmen des Neuerers nach und versuchen, dessen Vorsprung(sgewinn) einzuholen. Sie übernehmen die Neuerungen, eventuell mit weiteren Verbesserungen. Konsolidierendes Verhalten zielt demgegenüber auf eine Stabilisierung der gegebenen Wettbewerbspositionen ohne Einbringung wesentlicher neuer Ideen.

Die genannten Verhaltensweisen im Wettbewerb haben Veränderungen der Marktstruktur zur Folge. Sie schlagen sich in unterschiedlichen Marktergebnissen nieder. Wesentliche Merkmale des kreativen Wettbewerbs sind:

"1. Die Durchsetzung neuer Kombinationen im Schumpeterschen Sinne;
2. das Aufbrechen der bestehenden Angebots- und Nachfragestruktur, induziert vor allem durch individuelle Umsatzänderungen und
3. die Tendenz zum Monopol mit Gewinnsteigerung auf dem expandierenden, kreativen Teilmarkt . ..."

Wesentliche Kennzeichen des adaptiven Wettbewerbs sind:

"1. Relative (u.U. auch absolute) Preissenkung;
2. Erhöhung der Anbieterzahl auf weiter expandierendem Markt und
3. Gewinneliminierung und Erhöhung des Vollkommenheitsgrades. ..."

Wesentlich für den konsolidierenden Wettbewerb sind:

"1. Vorherrschen präferenzbezogener Wettbewerbsmaßnahmen auf einem relativ stagnierenden Markt und

2. Erhöhung des Unvollkommenheitsgrades, wobei die Anbieterzahl vor allem von den Marktzutritts- und -austrittsbedingungen und der Nachfrageelastizität abhängt" (H. W a l t e r, 1969, S. 551 u. 552, 656)."

Die Typisierung macht deutlich, wie sich in Abhängigkeit vom Wettbewerbsverhalten die Determinanten der Marktform, Zahl der Anbieter und Vollkommenheitsgrad des Marktes, ändern. Das gilt auch für das Konzept der Marktphasen, bei dem allerdings der zeitliche Aspekt stark in den Vordergrund rückt.

1.1.2. Marktphasen

Eine Typisierung der Marktphasen hat E. H e u ß in seinem Buch "Allgemeine Markttheorie" (1965, 253) entwickelt. Idealisiert und ohne die von H e u ß beschriebenen Sonderfälle verläuft die Entwicklung auf jedem Einzelmarkt in vier Phasen: Die Experimentierungsphase bringt ein neu geschaffenes Produkt, das bis zur notwendigen Marktreife weiterentwickelt wird. Die Zahl der Anbieter ist entsprechend klein; das Wettbewerbsverhalten ist kreativ. In der Expansionsphase steigt die Produktion verstärkt an. Die wichtigsten Absatzgebiete werden bei durch Zustrom neuer Wettbewerber zunehmender Anbieterzahl in Zusammenhang mit sinkenden Stückkosten und Preisen erschlossen. Das adaptive Wettbewerbsverhalten überwiegt, doch sind weiterhin Elemente des kreativen Verhaltens vorhanden. In der Ausreifungsphase sinken die Wachstumsraten der Produktion bereits ab, während die Produktion absolut noch steigen kann. Das konsolidierende Wettbewerbsverhalten setzt sich immer mehr gegenüber dem kreativen und adaptiven Wettbewerbsverhalten durch. Die Stagnations- und Rückbildungsphase endlich führt zum Stillstand oder sogar zum absoluten Rückgang des immer "enger" werdenden Einzelmarktes. Die Zahl der Wettbewerber sinkt. Das konsolidierende Wettbewerbsverhalten herrscht vor.

Die Aussagekraft des dargestellten Marktphasenschemas in Zusammenhang mit der wissenschaftlichen Erforschung des Wettbewerbsprozesses ist umstritten. Die Marktphasen determinieren - in Grenzen - lediglich das Verhalten auf demjenigen Einzelmarkt, dessen Entwicklung man gerade betrachtet. Zum typisch wettbewerblichen Verhalten gehört jedoch entscheidend gerade das rechtzeitige Ausbrechen in andere Märkte, das Eindringen in weitere Märkte und das Erschließen ganz neuer Märkte.

Das bisher in der Wettbewerbstheorie nicht restlos beherrschte Problem der Marktabgrenzung stört auch die Schlüssigkeit der Theorie der Marktphasen. Die Tatsache, daß Unternehmen auf verschiedenen Märkten konkurrieren, läßt sich in das Konzept der Einzelmarktphasen ebenfalls nicht einbauen. Ein Beispiel ist der Fall, "daß sich auf einem Markt Unternehmungen als Oligopolisten begegnen, die bereits auf anderen Märkten in ähnlichen Oligopolbeziehungen zueinanderstehen" (E. H e u ß, 1968, S. 54, 254). Die in diesem Fall möglicherweise bestehenden wechselseitigen Beziehungen zwischen den Oligopolisten sind mit dem einzelmarktlichen Ansatz des Marktphasenkonzepts nicht zu erklären. H. V ö l k e l (1971, 655) schlußfolgert: "Das besagt nun aber doch nichts anderes, als daß auch Heuß der einzelmarktlichen Analyse die Fähigkeit abspricht, den Wettbewerb in seiner Komplexität erfassen zu können. Aus allem folgt, daß der Wettbewerb in den späteren Marktphasen keineswegs, wie Heuß behauptet, eine polypolistische Marktstruktur voraussetzt, sondern sich ebenso in anderen Marktstrukturen - beispielsweise einer oligopolistischen, aber auch einer monopolistischen - frei entfalten kann, wenn auch nicht immer muß, weshalb die Wettbewerbspolitik schlecht beraten wäre, wenn sie das von Heuß für die späteren Marktphasen propagierte Polypol als Leitbild übernehmen würde. Im übrigen wäre sie hierzu auch gar nicht in der Lage, kann sie doch zu keinem Zeitpunkt feststellen, ob der Markt noch im Reifen begriffen oder bereits ausgereift ist. Mit anderen Worten: Heuß' Wettbewerbsvorstellung ist weder theoretisch haltbar noch wirtschaftspolitisch praktikabel." In den an späterer Stelle darzustellenden wettbewerbspolitischen Konzeptionen sind ganz divergierende "Stellungnahmen" zu dieser Frage (explizit oder implizit) enthalten.

1.1.3. Präferenzpotentialverteilungsänderungen

Im marktwirtschaftlichen Wettbewerb bemühen sich die Wettbewerber um Geschäftsabschlüsse, indem sie den potentiellen Partnern auf der Marktgegenseite günstige Geschäftsbedingungen in Aussicht stellen. Anbieter und Nachfrager sind an einem heterogenen Angebot von Gütern interessiert. Jeder Wettbewerber versucht, durch Wettbewerbsaktionen einen möglichst großen Anteil der von Käufern (Verkäufern) insgesamt zu vergebenden Präferenzen (Präferenzpotential) an sich bzw. seine Firma zu binden.

Für einen Wettbewerbsprozeß sind nur solche Präferenzerwerbe relevant, die auf Leistung, insbesondere auf kreativem oder adaptivem Verhalten, beruhen. Um eine saubere begriffliche und sachliche Trennung von Leistungs- und Nichtleistungspräferenzen bemüht sich H e r d z i n a: "Die Frage, wann Wettbewerb herrscht, läßt sich unter Verwendung des Präferenzbegriffs - zunächst allerdings nur sehr formal - beantworten, wenn zwischen zwei Arten von Präferenzen unterschieden wird. Soweit das einzelne Unternehmen mit seinem Angebot dem Verlangen der Käufer nach heterogenen Gütern entspricht, erbringt es eine Leistung. Die daraus entstehenden Präferenzen können als Leistungspräferenzen, die resultierenden Gewinne als Leistungsgewinne bezeichnet werden. Entspricht das Angebot jedoch nicht den Käuferwünschen und kommt die Kaufentscheidung z.B. nur deshalb zustande, weil das tatsächlich gewünschte Gut infolge von Marktzugangsbeschränkungen für potentielle Anbieter nicht auf dem Markt erscheint oder weil es den

Käufern an Markttransparenz fehlt, so muß von Nichtleistungspräferenzen und analog von Nichtleistungsgewinnen gesprochen werden" (K. Herdzina, 1973, S. 62 f., 252). Insofern und insoweit Herdzina bei diesem Versuch der Trennung von Leistungs- und Nichtleistungspräferenzen von dem Wettbewerbsprozeß vorgegebenen Käuferwünschen ausgeht, von einem gegebenen Indifferenzkurvensystem also, ist weder praktisch in bezug auf die Probleme gerade des innovativen Wettbewerbs noch in bezug auf die Operationalität des Ansatzes viel gewonnen. Ketzerisch beißend ist K.E. Bouldings wissenschaftstheoretische Kritik (1973, 86): "Eine der befremdlichsten Illusionen der Ökonomen ist eine Doktrin, die als 'Unbefleckte Empfängnis der Indifferenzkurve' bezeichnet werden könnte. Sie besagt, daß Geschmack einfach gegeben ist und wir den Prozeß, durch den er gebildet wird, nicht untersuchen können. Diese Doktrin ist buchstäblich 'für die Katz', deren Geschmacksurteile größtenteils aus ihren genetischen Strukturen entstehen und deshalb in der Dynamik von Katzengesellschaften als Konstante behandelt werden können. In der menschlichen Gesellschaft ist jedoch in der Tat die genetische Komponente des Geschmacks sehr klein. Wir beginnen mit einer Vorliebe für Milch, Wärme und Trockenheit und einer Abneigung gegen Hunger, Kälte und Nässe, und wir haben bestimmte latente Triebe, die die Herausbildung späterer Präferenzen in bezug auf Sexualität, Besitz oder Politik lenken, aber der bei weitem größte Teil menschlicher Präferenzen ist angelernt, abermals durch einen Mutations-Selektions-Prozeß."

Der Wettbewerbsprozeß ist - so könnte man argumentieren, wenn das gerade angesprochene Problem der Determinanten der Präferenzen gelöst wäre - durch laufende Umverteilungen und Re-Umverteilungen des Präferenzpotentials - zumindest aber durch darauf gerichtete Wettbewerbsanstrengungen - gekennzeichnet. Diese Änderungen der Verteilung des Präferenzpotentials zeigen sich für die einzelne Unternehmung einerseits in bewußt herbeigeführten Änderungen der Lage der eigenen Preisabsatzfunktion und andererseits im Grad der ebenfalls erwünschten Resistenz gegenüber Versuchen anderer Wettbewerber, diese Absatzlage zu verschlechtern.

1.1.4. Intensität

Eine Erstarrung des Wettbewerbs liegt vor, wenn das kreative und/oder das adaptive Wettbewerbsverhalten erlahmen. Der Wettbewerb ist dagegen um so intensiver, je häufiger grundlegende und marginale Neuerungen und ungehinderte Nachahmungen stattfinden. "Und zwar soll unter 'Wettbewerbsintensität' die Folge, die Dichte der Wettbewerbshandlungen (der verschiedenen Wettbewerber) verstanden werden, womit nicht nur die Schnelligkeit, mit der Wettbewerbshandlungen aufeinanderfolgen, gemeint ist, sondern auch das Ausmaß von Parameteränderungen. Vielfach wird die Vorstellung, auf einem Markt herrsche eine bestimmte Wettbewerbsintensität, mit bestimmten einzelnen Arten von Aktionsparametern - z.B. Preis- oder Verfahrensinnovationen - verknüft. Dies soll jedoch nicht Begriffsmerkmal der 'Wettbewerbsintensität' sein: es bleibt offen, welche Arten von Aktionsparametern von den verschiedenen Wettbewerbern eingesetzt werden" (F.-U. W i l l e k e, 1973, S. 19,[668]). Diese begriffliche Fassung der Intensität verwendet beobachtbare Sachverhalte des Wettbewerbsprozesses; sie ist deshalb ein brauchbarer und ausbaufähiger Ansatz. Allerdings stößt die empirische Messung der Intensität des Innovationswettbewerbs großer und weniger großer Unternehmen sowie stark oder weniger stark konzentrierter Branchen auf eine Vielzahl weiterer Probleme (vergl. dazu 2.1. bis 2.4.), zu deren Lösung die Wettbewerbstheorie nur sehr begrenzt beiträgt.

Die Interdependenz, d.h. der Grad der in einem bestimmten Zeitpunkt gegebenen wechselseitigen Abhängigkeit der Marktanteile zwischen Firmen, ist demgegenüber kein geeigneter

Maßstab zur Messung der Wettbewerbsintensität: Ein gegebener Interdependenzgrad läßt sehr unterschiedliche zukünftige Verhaltensmöglichkeiten der Wettbewerber offen, je nachdem, ob die Wettbewerber eine hohe oder niedrige Interdependenz als beflügelndes oder aber die Initiative blockierendes Ereignis auffassen. Zudem werden sich Wettbewerbsanstrenungen oft gerade darauf richten, den Interdependenzgrad abzuschwächen. Vermeidet man die Messung der Wettbewerbsintensität durch den Maßstab der Interdependenz (und setzt statt dessen bei den aktiven Wettbewerbsverhaltensweisen an), so entgeht man auch der nicht gerade einleuchtenden, sonst notwendigen Feststellung: Die Wettbewerber versuchen, die Wettbewerbsintensität durch intensiven Wettbewerb abzubauen.

1.1.5. Richtung

Sofern bei einem Marktprozeß tatsächlich ein Wettbewerbsprozeß vorliegt, sind keine konkret-materiellen Voraussagen über seine Ergebnisse im einzelnen möglich: Die Richtung des Wettbewerbsprozesses ex ante ist unbestimmt; aus der Sicht des einzelnen Teilnehmers ist der Erfolg wettbewerblicher Maßnahmen unsicher. Der Wettbewerbsprozeß ist also im zeitlichen Ablauf offen, d.h. ohne von vornherein festgelegte Richtung: mit seinen kreativen und adaptiven Verhaltensweisen soll er als Antwort auf die potentiellen Käuferpräferenzen Schritt für Schritt diese Käuferpräferenzen enthüllen, entdecken und in diesem Sinne ein Suchprozeß sein.

Diese Formulierung des "Wettbewerbs als Entdeckungsverfahren" steht nicht im Widerspruch dazu, ganz allgemein formulierte Sachverhalte (wie etwa: "möglichst viele Innovationen" oder/und hohe Anpassungsflexibilität) vom Wettbewerb zu erwarten und normativ als Ziele der Wettbewerbspolitik zu formulieren (vergl. dazu die weiteren Ausführungen in 1.4.3. und 1.4.4.).

1.1.6. Widerstreit polypolisierender und monopolisierender Kräfte

Kennzeichnend für den Wettbewerbsprozeß ist der folgende Tatbestand: Es gibt keine bestimmte Marktform (Polypol, Oligopol usw.), die als notwendige oder/und hinreichende Bedingung für einen Wettbewerbsprozeß angesehen werden darf. Die Kausalkette verläuft umgekehrt. Im Wettbewerbsprozeß sind in Abhängigkeit vom Wettbewerbsverhalten und von den Marktphasen laufend marktformenverändernde Kräfte am Werk, die in Richtung Monopol drängen (kreatives Verhalten, Präferenzerzielung usw.) und andere Kräfte, die in Richtung Polypol wirken (adaptives Verhalten, Präferenzrückeroberung, neue Anbieter usw.).

Anders als überwiegend in der Preistheorie unterstellt, spielt sich Wettbewerb also nicht in gegebenen Marktstrukturen ab. Entscheidendes Merkmal eines Wettbewerbsprozesses sind vielmehr dauernde Veränderungen der Marktstruktur. Die wettbewerblichen Verhaltensweisen wirken sich laufend verändernd auf die Marktstrukturen aus. In diesem Sinne heißt es bei J. R ö p k e (197o, S. 1o2, 529): "Da das Verhalten der Marktteilnehmer lediglich an abstrakte Regeln gebunden ist oder ein spezifisches Verhalten nicht vorgeschrieben wird, muß Wettbewerb als ein in die Zukunft offenes System verstanden werden, immer aufnahmefähig für innovatorische Imitationen. Hieraus folgt, daß der Wettbewerbsprozeß nicht mit einer bestimmten Marktstruktur identifiziert werden kann. Die Marktstruktur ist lediglich ex post determiniert. Sie unterliegt, bedingt durch das schöpferische Verhalten der Marktteilnehmer, ständigen Veränderungen und muß durch den Wettbewerb jeweils neu entdeckt werden".

Diese Dimension des Wettbewerbsprozesses - ständiger Widerstreit polypolisierender und monopolisierender Kräfte - verbietet den Versuch, bestimmte Marktformen als notwendige oder/und hinreichende Bedingungen kreativen oder adaptiven Wettbewerbs definieren zu wollen, ganz gleich, ob es sich um die Marktform der vollständigen Konkurrenz (Freiburger Schule), des zweiseitigen Monopols oder Oligopols (G a l b r a i t h) oder des weiten Oligopols (K a n t z e n b a c h) handelt. "Da sich ... dynamische Prozesse nicht durch die Fixierung statischer Bedingungen aufrechterhalten lassen, ist weder Wettbewerb noch technischer Fortschritt durch die Normierung einer bestimmten Marktstruktur zu sichern" (E. K a u f e r, 1968, S. 487, 3o6).

Für die Frage, ob die Unternehmenskonzentration mit Wettbewerb vereinbar ist, ist es entscheidend, ob die Unternehmenskonzentration als eine endogene Variable oder als eine exogene Variable in diesem Widerstreit polypolisierender und monopolisierender Kräfte anzusehen ist. Im ersten Fall wäre die Konzentration ein Bestandteil des Wettbewerbsprozesses, also eine Form der Realisierung kreativen bzw. adaptiven Wettbewerbsverhaltens. Im zweiten Fall dagegen wäre die Unternehmenskonzentration kein Bestandteil des Wettbewerbsprozesses, sondern würde, außerhalb von ihm liegend, auf ihn zurückwirken, möglicherweise derart, daß die These vom Wettbewerb als Entdeckungsverfahren zu modifizieren wäre. Gerade zu dieser Frage finden sich in der Literatur keine allgemein verbindlichen wettbewerbstheoretischen und wettbewerbspolitischen Aussagen (vergl. dazu 1.4.2., 1.4.3. und 1.4.5.).

Folglich fehlt es auch an Kriterien, um die in der Literatur vorgetragenen Motive für die Konzentrationsvorgänge aus wettbewerbstheoretischer Sicht auf ihre diesbezügliche Stichhaltigkeit hin zu überprüfen. Eine Aufstellung von der Konzentration allgemein zugrunde liegenden Motiven gibt z.B. F. B e r g (1971, S. 1o - 15, 54):

1. Erreichung des technischen und kostenbedingten Betriebsoptimums, insbesondere Strukturbereinigungen in Branchen, in denen Zahl und Größe der Unternehmen nicht den optimalen Bedingungen von Produktion und Absatz entsprechen;

2. Ermöglichung einer rationellen Investitionspolitik und eines rationellen Kapazitätseinsatzes;
3. Verbreitung der Unternehmensbasis für ständig wachsende Forschungs- und Entwicklungsaufgaben;
4. Erweiterung des Angebotsprogrammes durch verwandte, komplementäre oder fremde Erzeugnisse und Leistungen zwecks Chancenerhöhung und Risikominderung, beispielsweise in monostrukturierten Industriezweigen;
5. Erschließung neuer oder intensiverer Bearbeitung bereits vorhandener Absatzmärkte, insbesondere in exportorientierten Branchen;
6. teilweise oder vollständige Unternehmensveräußerung zwecks Einsatzes der freigesetzten Mittel in Wachstumsbereichen;
7. quantitative und qualitative Sicherung von Vor- und Zwischenprodukten, Vermittlung des know-how der vor- oder nachgelagerten Stufen;
8. Erschließung und Sicherung von Rohstoffmärkten, beispielsweise in der Grundstoffindustrie und vor allem für kleine und mittlere Unternehmen;
9. Verbreiterung der Kapitalbasis durch Aufnahme von Beteiligungen zwecks Durchführung notwendiger Rationalisierungs- und Erweiterungsinvestitionen im Produktions-, Vertriebs- und Verwaltungsbereich;
10. Aufrechterhaltung der Unternehmensliquidität und Sicherung des Unternehmensvermögens;
11. Veräußerung im Falle nicht gesicherter Unternehmensnachfolge.

Speziell in bezug auf das Innovationsverhalten werden von M.N. F r i e d m a n (1957, S. 15 ff., 19o) die folgenden Motive genannt:

"1. Das erwerbende Unternehmen möchte ein Patent erlangen.
2. Das erwerbende Unternehmen ist an der Qualität der geleisteten Forschungsarbeit der aufgekauften Unternehmung interessiert.
3. Für beide Unternehmen bietet der Zusammenschluß die Möglichkeiten einer sich ergänzenden Produktdifferenzierung.
4. Das große Unternehmen übernimmt aufgrund seiner Kapitalmacht den technischen Pioniergeist eines kleineren.
5. Der Grund des Zusammenschlusses kann auch umgekehrt in der Suche nach einer bestehenden Marktposition für eine neue Entwicklung liegen."

K.-P. K r u b e r (1971, S. 221 f., 333) zitiert J.F. W e s t o n (1969, S. 74, 666) mit einer Aufstellung der angeblichen Vorteile und Motive zu konglomeraler Konzentration gegenüber der Erweiterung oder Umstellung eines Unternehmens:

"(1) Neue Produkte, neue Produktionsverfahren und Patente, neue Produktionskapazitäten, neue Unternehmensorganisationen, begehrtes Fachpersonal können im Wege externen Unternehmenswachstums schneller bereitgestellt werden als durch internes Unternehmenswachstum.

(2) Oft sind die Kosten für die Bereitstellung dieser neuen Produkte und Produktionsfaktoren im Falle externen Unternehmenswachstums niedriger als bei internem: aus mannigfachen Gründen können die Aktien eines Unternehmens oft zu einem Preis erworben werden, der nicht dem Substanzwert des Unternehmens entspricht.

(3) Das erwünschte neue Produkt, Produktionsverfahren usw. kann bei externem Unternehmenswachstum u.U. mit geringerem Verlustrisiko bereitgestellt werden: am riskantesten ist die Innovation: Imitation ist weniger risikoreich, aber Aufkaufen ist oft am wenigsten mit Risiko behaftet.

(4) Oft ist es leichter, externes Unternehmenswachstum zu finanzieren als internes! Es sei nur an die Möglichkeit des Aktientauschs erinnert. Unter Umständen eröffnen sich für das Unternehmen bei der mit einem Schlage erreichten neuen Größenordnung zusätzliche vorteilhafte Finanzierungsmöglichkeiten.

(5) Die Einführung neuer Produkte und die Erschließung neuer Märkte kann durch Aufkaufen von bestehenden Unternehmen ohne die Notwendigkeit erfolgen, u.U. harte Konkurrenzkämpfe zur Erringung eines Marktanteils durchstehen zu müssen.

(6) In gewissen Fällen können Rationalisierungsfortschritte erwartet werden.

(7) Marktbeherrschung kann durch externes Unternehmenswachstum rascher und sicherer erreicht oder gesichert werden als durch internes Wachstum.

Würden diese 23 Argumente (E. Berg, M.N. Friedman, K.-P. Kruber), deren Anzahl ohne weiteres vergrößert werden kann, auch nur im großen und ganzen zutreffen, so müßte sich in der empirischen Überprüfung des Einflusses der Konzentration auf das innovatorische Potential eine eindeutig positive und signifikante Beziehung nachweisen lassen. Man vergleiche dazu jedoch die Ausführungen in 2.1.2., 2.1.3., 2.2.2. und 2.3.

1.2. Die Wettbewerbsvoraussetzungen

1.2.1. Begriff der Wettbewerbsvoraussetzungen

Noch wenig erforscht ist das Problem der Wettbewerbsvoraussetzungen. Darunter sind diejenigen notwendigen und hinreichenden Bedingungen zu verstehen, aus denen - wenn sie erfüllt sind- Wettbewerbsprozesse resultieren. Die Erkundung dieser Frage ist für die Wettbewerbspolitik von hervorragender Bedeutung. Ebenso wichtig ist sie für das Problem des Einflusses der Unternehmenskonzentration und der Unternehmensgröße auf das innovatorische Potential. Würde man beispielsweise theoretisch und empirisch feststellen, daß einerseits der Wettbewerb nach wie vor das ideale Entdeckungsverfahren ist, während andererseits die Unternehmenskonzentration zerstörend auf die Wettbewerbsvoraussetzungen wirkt, gleichzeitig jedoch technologisch unabwendbar ist, so stünden Theorie und Praxis vor einem kaum lösbaren Dilemma.

Zur Literatur der Wettbewerbsvoraussetzungen lassen sich zwei Gruppen unterscheiden. Die eine Gruppe nimmt marktstrukturelle Voraussetzungen, also Bedingungen über die Anzahl der Wettbewerber, mit in den Katalog auf. Die andere Gruppe lehnt derartige Voraussetzungen ab. Auch die später darzustellenden wettbewerbspolitischen Konzeptionen lassen sich nach diesem Gesichtspunkt unterscheiden.

Einer der vielen Autoren aus der ersten Gruppe ist E. Tuchtfeldt (1972, S. 179, 643). Er faßt den Wettbewerb als eine Form der wirtschaftlichen Interaktion auf und sieht ihn an folgende fünf Voraussetzungen geknüpft, die sich gegenseitig bedingen:

"1. Es besteht eine Mehrzahl von Marktteilnehmern (im Extremfall müssen mindestens zwei um die Gunst eines Dritten werben).

2. Die Marktteilnehmer besitzen Handlungsfreiheit beim Einsatz ihrer marktstrategischen Aktionsparameter.

3. Einsatz der Aktionsparameter erfolgt aus dem Bewußtsein der Rivalitätsbeziehung zwischen den Konkurrenten und spielt sich daher im ständigen Wechsel von Aktion und Reaktion, Vorstoß und Nachahmung ab.
4. Es herrscht Ungewißheit über den Erfolg der wettbewerblichen Kreativität.
5. Der Marktzutritt ist auch für potentielle neue Marktteilnehmer offen ('freedom of entry')".

E. Tuchtfeldt sieht unter diesen Voraussetzungen die Chance für einen funktionsfähigen Wettbewerb, woraus man schließen mag, daß er diese Voraussetzungen als notwendige,jedoch nicht bereits hinreichende Bedingung für Wettbewerbsprozesse ansieht. Umfassender ist der Katalog von K. Herdzina (1973, S. 7o - 83, 252), der (vermeintlich) ohne marktstrukturelle Bedingungen auskommt.

1.2.2. Systematisierung der Wettbewerbsvoraussetzungen

Herdzina unterscheidet als Wettbewerbsvoraussetzunggen zunächst zwischen den objektiven und subjektiven Möglichkeiten und den Neigungen zu wettbewerblichem Verhalten, und versucht dann jeweils die Bestimmungsfaktoren aufzuzeigen. Unter diesen soll sich kein marktstruktureller (oder durch die Marktstruktur bestimmter) Sachverhalt befinden. Die Unterscheidung zwischen Möglichkeiten und Neigungen wird für die Anbieter und die Nachfrager angewendet, woraus sich die Aufgliederung des Katalogs der Wettbewerbsvoraussetzungen wie folgt ergibt.

1.2.2.1. Möglichkeit und Neigung der Anbieter zu wettbewerblichem Verhalten

1.2.2.1.1. Möglichkeit der Anbieter zu wettbewerblichem Verhalten

Damit für die Anbieter die Möglichkeit besteht, kreatives oder/und adaptives Wettbewerbsverhalten zu praktizieren, müssen drei Bedingungen erfüllt sein: Markttransparenz, Angebotsfreiheit und Anpassungsfähigkeit. Markttransparenz wird verstanden als objektive Möglickeit und subjektive Fähigkeit der Anbieter, sich Einblick in alle wichtigen Daten des Marktes zu verschaffen. Die Angebotsfreiheit muß für aktive und potentielle Bewerber auf offenen Märkten als Anpassungs-, Eintritts-, Eindringungs- und Gewerbefreiheit bestehen, andernfalls sich der Widerstreit monopolisierender und polypolisierender Kräfte nicht voll entfalten könnte. Herdzina unterscheidet bei der dritten Voraussetzung zwischen qualitativer und quantitativer Anpassungsfähigkeit. Die qualitative hängt von der technischen und kaufmännischen Erfahrung der Unternehmensleitung ab. Die quantitative wird bestimmt durch den Umfang der freien Kapazitäten und der Kapitalbeschaffungsmöglichkeiten.

H e r d z i n a räumt selbst ein, daß an dieser Stelle doch marktstrukturelle Bedingungen in seinen Katalog der Wettbewerbsvoraussetzungen einfließen. Der Versuch, diese marktstrukturellen Gegebenheiten dennoch herauszudefinieren, kann nicht überzeugen. H e r d z i n a schreibt: "Nun ist nicht zu bestreiten, daß die Kapitalbeschaffungsfähigkeit eine Funktion der Unternehmensgröße ist. Wenn aber Großunternehmen eine höhere Kapitalbeschaffungsfähigkeit aufweisen, wären Strukturkriterien in den Katalog der Wettbewerbsvoraussetzungen eingeflossen. Hier ist jedoch die Höhe des für Anpassungsprozesse erforderlichen Kapitalbedarfs zu berücksichtigen. Er wird für kleine Unternehmen in der Regel niedriger sein als für große, da ihre Aktionen und Reaktionen sich vorwiegend gegen andere kleine Unternehmen auf den für sie wettbewerbsrelevanten kleineren Märkten richten. Die höhere Kapitalbeschaffungsfähigkeit der großen ist sogar notwendig, da ihre Aktionen auf den für sie relevanten Märkten bei geringerer Teilbarkeit der Faktoren größer sein müssen und somit einen höheren Kapitalbedarf erfordern." Diese Argumentation ist nicht stichhaltig, wenn man sie an der oben entwickelten Dimension des Wettbewerbs als ständigem Widerstreit polypolisierender und monopolisierender Kräfte mißt. In der Praxis sind nämlich auf vielen Märkten ungleiche Größenverhältnisse der im Wettbewerb befindlichen Anbieter gegeben. Dann aber muß der Versuch der operationalen Definition dieser Wettbewerbsvoraussetzung notwendig in die Richtung gehen, anzugeben, wie groß die Größenunterschiede sein dürfen, ohne daß für die kleineren Wettbewerber im Hinblick auf den zukünftigen Wettbewerbsprozeß die Möglichkeit zu kreativem und adaptivem

Wettbewerbsverhalten, wenn auch nicht formal, so doch praktisch, ausgeschaltet wird. Dieser Weg wird jedoch von H e r d z i n a nicht beschritten, auch wenn er anerkennt, daß es in diesem Fall doch marktstrukturelle Voraussetzungen für Wettbewerbsprozesse gibt: "Nur wenn sich die wettbewerbsrelevanten Märkte großer und kleiner Unternehmen überlappen und sie auf dem gleichen Markt anbieten, liegen offensichtlich ungleiche Machtverteilungen vor, deren Überwindung von den kleineren Unternehmen Wettbewerbsaktionen größeren Ausmaßes erfordert" (H e r d z i n a, 1973, S. 73, 252).

1.2.2.1.2. Neigung der Anbieter zum Wettbewerbsverhalten

Die Neigung der Anbieter zu wettbewerblichem Verhalten ist von Lernprozessen abhängig: Sich bei Anerkennung der Spielregeln mit anderen um die Wette zu bewerben, ist keine allen Anbietern von vornherein selbstverständliche Verhaltensweise. Unter welchen Bedingungen darf man erwarten, daß die Anbieter zu wettbewerblichem Verhalten geneigt sind? H e r d z i n a nennt wiederum drei Faktoren: die Stärke des Erfolgstrebens (ihrerseits bedingt durch interne und externe Antriebe), die Höhe der Erfolgschancen sowie den Grad der Bedrohung der Marktanteile (Interdependenz) und das Fehlen von Ausweichmöglichkeiten. Offen bzw. umstritten bleiben in der Literatur die folgenden drei Fragen:

1. Gibt es eine optimale und eindeutig definierbare "Mischung" aus der Höhe der Erfolgschancen und dem Grad der Bedrohung im Hinblick auf die Beeinflussung der Wettbewerbsneigung?

2. Gibt es einen optimalen time-lag zwischen Vorstoß und Nachahmung?

3. Wie groß darf der Druck durch Marktanteilsbedrohung sein, ohne daß es zur Entmutigung der Wettbewerber und damit zur Zurückziehung aus dem Markt kommt?

1.2.2.2. Möglichkeit und Neigung der Nachfrager zu wettbewerblichem Verhalten

Das wettbewerbliche Verhalten der Nachfrager zeigt sich in der Möglichkeit und in der Bereitschaft zum Nachfragetransfer zu demjenigen Anbieter, der das jeweils beste Angebot macht. Auch dieses ebenfalls erlernbare Verhalten ist - insbesondere im Letztverbraucherbereich - keineswegs selbstverständlich.

1.2.2.2.1. Möglichkeit der Nachfrager zu Wettbewerbsverhalten

Die Möglichkeit der Nachfrager, sich wettbewerblich zu verhalten, ist an die Voraussetzungen der Markttransparenz, der Nachfragefreiheit und der Fähigkeit zum Nachfragetransfer gebunden. Bei der Markttransparenz sind die Markteinsicht (Kenntnis der Funktionsweise des marktwirtschaftlichen Systems und der eigenen Rolle) und die Marktübersicht (Kenntnis bzw. Informationsmöglichkeiten über Qualitäten, Preise usw.) zu unterscheiden. Damit Nachfragefreiheit vorliegt, darf es keine Beschränkungen der freien Konsumwahl und keinen Kaufzwang geben. Fähigkeit zum Nachfragetransfer setzt Flexibilität, Überwindung von Trägheit, Mut zu neuen Verbindungen und andere Eigenschaften voraus.

1.2.2.2.2. Neigung der Nachfrager zu Wettbewerbsverhalten

Die Neigung der Nachfrager zu wettbewerblichem Verhalten wird durch die Stärke des Nutzenstrebens (abhängig von religiösen, soziologischen, historischen und anderen Faktoren), die Höhe der Nutzensteigerungschancen (abhängig von Heterogenisierungsgrad der Güter) und vom Fehlen persönlicher Bindungen bestimmt.

1.2.3. Zusammenfassung und Kritik

Auch der Katalog von H e r d z i n a bietet viele angreifbare Punkte. Die "Deduktion" von Wettbewerbsprozessen aus dem von ihm aufgebauten Katalog von Wettbewerbsvoraussetzungen wird nur unvollständig geleistet. Ferner wird nicht nachgewiesen, daß der Katalog vollständig ist, daß also keine weiteren Bedingungen für Wettbewerbsprozesse notwendig sind. Die wichtige Frage der Widerspruchsfreiheit der Voraussetzungen innerhalb des Katalogs wird nicht angeschnitten. Trotzdem kann die Weiterentwicklung einer in sich schlüssigen Wettbewerbstheorie nur den Weg einer zunehmenden Präzisierung der Wettbewerbsvoraussetzungen gehen. Im Zusammenhang damit wäre dann darauf aufbauend der Einfluß der Konzentration und zunehmender Unternehmensgrößen auf die präzise definierten Wettbewerbsvoraussetzungen - und damit dann auf den Wettbewerbsprozeß - zu untersuchen.

Wie stark jedoch gerade auf diesem Gebiet die Meinungen aufeinanderprallen, zeigt die Gegenüberstellung der Ansicht von Herdzina und der Meinung von Oberender (unterstrichene Stellen im Original nicht unterstrichen, U.M.) Herdzina (1973, S. 83 f., 252) kommt zu folgendem Schluß: "Die Wettbewerbskonzepte, nach denen die Intensität des Wettbewerbs allein aus der Marktform abgeleitet wird, sind abzulehnen, da die Errichtung bestimmter Marktformen keine bzw. nie bereits hinreichende Bedingung für Wettbewerb und Realisierung guter ökonomischer Ergebnisse ist. Insbesondere kann Wettbewerb nicht mit einem bestimmten Ausmaß oligopolistischer Interdependenz und der Abwesenheit von Käuferpräferenzen umschrieben werden. Wettbewerbliche Beziehungen können ohnehin nur oligopolistische (keineswegs polypolistische) Beziehungen sein, aber auch das Erreichen von Monopolstellungen ist mit Wettbewerb vereinbar." Anderer Meinung ist P. Oberender (1973, S. 25 ff., 467). Für ihn schließen sich wettbewerbliche und oligopolistische Marktprozesse geradezu gegenseitig aus: "Geht man in Anlehnung an von Hayek davon aus, daß Wettbewerb als ein Entdeckungsverfahren in bezug auf Tatsachen betrachtet wird, 'die ohne sein Bestehen entweder unbekannt bleiben oder doch zumindest nicht genützt werden würden', so sind jene Marktprozesse wettbewerblich, die aus polypolistischem ... Verhalten resultieren. ... Ganz anders ist die Situation bei oligopolistischen Marktprozessen. Aufgrund ihrer Erfahrung haben die Akteure ... erkannt, daß sie mit Hilfe des Einsatzes bestimmter Aktionsparameter ... keine Lorbeeren mehr, d.h. individuelle Vorteile, erringen können. ... Tritt an die Stelle der nötigen Ungewißheit, um einen Spielraum zu gewährleisten, der für den Ablauf von Wettbewerbsprozessen notwendig ist,Sicherheit, d.h. Markttransparenz, so findet aufgrund der dadurch vorhandenen Enge des Marktes und wegen der Erfahrung, durch individuelle Aktion keine Verbesserung der Marktposition mehr erreichen zu können, kein Wettbewerb mehr statt. Die Marktteilnehmer werden sich vielmehr gegenseitig blockieren oder sie werden koalieren, da bei oligopolistischen Marktprozessen die einzelnen Akteure gleichsam in einem Glaskasten sitzen."

Schärfer können die Meinungen nicht aufeinanderprallen. Der Erkundungsgrad, d.h. das Ausmaß in dem es gelungen ist, diese für die Wettbewerbstheorie wichtigen Fragen wissenschaftlich zwingend und mit allgemeingültigen Resultaten zu durchleuchten, ist sehr gering. Die im zweiten Teil dieser Untersuchung untersuchten empirischen Daten und Fakten in Verbindung mit der Dimension des Wettbewerbsprozesses "Widerstreit polypolisierender und monopolisierender Kräfte" legen die Vermutung nahe, daß weder die Gleichsetzung von Herdzina (Wettbewerbsprozeß gleich oligopolistische Marktprozesse) noch die gegensätzliche Ansicht von Oberender (oligopolistische Marktprozesse schließen Wettbewerb aus) eine in sich schlüssige und empirisch nachweisbare Beschreibung des Wettbewerbsprozesses darstellen.

1.3. Das innovatorische Potential und seine Dimensionen

1.3.1. Begriff des innovatorischen Potentials

Unter dem im Projekttitel genannten Begriff des innovatorischen Potentials kann man die Summe aller möglichen kreativen Fähigkeiten und Neigungen der Menschen in einer Gesellschaft unter alternativen Organisationsbedingungen der Gesellschaft verstehen. Dieser Begriff wirft eine Fülle von Problemen auf.

Die in einer Gesellschaft in einer Periode tatsächlich stattfindenden Innovationen können höchstens gleich dem innovatorischen Potential sein, werden jedoch wegen nicht voller Ausschöpfung des innovatorischen Potentials in der Regel kleiner als dieses sein. Daraus resultiert die für jedes Gesellschaftssystem wichtige Frage, ob es ein Verfahren des menschlichen Zusammenlebens gibt, welches zu einer vollen oder vergleichsweise weitestgehenden Ausschöpfung des innovatorischen Potentials führt. Darf der Wettbewerb als so definiertes optimales Entdeckungsverfahren bezeichnet werden? Oder leisten staatliche Vorschriften und Anordnungen auf diesem Gebiet mehr? Sind große, ganz große oder kleinere und mittlere Unternehmen zu einer besseren Ausschöpfung des innovatorischen Potentials in der Lage? Müssen Konzentrationsprozesse stattfinden, damit es zu einer möglichst optimalen Ausnutzung des innovatorischen Potentials kommt? Oder sind es jenseits von Wettbewerb, Unternehmensgröße und Unternehmenskonzentration ganz andere Faktoren, die das innovative Verhalten der Menschen beeinflussen?

Die begrifflichen Zusammenhänge werden anhand der folgenden Darstellung (Figur 7 bei O b e r e n d e r, 1973, S. 42, 467 , in etwas erweiterter Form) verdeutlicht:

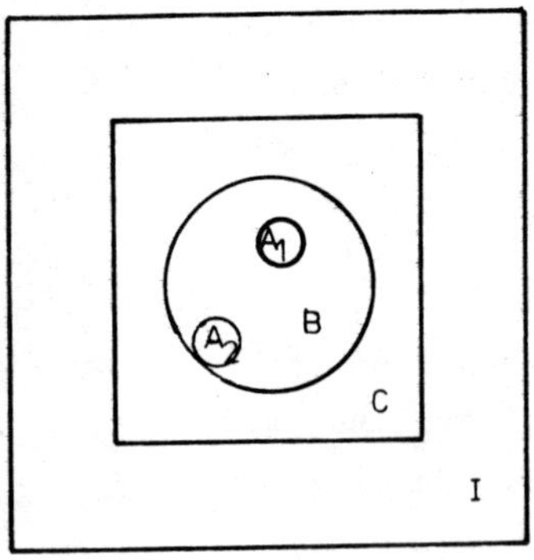

A_1 = technischer Horizont des Unternehmens 1;
A_2 = technischer Horizont des Unternehmens 2;
B = technisches Wissen,
= ökonomisch angewandtes technologisches Wissen;
C = technologisches Wissen;
I = innovatorisches Potential

$A_1 \subset B$

$A_2 \subset B$

$B \subset C$

d.h. A_1 und A_2 sind Teilmengen der Menge B, die wiederum Teilmenge der Menge C ist.

$C \subset I$

d.h. das tatsächlich ökonomisch angewandte Wissen ist eine Teilmenge des innovatorischen Potentials

Um in dieses weitgehend unerforschte Gebiet weiter einzudringen und vielleicht künftig einen gewissen Grad an Operationalität des Begriffs innovatorisches Potential zu erreichen, ist es erforderlich, die Dimensionen des innovatorischen Potentials aufzugliedern.

1.3.2. Die Dimensionen des innovatorischen Potentials

1.3.2.1. Stufen im volkswirtschaftlichen Realisationsprozeß

Vier Stufen der Realisierung des innovatorischen Potentials werden in der Literatur häufig aufgeführt:

(1) Die Forschungs- und Entwicklungsaktivität (Einsatz von personellen und sachlichen Mitteln in Forschung und Entwicklung).

(2) Die Invention (Neuerung auf technischem Gebiet, Idee, wie Wissenschaft und Technik auf neue Art angewendet werden könn(t)en).

(3) Innovation (erste erfolgreiche Anwendung einer Invention).

(4) Diffusion, Nachahmung und Verbreitung von Innovationen.

Unter Berücksichtigung der Tatsache, daß volkswirtschaftlich stets die Gesamtheit aller vier Stufen des Innovationsprozesses (genauer: des Prozesses der Ausschöpfung des innovatorischen Potentials) bedeutsam ist, kann im empirischen Teil (2.) der Einfluß von Unternehmensgröße und Unternehmenskonzentration isoliert für jede Phase betrachtet werden.

1.3.2.2. Realisationsform

Der Form nach werden Produkt-, Produktionsverfahrens- und Organisations- und Managementinnovationen unterschieden. Läßt sich empirisch eine Präferenz großer und kleiner Unternehmen bzw. stark oder weniger stark konzentrierter Wirtschaftssektoren für die eine oder die andere Form nachweisen?

1.3.2.3. Aktivierungsgrad

Im Hinblick auf den Aktivierungsgrad ist zwischen latentem und manifestem innovatorischem Potential zu unterscheiden. Durch welche Faktoren wird ein latentes innovatorisches Potential aktiviert? Welche Einflüsse gehen hier von unterschiedlichen Unternehmensgrößen, der Unternehmenskonzentration und dem Wettbewerb aus?

1.3.2.4. Verknüpfungsart der Elemente des innovatorischen Potentials

Die in einer Gesellschaft stattfindenden Innovationen sind nicht (immer) voneinander unabhängig. Vielmehr wird man häufig auch auf den Tatbestand der Komplementarität oder sogar Synergie von Innovationen stoßen. Innovationen sind voneinander unabhängig, wenn die Durchführung einer Innovation A ohne die Inanspruchnahme weiterer, noch durchzuführender Innovationen B, C, D usw. erfolgen kann. Dagegen liegt eine komplementäre Verknüpfung von Innovationen vor, wenn für die erfolgreiche Durchführung einer Innovation A weitere innovative Aktivitäten B, C, D usw. notwendige Bedingung sind. Der wichtige Fall der Synergie wird nur von H. K a h n und A.J. W i e n e r (1968, S. 83, 290) angeschnitten. Sie sprechen bei gemeinsamen und wechselseitigen Wirkungen, die Innovationen aufeinander auslösen von "synergisch". Wie im empirischen Teil dieser Literaturanalyse gezeigt wird, gibt es einige Ansätze. In diesen wird versucht, etwas über die Beziehungen von einzelnen Innovationen untereinander in Erfahrung zu bringen; insbesondere wird berichtet über die unterschiedlichen Funktionen großer und weniger großer Unternehmen in ihrem interdependenten und komplementären Bezug im volkswirtschaftlichen Innovationsprozeß. Doch handelt es sich hierbei nur um erste Versuche, weil dieser Sachverhalt der Verknüpfung der Elemente des innovatorischen Potentials allgemein noch kaum erkundet worden ist; und noch weniger im Zusammenhang mit den Fragen der Unternehmensgröße und der Unternehmenskonzentration vergl. dazu 2.4.).

1.3.2.5. Allokationsrichtung und Erfolgsungewißheitsgrad von Innovationen

Eine Untersuchung, die das Problem des Wettbewerbs als optimalem Entdeckungsverfahren zum Inhalt hat, müßte auch die Beeinflussung der Allokationsrichtung durch zunehmende Konzentrationsprozesse und wachsende Unternehmensgrößen mit einbeziehen. Die Literatur ist also dahingehend zu überprüfen, ob Unterschiede zwischen großen und kleinen Unternehmen und wenig bzw. hochgradig konzentrierten Industrien in bezug auf die Frage bestehen, auf welche Produkte und auf welche Produktionsverfahren sich das innovative Verhalten richtet, und mit welchen Methoden die Innovationen von ihren Trägern im Wettbewerbsprozeß durchgesetzt werden. Fragen zu diesem Problemkreis lauten beispielsweise: Verlagern besonders große Unternehmen ihre Innovationsaktivität auf solche Vorhaben, deren Erfolgssicherheit hoch ist und "überlassen" besonders risikoreiche Projekte den kleineren Unternehmen? Oder: Verändert sich das Innovationsverhalten gerade der großen Unternehmen im Zeitablauf in bestimmter Richtung? Solche Fragen der Allokationsrichtung und der Erfolgssicherheit von Innovationen wären eigentlich von der Wettbewerbstheorie und auch von der Wachstumstheorie zu erkunden. E. K a u f e r (1971, S. 329 f. und S. 332, 309) führt hierzu aus: "Organisationen können sowohl lernen als auch verlernen! Vor allem im Bereich der Forschung und Entwicklung konnte man beobachten, wie sich unter längerfristig gleichförmigen Bedingungen sogenannte 'Standardorganisationen' herausbildeten. In der amerikanischen Automobilindustrie bestand über lange Jahre die F & E-Arbeit nahezu ausschließlich in bestimmten stilistischen Modellübungen. Wie die lansame Reaktion auf die Herausforderung durch europäische und japanische Konkurrenz demonstriert, hatten die Detroiter Firmen verlernt, andere als die 'üblichen' F & E-Arbeiten zu leisten. Die amerikanische pharmazeutische Industrie stoppte praktisch ihre ganze Antibiotikgrundlagenforschung, als Tetracyclin (Achromycin) entdeckt und die Ausbeutung der Patentrechte unter den großen Firmen aufgeteilt worden war. Das führte nicht einmal zu einer Senkung der F & E-Ausgaben. Tatsächlich stiegen sie beträchtlich an. Während der 'Tetracycline Conspiracy' wurde eine große Serie 'neuer' Produkte herausgebracht. 'Neu' war jede triviale Manipulation der Moleküle erfolgreicher Medikamente, jede andersartige Mischung bekannter Präparate, jede neue Dosierung. Diese Molekülmanipulationen sind oft in ihrer therapeutischen Wirkung nicht nur schwächer, die Mischungen nicht nur wirkungslos, sie potenzieren auch die schädlichen Nebenwirkungen, die meist erst erkannt werden, nachdem die Manipulationen bereits lange auf dem Markt sind. In diesen Beispielen besteht die Last der Marktmacht einmal in der Bildung organisatorischen Schlupfes und in einer Verengung der Wahlmöglichkeiten, weil die Richtung (im Original nicht unterstrichen, U.M.) des technischen Fortschritts durch die Bildung von Standardorganisationen fixiert worden ist; zum anderen besteht sie in einer Erhöhung des Krankenstandes der Bevölkerung. Kürzlich wurde berichtet, daß von 15 einem Patienten verabreichten Medikamenten mehr als 1o nur dazu dienten, die gegenseitig ausgelösten Nebenwirkungen zu bekämpfen. Das mag zwar nicht gut für den Patienten sein, es ist aber ganz sicher gut für die Wachstumsrate. ... Schließlich ist nicht nur die Rate, sondern auch die 'Richtung' des technischen Fortschritts zu beachten. Richtung des technischen Fortschritts stehe als Kurzformel für die bereits angedeuteten Fragen nach der Qualität der wissenschaftlich-technischen Lösungen und die Qualität der 'neuen' Produkte. Wie sie aber vom Monopolisierungsgrad abhängt, wird von der Monopolgradtheorie nicht gefragt. Wie denn überhaupt die makroökonomische Wachstumstheorie sich mit dem Problem der Richtung des technischen Fortschritts gar nicht auseinandersetzt." Dieser Qualitätsaspekt wurde nicht nur von der Wachstumstheorie, sondern auch von der Wettbewerbstheorie bisher weitgehend vernachlässigt. Einer der Gründe mag darin liegen, daß sowohl die Theorie als auch die empirische Forschung gerade hier vor sehr schwierigen Bewertungsproblemen stehen. Entsprechend wurden nur wenige testbare Hypothesen formuliert und nur wenige empirische Untersuchungen durchgeführt, die im empirischen Teil behandelt werden.

1.4. Varianten der Vorstellung vom "Wettbewerb als Entdeckungsverfahren". - Innovationskonditionierende Faktoren in den (in der Literatur vorgetragenen) wettbewerbspolitischen Konzeptionen.

Der Begriff der wettbewerbspolitischen Konzeption wird in der Literatur in etwa stets wie folgt definiert: "Eine wettbewerbspolitische Konzeption umfaßt theoretische Aussagen über Marktstrukturen, Wettbewerbsprozesse und Wettbewerbsergebnisse, außerdem wettbewerbspolitische Grundsätze. Unter den wettbewerbspolitischen Grundsätzen wollen wir die Summe der auf Marktstrukturen, Wettbewerbsprozesse und Wettbewerbsergebnisse bezogenen Normen und daraus abgeleiteten Vorschläge für wettbewerbspolitische Maßnahmen verstehen" (F.-U. W i l l e k e, 1973, S. 14, 668).

Im folgenden geht es nicht darum, die in der Literatur vorgetragenen wettbewerbspolitischen Konzeptionen vollständig und bis ins einzelne abzuhandeln. Vielmehr sollen im Zusammenhang mit der Beschreibung der wichtigen Grundzüge der wettbewerbspolitischen Konzeptionen nur jeweils diejenigen Elemente herausgestellt werden, die sich mit den Fragen des innovativen Verhaltens der Wirtschaftssubjekte befassen. Auf diese Weise soll deutlich werden, wie unterschiedlich der Wettbewerb als Entdeckungsverfahren in den verschiedenen Konzeptionen verstanden wird. Die Stellung der Unternehmensgröße und der Unternehmenskonzentration im Zusammenhang mit denjenigen Faktoren, die die Wettbewerber zu kreativem und adaptivem Verhalten veranlassen (innovationskonditionierende Faktoren), weicht in den verschiedenen wettbewerbspolitischen Konzeptionen sehr stark voneinander ab.

1.4.1. Das Konzept der Freiburger Schule

Der wirtschaftspolitische Standort der Freiburger Schule ist durch die Betonung des Sachverhalts der Interdependenz der Ordnungen in den verschiedenen Lebensbereichen der Gesellschaft gekennzeichnet. Auf wirtschaftlichem Gebiet wird ein dritter Weg zwischen dem Prinzip des Laissez-faire und der Zentralverwaltungswirtschaft angestrebt: ein Rahmenwerk mit Spielregeln zwecks Verwirklichung der Marktform der vollständigen Konkurrenz. Durch seine Schaffung soll eine optimale Erfüllung der Mikroziele (individuale Interessen) und der Makroziele (gesamtgesellschaftliche Interessen) gesichert werden. Der Wettbewerb in diesem Sinne wird zum Schutzobjekt staatlicher Politik. Er wird verstanden als vollständige Konkurrenz, die nicht mit Behinderungs- und Schädigungswettbewerb gleichgesetzt werden darf, sondern als Leistungswettbewerb zu gestalten ist. Zur begrifflichen Bestimmung der vollständigen Konkurrenz heißt es bei W. E u c k e n (1968, S. 246 ff.,16o): "Diejenige Marktform, die in der Wettbewerbsordnung dominiert, ist die Marktform der 'vollständigen Konkurrenz'. Sie ist es, welche die Pläne und Entscheidungen der einzelnen Betriebe und Haushalte miteinander koordinieren soll. ... Was ist vollständige Konkurrenz? Sie ist eine bestimmte, exakt definierbare Marktform und ist nicht mit dem Laissez-faire zu verwechseln. Sie ist auch etwas ganz anderes als 'Monopolkampf'. ... Der Preis wird vom Markt genommen, nicht dem Markt in Marktstrategie aufgezwungen. ... Die vollständige Konkurrenz dient in der Wettbewerbordnung nicht nur dazu, die Leistung zu steigern, sondern sie ist die Marktform, deren Preise den Wirtschaftsprozeß lenken. ... Lenkung des Wirtschaftsprozesses und Leistungssteigerung zusammen sollen in der Wettbewerbsordnung durch vollständige Konkurrenz bewirkt werden." Die wenigen Zitate und darüber hinausgehende Interpretationen in der Literatur zeigen, daß im Konzept der Freiburger Schule die Schaffung des Systems der vollständigen Konkurrenz als notwendig und hinreichend angesehen wird, um in einer Volkswirtschaft kreatives und adaptives Wettbewerbsverhalten in Gang zu setzen und zu erhalten.

Gemessen an den oben entwickelten Dimensionen des Wettbewerbs sind folgende kritischen Einwendungen zu machen: Die Wettbewerbsvorstellung der Freiburger Schule wird der Dynamik des Wettbewerbs nicht gerecht. Es besteht die Gefahr, daß sie sich an der Gleichgewichtsmechanik des Modells der vollkommenen Konkurrenz orientiert, auch wenn ausdrücklich mit vollständiger Konkurrenz im Rahmen der wettbewerbspolitischen Konzeption eine dynamische Vorstellung vom Wettbewerb verbunden sein soll. Den innovationsbedingenden Faktoren jedenfalls wird viel zu wenig - über die generelle Bejahung des Wettbewerbs hinausgehende - Beachtung geschenkt. Anders formuliert: Die Zusammenhänge zwischen Innovation, Wettbewerb, Unternehmensgröße und Unternehmenskonzentration werden nur fragmentarisch aufgedeckt. H. V ö l k e l (1971, S. 61 ff., 655) kommt in seiner Kritik zu folgenden Schlußfolgerungen: "Zwar finden sich auch in E u c k e n s Werken Hinweise und Belege, die zugunsten einer dynamischen Betrachtungsweise angeführt werden können, die losgelöst vom Modell des vollkommenen Marktes auf ein realistisches Wettbewerbskonzept deuten. Hält man sich jedoch strikt an seine Marktformenabhandlung, ist zwar der vollkommene Markt zugunsten des unvollkommenen Marktes aufgegeben, aber sonst ist E u c k e n den Vorstellungen des Modells verhaftet geblieben. Insbesondere dominiert bei E u c k e n die Gleichgewichtsvorstellung, der gegenüber der Prozeßcharakter des Wettbewerbs allenfalls in Ansätzen zum Ausdruck kommt und in der Realität kollidiert sein Preis als Datum mit der Heterogenität der Güter."

In der Literatur wird auch darauf hingwiesen, daß E u c k e n bei der vollständigen Konkurrenz letztlich ebenso wie die statische Gleichgewichtsanalyse "von der Annahme einer 'gegebenen' Menge knapper Güter ausgeht. Aber welche Güter knapp oder welche Dinge Güter sind, oder wie knapp oder wertvoll sie sind, ist gerade einer der Umstände, den Wettbewerb entdecken soll: es sind jeweils die vorläufigen Ergebnisse des Marktprozesses, die den einzelnen sagen, wonach zu suchen es sich lohnt" (F.A. v. H a y e k, 1969, S. 253, 246).

Zu kritisieren ist ferner, daß im Konzept der Freiburger Schule von einer bestimmten Marktstruktur, eben der vollständigen Konkurrenz mit vielen Wettbewerbern, als Voraussetzung für Wettbewerbsprozesse ausgegangen wird. Diese Vorstellung kollidiert mit der Dimension "Widerstreit polypolisierender und monopolisierender Kräfte" des Wettbewerbsprozesses. Der Wettbewerbsprozeß verändert dauernd die Marktform; er "durchbricht" die vollständige Konkurrenz aufgrund monopolisierender Kräfte und kann - aber muß nicht - durch polypolisierende Kräfte tendenziell und temporär der vollständigen Konkurrenz angenähert werden.

Die Aussage, daß der Preis ein Datum für den einzelnen Wettbewerber sein muß, steht im Widerspruch zur Freiheit des Wettbewerbs, die auch die Freiheit zu autonomer Preissetzung durch Wettbewerber einschließt. Das gilt um so mehr, als in vielen Fällen das wettbewerblich kreative oder adaptive Verhalten im Einsatz einer Kombination von Wettbewerbsinstrumenten (einschließlich des Preises) besteht.

1.4.2. Das Konzept der gegengewichtigen Marktmacht

Im Konzept der gegengewichtigen Marktmacht wird die ökonomische Macht in klarem Gegensatz zur Konzeption der vollständigen Konkurrenz als systemimmanent in der Marktwirtschaft angesehen. Diesem Sachverhalt wird eine positive Seite insofern abgewonnen, als man als Urheber des technischen Fortschritts gerade die Großunternehmen ansieht, die mit erheblicher Marktmacht ausgestattet sind. Die negative Seite sieht man in der Tatsache der möglichen Machtausübung dergestalt, daß Wettbewerber in der Lage sind, aufgrund ihrer Marktmacht anderen den eigenen Willen aufzuzwingen. Die Konzentration wird vom wirtschaftlichen Standpunkt aus begrüßt, jedoch gesellschaftspolitisch als gefährlich angesehen. Es wird aber keine Zerschlagung der bei den Wirtschaftssubjekten angesiedelten ökonomischen Macht empfohlen, sondern die Bildung von Gegenmacht.

Diese Eliminierung des Wettbewerbs als Entdeckungsverfahren im Konzept der Counterwailing Power will J.K. G a l b r a i t h (1952, 198) auf Beobachtungen der US-amerikanischen Industriewirtschaft stützen. Er legt dar, daß vollständige Konkurrenz in den meisten amerikanischen Industriezweigen nicht mehr das herrschende Koordinationsprinzip sei. Vielmehr biete sich ein Bild größter Unternehmungen, die sich offen und versteckt in ihrem Wettbewerbsverhalten abstimmen. Gleichzeitig mit diesem Untergang der Konkurrenz sei jedoch eine enorme Wohlstandssteigerung, beruhend auf Innovation und technischem Fortschritt, in den USA festzustellen. Also müsse es andere Kräfte für die Ingangsetzung von Neuerungen geben als den Wettbewerb. Die Tendenz zur Konzentration erscheint als stärkster Antrieb für Innovationen: G a l b r a i t h hält das große, 'reife' industrielle Unternehmen für ein vollkommenes Instrument der Planung von Erfindungen und Innovationen. Marktmacht sei Vorbedingung für den Erfolg des Systems. Die Massenproduktion, die große Kapitalintensität und die hochentwickelte Technik erforderten eine ausgeklügelte Planung. Die erfolgreiche Planung ihrerseits bedinge die Manipulierung der Konsumentenwünsche im Sinne der Erfordernisse der Unternehmen. Die Planung werde gestaltet von der 'Technostruktur', die alle Techniker und Spezialisten - soweit sie für die Gruppenentscheidungen gebraucht werden - umfasse. Darüber hinaus erfordere die moderne Technologie die wachsende Teilnahme des Staates am Planungsprozeß, da zahlreiche Aufgaben selbst für die größten Privatunternehmen zu komplex seien. B.S. F r e y und W. M e i ß n e r (1974, 189) umreißen die Grundzüge der "Zukunft des

Industriesystems" nach G a l b r a i t h wie folgt: "G a l b r a i t h beobachtet infolge der Entwicklung einer von den Kapitalgebern weitgehend unabhängigen Technostruktur in Großbetrieben tiefgreifende Veränderungen: Die Verwendung moderner Technologie zwingt - völlig unabhängig von Ideologie und Gesellschaftsform - zu komplizierter Planung, was wiederum eine Kontrolle über den Markt bedingt. In westlichen Wirtschaften wird letzteres vor allem durch Werbung erreicht. Das Industriesystem geht eine enge Bindung mit dem Staat ein, der die Nachfrageregulierung übernehmen muß; die einzelnen Großbetriebe sind entscheidend von Staatsaufträgen abhängig und beeinflussen ihrerseits die staatliche Willensbildung. Diese Entwicklung tritt in allen Gesellschaften zwangsläufig mit der Entscheidung für eine moderne Industrie ein. Das physische Güterangebot ist im Überfluß vorhanden, die menschliche Freiheit aber läßt sich nur bei einem Streben nach anderen Zielen bewahren."

Die gleichen Kräfte, die zwecks Ausfüllung des innovatorischen Potentials die Konzentration fördern bzw. erfordern, lösen nach G a l b r a i t h automatisch neue Kräfte zur Beschränkung der ökonomischen Macht auf der Marktgegenseite aus. Diese Bildung von Gegenmacht ist ökonomisch wie sozial erwünscht. Aus diesem Grundgedanken leitet G a l b r a i t h auch die Aufgaben für den Staat ab. Sie werden nicht etwa darin gesehen, das wettbewerbliche System zu erhalten. Vielmehr komme es darauf an, den Prozeß der Konzentration und Gegenmachtbildung ungehindert ablaufen zu lassen und dabei eventuell die Gegenmachtbildung (in erster Linie durch die Förderung der Selbsthilfe) zu beschleunigen. "Globalsteuerung und Wirtschaftswachstum dienen G a l b r a i t h zur Begründung seiner These, die Wettbewerbspolitik sei in der Industriegesellschaft gegenstandslos geworden; allenfalls handele es sich um eine unschädliche Fiktion, die man beibehalten könne, bis sich ihre Bedeutungslosigkeit von selbst herausstelle. G a l b r a i t h identifiziert die Ziele der staatlichen Wirtschaftspolitik mit den Motiven und Zielen der oligopolistischen Großunternehmen. Diese Unternehmen verfügten auch über die Macht, um ihre Ziele autonom zu verwirklichen: die Stabilität der Preise durch oligopolistische Marktstrategie; die Schaffung der notwendigen Nachfrage durch Werbung; die Gewährleistung eines dauernden Wachstums durch technischen Fortschritt, der sich gegenüber allen anderen Zielen verselbständigt habe. Die Zukunftsperspektive dieser Interpretation ist die Annäherung der Systeme zwischen Ost und West, die politische Perspektive für westliche Industriestaaten liegt in dem Aufruf an die Intellektuellen, die Allianz von Industrie und Staat zu korrigieren, um die notwendigen Maßnahmen des Umweltschutzes zu gewährleisten" (E.-J. Mestmäcker, 19 , S. 91 f., 428).

Gegenüber der Konzeption der gegengewichtigen Marktmacht sind - soweit für diese Untersuchung einschlägig - die folgenden kritischen Bemerkungen angebracht:

1. Die Erforschung der theoretischen Grundlagen des zweiseitigen Monopols (auf diese Marktstruktur läuft der Konzentrationsprozeß à la Galbraith letztlich hinaus) zeigt, daß häufig bei dieser Marktstruktur eine Verstärkung der sozialen Spannungen und im Endeffekt eine Einigung oft zu Lasten unbeteiligter Dritter erfolgt und keine Steigerung des innovatorischen Potentials.

2. Die Verkoppelung des Konzentrationsprozesses und der wachsenden Unternehmengrößen mit dem Innovationsprozeß in der Volkswirtschaft wird auch in der Konzeption von Galbraith nur unvollständig, unklar und sehr vage belegt: Die Feststellung von Galbraith, daß mit der beobachteten Existenz von Großunternehmen und der Tendenz zur Unternehmenskonzentration eine erhebliche Wohlstandssteigerung einherging, beantwortet - würde sie zutreffen - nicht die Frage, welche Wirkungen im Vergleich dazu ein geringerer Konzentrationsgrad und kleinere Un-

ternehmensgrößen auf die technologische Entwicklung und den Wohlstand gehabt hätten. Ferner ist der Auffassung von der innovationsfördernden Wirkung der Konzentration die Befürchtung entgegenzuhalten, daß die von G a l b r a i t h zur Neutralisierung der Macht auf der Marktgegenseite gedachte Marktmacht in der Praxis (auch) gegen Wettbewerber auf derselben Marktseite und insbesondere zur Lahmlegung polypolisierender Kräfte - speziell des Außenseiterwettbewerbs - eingesetzt wird und die Gefahr in sich birgt, zur Marktschließungspolitik auszuarten (K. B i e d e n k o p f, 1968, S. 8 f.63.

3. Die These von der größeren Fähigkeit und Neigung zu kreativem und adaptivem Wettbewerbsverhalten auf der Seite der größeren Unternehmen und stärker konzentrierter Industriezweige hält einer empirischen Überprüfung nicht stand. Das wird durch die weiter unten dargestellten vielfältigen empirischen Arbeiten belegt.

4. Schließlich sei erwähnt, daß die tatsächliche Entwicklung in den westlichen Industriestaaten (geprägt oft durch sinkende Wettbewerbsintensität bei gleichzeitiger Zunahme der wirtschaftspolitischen Probleme der Inflation und der Arbeitslosigkeit, oder gar von beiden in Gestalt der Stagflation) nicht gerade eine Bestätigung für Galbraith' Hypothese des Übereinklangs der Ziele der staatlichen Wirtschaftspolitik und der Motive und Ziele der großen Konzerne ist.

1.4.3. Kantzenbachs Konzept des weiten Oligopols

Mit seinem Konzept des weiten Oligopols, auch Konzept der optimalen Wettbewerbsintensität genannt, versucht K a n t z e n b a c h (1967,292) die Kluft zwischen Theorie und Praxis zu überwinden. Er will die Wettbewerbsvorstellung den praktischen Bedingungen der heutigen Industriegesellschaft annähern und so die theoretischen Grundlagen der Wettbewerbspolitik verbessern.

K a n t z e n b a c h geht bei der Errichtung seiner Konzeption von fünf Funktionen des Wettbewerbs aus. Als statische Aufgaben des Wettbewerbs nennt er: Die Steuerung des Angebots entsprechend den Käuferwünschen, eine Steuerung der Einkommensverteilung nach der Marktleistung und eine optimale Unterbringung der volkswirtschaftlichen Produktionsfaktoren beim jeweils besten Unternehmer. Dynamische Funktionen des Wettbewerbs sind nach ihm: Die Förderung der Anpassungsflexibilität der Wirtschaft an Nachfrageänderungen und Änderungen des technischen Wissens sowie schließlich insbesondere die Förderung des technischen Fortschritts durch kreatives und adaptives Wettbewerbsverhalten (Innovationen). Nach K a n t z e n b a c h sind diese fünf Funktionen des Wettbewerbs voneinander unabhängig. Die Marktform der vollständigen Konkurrenz vermag nach K a n t z e n b a c h lediglich die drei statischen Aufgaben des Wettbewerbs zu erfüllen, und zwar vollkommen. Nicht jedoch die dynamischen Funktionen der Innovation. Deshalb sucht er in seiner Konzeption nach derjenigen Wettbewerbsintensität, bei der alle fünf Funktionen, insbesondere die dynamischen, hinreichend erfüllt werden. Der einschlägige Wettbewerbsbegriff ist für ihn der der Rivalität, des Kampfes und der Auslese zwischen starken Wettbewerbern. Die oligopolistische Interdependenz und damit nach Ansicht von K a n t z e n b a c h die Wettbewerbsintensität, ist um so größer, je kleiner die Anzahl der Konkurrenten und je höher die Marktvollkommenheit (Produkthomogenität und Markttransparenz) sind. Unter Ausklammerung weiterer Faktoren (Lagervorräte, Grad der Kapazitätsauslastung) stellt K a n t z e n b a c h damit letztlich die Wettbewerbsintensität als eine Funktion der Marktform dar. Als Maßstab der Wettbewerbsintensität bedient er sich in Anlehnung an Niehaus der Geschwindigkeit, mit der aus technischem Fortschritt resultierende Vorsprungsgewinne den betreffenden kreativen Unternehmen durch den Nachahmungswettbewerb wieder abgejagt werden.

Die so definierte Wettbewerbsintensität als oligopolistische Interdependenz ist im homogenen Dyopol am größten, jedoch ist sie in dieser Marktform keineswegs optimal. Vielmehr wird es bei dieser Situation zu funktionslosen Kämpfen zwischen den Dyopolisten kommen: Dabei wird die ökonomische Leistung durch die ökonomische Macht als Auslesekriterium ersetzt. Am geringsten ist die Wettbewerbsintensität im heterogenen Polypol mit seiner großen Zahl von Anbietern jeweils unterschiedlicher Produkte.

Mit der Berücksichtigung von Koalitionen und Kooperationen zwischen den Wettbewerbern gelangt Kantzenbach zu der Unterscheidung zwischen effektiver und potentieller Wettbewerbsintensität. Die effektive Wettbewerbsintensität soll das Ausmaß des tatsächlich praktizierten Wettbewerbs erfassen. Bei der potentiellen Wettbewerbsintensität handelt es sich lediglich um den Grad möglicher Konkurrenz.

Kantzenbach ist nun der Meinung, in seinem Konzept einen Punkt oder einen Bereich angeben zu können, bei welchem oder besser gesagt von welchem ab, das an und für sich mögliche kreative und adaptive Wettbewerbsverhalten nicht mehr von den Wettbewerbern praktiziert, sondern durch Koalitionen ersetzt wird. Nach ihm steigt die effektive Wettbewerbsintensität im Bereich der heterogenen Polypole und im unteren Bereich der weiten Oligopole deckungsgleich mit der potentiellen Wettbewerbsintensität an. Dann jedoch trennen sich potentielle und effektive Wettbewerbsintensität: Beim Übergang nämlich zum engen Oligopol beginnt die effektive Wettbewerbsintensität als Folge von Wettbewerbsbeschränkungen unter die weiter ansteigende potentielle Wettbewerbsintensität abzusinken. Im homogenen Dyopol ist die effektive Wettbewerbsintensität dann fast restlos ausgelöscht. Der geschilderte Sachverhalt des sich trennenden Verlaufs der effektiven und potentiellen Wettbewerbsintensität wird auch durch die mit wachsender Vollkommenheit des Marktes und sinkender Anbieterzahl zunehmende Koalitionsneigung und Koalitionsfähigkeit unterstützt.

In bezug auf die oben genannten fünf Aufgaben des Wettbewerbs "funktioniert" nun der Wettbewerb als Entdeckungsverfahren optimal im Bereich des weiten Oligopols. Hier ist (noch) eine hinreichende Anzahl von Anbietern auf dem Markt, die mäßig unterschiedliche Produkte konkurrierend anbietet. Verglichen mit dieser optimalen effektiven Wettbewerbsintensität im weiten Oligopol ist die effektive Wettbewerbsintensität im heterogenen Polypol (wegen zu großer Zahl von Anbietern und damit zu geringer Interdependenz) und im Bereich enger Oligopole (wegen der Wettbewerbsbeschränkungen) unteroptimal. Es braucht hier nicht im einzelnen dargestellt zu werden, wie nach K a n t z e n b a c h die Wettbewerbspolitik strategisch bei der Durchsetzung dieses "Wettbewerbs als Entdeckungsverfahren" vorgehen soll. Als Kritik an K a n t z e n b a c h s Konzeption sind folgende Gesichtspunkte vorzubringen:

1. Auch bei dieser Konzeption liegt ein marktstrukturverhafteter Ansatz vor, der den Wettbewerb als Funktion der Marktform begreift. Ebenso wie das Konzept der vollständigen Konkurrenz und das der gegengewichtigen Marktmacht widerspricht deshalb auch dieses Konzept der Dimension des Wettbewerbsprozesses, im Widerstreit polypolisierender und monopolisierender Kräfte dauernd die Marktformen zu verändern.

2. Die Gleichsetzung von (potentieller und effektiver) Wettbewerbsintensität mit oligopolistischer Interdependenz und Rivalität wird ebenfalls den Dimensionen des Wettbewerbsprozesses nicht gerecht. Es ist oben begründet worden, daß die Wettbewerbsintensität als die Abfolge und die Dichte von Wettbewerbsaktionen (kreatives und adaptives Verhalten) zu sehen ist und nicht als Grad der Interdependenz, der im Grund jede Verhaltensweise zuläßt.

3. Die Differenzierung zwischen engem und weitem Oligopol hängt, abgesehen von den genannten Faktoren, mit Sicher-

heit auch von dem Verhalten der Oligopolisten ab, und zwar bei gegebener Zahl von Konkurrenten und gegebenem Maß an Produktdifferenzierung. Die Faktoren, die auf diesen Verhaltensspielraum der Oligopolisten einwirken, sind weitgehend unbekannt. Entscheidend im vorliegenden Zusammenhang ist, daß damit die Differenzierung zwischen weitem und engem Oligopol nicht mehr allein marktformenbestimmt ist, sondern von dem subjektiven Willen der jeweiligen Oligopolisten mit abhängt. Oder anders ausgedrückt: Ob ein weites oder enges Oligopol vorliegt, und was entsprechend die Wettbewerbspolitik zu tun hat, bestimmen die Oligopolisten!

4. Hauptansatzpunkt der Kritik im Rahmen dieser Literaturanalyse ist aber der Tatbestand, daß die Ableitung der zu Innovation veranlassenden Faktoren in K a n t z e n b a c h s Konzeption nicht überzeugend ist. Entscheidend für das innovative Verhalten sind für K a n t z e n b a c h die "Gewinnaussichten einer Innovation", die Existenzgefährdung ... bei Unterlassung von Innovationen" und der "Finanzierungsspielraum". Im Polypol seien zwar wegen der preiselastischen Nachfrage die Gewinnaussichten am größten, jedoch fehle es in dieser Marktform weitgehend an der in bezug auf das Innovationsverhalten höher einzuschätzenden Existenzgefährdung. Auch der Finanzierungsspielraum sei in dieser Marktform gering. "Mit abnehmender Anbieterzahl nehmen die beiden letzten Größen sukzessiv zu, und es bildet sich mit steigender Wettbewerbsintensität jene Kombination von Gewinnchancen, Existenzrisiken und Finanzierungsmöglichkeiten, die besonders günstig für die Stimulierung technischer Fortschritte ist" (K a n t z e n b a c h, 1967, S. 217, 292). Diese innovationsoptimale Kombination mit optimaler Wettbewerbsintensität ist für K a n t z e n b a c h in der Marktform des weiten Oligopols verwirklicht. Auch in bezug auf die Fähigkeit zur Anpassung an Nachfrageänderungen und an den autonomen technischen Fortschritt sieht K a n t z e n b a c h das weite Oligopol als optimal an. Dieser behauptete Zusammen-

hang "Wettbewerb als ideales Entdeckungsverfahren in Gestalt der Marktform des weiten Oligopols" ist unter verschiedenen Gesichtspunkten zu kritisieren. Dabei soll hier nicht die Kontroverse zwischen H o p p m a n n und K a u f e r einerseits und K a n t z e n b a c h andererseits dargestellt werden; auch kann nicht die bis heute noch nicht abgeschlossene Diskussion des Konzepts von K a n t z e n b a c h ausführlich geschildert werden. Die Kritik erfolgt lediglich im Hinblick darauf, ob das Konzept des weiten Oligopols als Interpretation des Wettbewerbs als Entdeckungsverfahren akzeptabel ist.

Ein erster Einwand richtet sich gegen den verwendeten Maßstab der Wettbewerbsintensität. Die "Geschwindigkeit, mit der Vorsprungsgewinne weggefressen werden" ist ein Maß, das einseitig beim adaptiven Wettbewerbsverhalten ansetzt. Da bzw. insoweit nun die Bereitschaft zu kreativem Wettbewerbsverhalten negativ durch eine (im Sinne von K a n t z e n b a c h definierte) Wettbewerbsintensität beeinflußt wird, klafft hier in der Beweisführung K a n t z e n b a c h s eine ganz entscheidende Lücke. Er müßte nämlich beweisen, daß im weiten Oligopol auch die Neigung zu kreativem Wettbewerbsverhalten (und nicht nur die Neigung bzw. der Zwang zu adaptivem Wettbewerbsverhalten) hoch bzw. optimal ist.

Ein zweiter wesentlicher Einwand richtet sich gegen den Sachverhalt, daß K a n t z e n b a c h den möglichen Zustrom neuer Wettbewerber nicht in sein Konzept einbaut: Voraussetzung für einen befriedigenden Neuerungswettbewerb im Oligopol ist auch eine Gefährdung der Marktpositionen der Oligopolisten durch das Auftauchen neuer Wettbewerber. Würde man bespielsweise im Bereich übereinstimmender potentieller und effektiver Wettbewerbsintensität neue innovative Konkurrenten auf den Markt kommen lassen, so hätte man nach K a n t z e n b a c h eine abnehmende Wettbewerbsintensität und damit Mindererfüllung der dynamischen Funktionen des Wettbewerbs zu diagnostizieren. Zu dieser

Lücke in seiner Gedankenführung sagt er, daß er die Möglichkeit des Marktzutritts nicht systematisch untersucht habe und trotz Kenntnis der Pleiopolanalyse (Untersuchung der Bedingungen und Auswirkungen des Zustroms und des Abgangs von Wettbewerbern) keine befriedigende Möglichkeit sehe, die Zutrittsmöglichkeit explizit in seine Analyse aufzunehmen.

Die Vernachlässigung der Marktphasen als Dimension des Wettbewerbs ist ebenfalls Ansatzpunkt der Kritik. Wie oben dargelegt, entsprechen nach E. H e u ß dem Entstehen und Vergehen von Produkten vier Marktphasen, und zwar die Experimentierungs-, die Expansions-, die Ausreifungs- und die Stagnations- bzw. Rückbildungsphase. Eine im Oligopol in der Stagnationsphase in der Praxis häufig anzutreffende Preisstarrheit nach unten leitet H e u ß aus der Verhaltenshypothese: "Umsatzmaximierung bei Sicherstellung eines Mindestgewinns" ab. Der den Umsatz maximierende Oligopolist, der sich einer negativ geneigten Preis-Absatz-Kurve gegenübersieht, darf den Preis niemals unter diejenige Höhe sinken lassen, bei der die Preiselastizität gleich eins ist. Dieser Gedankengang ist für H e u ß der Ansatzpunkt zu zeigen, daß die Thesen von K a n t z e n b a c h in bezug auf die Fähigkeit und Neigung der weiten Oligopole zu Innovationen auch theoretisch-deduktiv zu optimistisch sind (Wachstumsproblematik des Oligopols): Eine der "beiden Schienen, auf denen sich das Wachstum in einer Marktwirtschaft bewegt" sieht H e u ß in der Möglichkeit der Wirtschaftssubjekte, "für die alten Bedürfnisse weniger auszugeben" (E. H e u ß, 1968, S. 58,254). Diese Voraussetzung sieht H e u ß nur bei polypolistischer Konkurrenz erfüllt, weil bei dieser das notwendige Sinken in den Bereich der Preiselastizität von kleiner als eins nicht behindert wird." Eine soche Preissenkung schafft aber überhaupt erst die Voraussetzung dafür, daß ... die Ausgabensumme für diese Güter abnimmt und nunmehr Einkommensbeträge für die Ausgabe anderer Güter frei werden" (E. H e u ß, 1968, S. 57,254).

Faßt man die vorgetragene Kritik am dargestellten Leitbild des weiten Oligopols zusammen, so ist festzuhalten, daß diese Konzeption trotz der wissenschaftlichen Fortschritte, die sie gebracht hat, ebenfalls nicht vollständig in der Lage ist, die notwendigen und hinreichenden Bedingungen für das Ingangsetzen und Erhalten innovativen Wettbewerbs aufzuführen. Zu diesem Urteil gelangt auch F.U. W i l l e k e (1973, S. 72, 668): Während der wichtige Sachverhalt des Marktzutritts in den freien Wettbewerb mit einbezogen ist, ist in der Referenzsituation der weiten Oligopole vom Marktzutritt zunächst keine Rede - und wird später nur am Rande erwähnt. Berücksichtigt man aber den Marktzutritt im Rahmen der weiten Oligopole, wird die These von der regelmäßig mittleren Wettbewerbsintensität weiter Oligopole um so fragwürdiger, da offensichtlich nach dem Freiheitsgrad des Marktzutritts ganz unterschiedliche Impulse auf die Wettbewerbsintensität innerhalb der Märkte übertragen werden können. Somit ist die Referenzsituation der weiten Oligopole - zusammenfassend formuliert - in dem wesentlichen Punkt des Marktzutritts unvollständig und außerdem nicht hinreichend schlüssig, und letzteres um so weniger dann, wenn der Marktzutritt in die Analyse einbezogen wird".

1.4.4. Das Konzept der Wettbewerbsfeiheit

Das Konzept der Wettbewerbsfreiheit wird in der Bundesrepublik insbesondere von E. H o p p m a n n vertreten. Als wirtschaftspolitischer Ausgangspunkt dieser wettbewerbspolitischen Konzeption ist festzustellen, daß sie sich als Produkt praktischer Erfahrungen vor allem im Bereich der amerikanischen Antitrustpolitik versteht. Es geht ihr vor allem um den Schutz der Freiheit des wirtschaftlichen Handelns durch Bekämpfung von übermäßiger Marktmacht. Die folgende Zusammenfassung (E. H o p p m a n n, 1969, S. 25 f., 274) zeigt bereits die wesentlichen Konturen dieser Auffassung vom Wettbewerb als Entdeckungsverfahren: "Wettbewerb ist das Prinzip eines sozialen Interaktionssystems, das sich als ein nicht-autoritäres System der Machtkontrolle im Rahmen des tauschwirtschaftlichen Wirtschaftsprozesses darstellt. Es ist ein System rechtlich verfaßter wirtschaftlicher Freiheiten, dessen Sanktionen finanzieller Art sind. Ein solcher Wettbewerb ist kein Instrument zur Erzielung abstrakter Kollektiv-Zwecke, deren Inhalte jeweils staatlich festgelegt werden. Es ist auch nicht ausreichend, alle die zahllosen wirtschaftspolitischen Ziele, wie Vollbeschäftigung, Sicherung der Währung, Glättung des Konjunkturverlaufs usw., zu erreichen. Wettbewerb ist überhaupt kein Instrument, ein abstraktes Ideal der Gesellschaft zu verwirklichen. Ein solches gibt es nicht, es wäre eine soziale Utopie. Was jedoch leistet Wettbewerb? Wettbewerb liefert immerhin einen praktikablen Schutz gegen extreme Unwirtschaftlichkeiten und gegen extreme Ausbeutung durch Marktmächtige. Wettbewerb führt wegen der finanziellen Sanktionen tendenziell zur Leistungssteigerung. Wettbewerb bietet die Chance, daß das unbekannte Potential des wirtschaftlichen Fortschritts weitgehendst ausgeschöpft (im Original nicht unterstrichen, U.M.) wird. Wettbewerb ist, wie F.A. v. H a y e k unermüdlich betonte, ein Such-, Lern- und Informationsprozeß. Daraus ergibt sich die ökonomische Rationalität des kompetitiven Interaktionssystems. Und bis jetzt ist kein System sozialer Kontrolle bekannt, das leistungsfähiger wäre als der Wettbewerb."

Kennzeichnend für die Konzeption der Wettbewerbsfreiheit sind drei Sachverhalte: Der Wettbewerbsfreiheit, die ökonomische Vorteilhaftigkeit und die spezielle Sicht des Verhältnisses zwischen diesen beiden. Weil sich im Wettbewerbsprozeß ökonomische Freiheit manifestiert, wird der Wettbewerb mit Eigenwert ausgestattet und um seiner selbst wegen gewollt. Die Wettbewerbsfreiheit ist der Spielraum des einzelnen Wettbewerbers zur Innovation und/oder zur Imitation sowie seine Möglichkeit, zwischen Alternativen zu wählen. Diese individuelle Freiheit des einzelnen Wettbewerbers ist begrenzt durch die Wettbewerbsfreiheit anderer Wettbewerber. Auch auf

Substitutionsmöglichkeiten wird hingewiesen: So ist die faktische Freiheit eines Wettbewerbers zur Innnovation um so größer, je geringer die faktische Freiheit zur Imitation für die anderen Wettbewerber als Wettbewerbsvoraussetzung und gleichzeitig als eine Konsequenz (Dimension) des Wettbewerbs. Wettbewerblich sind solche Marktprozesse, die sich aus dem freiheitlichen Wettbewerb der Teilnehmer ergeben und in denen gleichzeitig diese wettbewerblichen Freiheiten bestehenbleiben. Damit das gesichert ist, darf es nicht zur Herausbildung unangemessener Marktmacht kommen. Von unangemessener Marktmacht wird gesprochen, wenn der Freiheitsbereich eines Wettbewerbers unverhältnismäßig groß ist. Sofern unangemessene Marktmacht in einem Sektor der Gesamtwirtschaft nicht beseitigt werden kann, liegt ein Ausnahmebereich vor. Wo Wettbewerb vorliegt, wirkt er als nicht-autoritäres gesamtwirtschaftliches Prinzip sozialer Kontrolle mittels finanzieller Sanktionen.

Der Wettbewerb wird auch wegen seiner ökonomischen Vorteilhaftigkeit präferiert. Dabei geht es für Hoppmann um die individuellen Vorteile, die sich für den einzelnen Wettbewerber jeweils entsprechend seiner ökonomischen Leistung im Wettbewerbsprozeß herausbilden und laufend verändern. Individuelle ökonomische Vorteile sind solche vom Standpunkt und den Zielen des einzelnen Wirtschaftssubjekts, sie sind also nicht bezogen auf eine allen gemeinsame Werthierarchie. Da die Ziele der einzelnen Wettbewerber erst im Verlauf des Wettbewerbsprozesses gewichtet werden, kann nicht im voraus festgelegt werden, welche Ergebnisse ökonomisch vorteilhaft sind. Auch dieser Sachverhalt ist durch den Wettbewerb erst zu entdecken.

Im Verhältnis zwischen Wettbewerbsfreiheit und ökonomischer Vorteilhaftigkeit des Wettbewerbs anerkennt Hoppmann kein Dilemma (Non-Dilemma-These). Wettbewerbsfreiheit und ökonomische Vorteilhaftigkeit sind für Hoppmann nur verschiedene Ausdrucksweisen zur Bezeichnung einer Grundgesamtheit, oder wie er es nennt einer Wertgesamtheit. Wenn in einem Wirtschaftssektor weitreichende economies of scale vorliegen oder barriers to exit das Funktionieren des Wettbewerbs verhindern, liegt nach dieser Konzeption ein Ausnahmebereich vor: Wettbewerbsprozesse sind in diesem Fall nicht möglich. Ein Konflikt zwischen Wettbewerbsfreiheit und ökonomischer Vorteilhaftigkeit wird auch für diesen Fall nicht gesehen.

Dagegen entsteht eine Konfliktsituation, wenn die ökonomische Vorteilhaftigkeit des Wettbewerbs nicht individuell betrachtet, sondern vom Standpunkt einer gesamtwirtschaftlichen Zielfunktion aufgefaßt wird. Diese "Indienstnahme" des Wettbewerbs führt zu einer Denaturierung seines eigentlichen Inhalts. Die Eigenschaft des Wettbewerbs, Koordinator <u>und</u> Stimulator gleichzeitig zu sein, geht verloren. Der Wettbewerb erscheint nur noch als Leistungsstimulanz und Funktionsträger für überpersönliche Zwecke. Dieses "Abrichten" des Wettbewerbs auf eine gesamtwirtschaftliche Zielfunktion ist nach H o p p m a n n unvereinbar mit dem Ziel der Wettbewerbsfreiheit, demzufolge die einzelnen Wettbewerber frei ihre Ziele setzen. Detailliert führt H o p p m a n n (1968, S. 23,273) zu dieser Konfliktsituation aus: "Wird ökonomische Vorteilhaftigkeit dagegen vom Standpunkt einer gesamtwirtschaftlichen Zielfunktion aufgefaßt, so sind Wettbewerbsfreiheit und ökonomische Vorteilhaftigkeit allerdings zwei voneinander unabhängige Ziele. Damit deutet man jedoch die Volkswirtschaft als ein überpersönliches Wesen mit eigenen ökonomischen Zwecken; der Wettbewerb stellt dann ein Instrument zur Erreichung dieser im übrigen grundsätzlich auch durchaus austauschbaren Ziele dar. Begreift man aber den Wettbewerb als ein solches Instrument, so faßt man ihn nicht mehr auf als gesamtwirtschaftlichen Ordnungs- und Koordinierungsprozeß, in dem <u>auch</u> mannigfache Leistungsanreize wirksam sind, sondern lediglich als psychologische Technik bzw. als eine Veranstaltung zur Stimulierung der Leistung auf, die sowohl den Planzielen der Planifikatoren als auch als sozialistischer Wettbewerb den Zwecken eines kommunistischen Staates aber auch dem Machtstreben eines großen Konzerns, der 'intra-firm-competition' zwischen seinen Einzelbetrieben betreibt, dienen kann." Die sich aus H o p p m a n n s wettbewerbstheoretischen Ansichten ergebenden wettbewerbs<u>politischen</u> Konsequenzen sind folglich eine Strategie der Sicherung der Wettbewerbsfreiheit. Darauf ist hier nicht im einzelnen einzugehen.

Die Kritik an der Konzeption der Wettbewerbsfreiheit muß ausgehen von H o p p m a n n s neoliberaler bzw. liberaler Grundeinstellung. Der Staat hat die Regeln für den Wettbewerbsprozeß zu setzen, für die Verwirklichung von Sicherheit und Recht zu sorgen und bestimmte öffentliche Aufgaben zu erfüllen. Er darf jedoch keine Vorschriften dazu erlassen, was die einzelnen Wettbewerber zu tun haben.

Die Aufzählung der im Wettbewerb wirksamen, auf Innovationen konditionierenden Faktoren ist unvollständig, wie die folgenden Zitate belegen. So schreibt F.U. W i l l e k e (1973, S. 57, 668). "Es lassen sich nun Argumente dafür anführen, daß der freie Wettbewerb die Wettbewerbsergebnisse nicht in jedem Fall eindeutig determiniert; dies wird auch von H o p p m a n n zugestanden, wenn er schreibt: '... die Intensität des tatsächlichen Wettbewerbs, die sich aus der Wettbewerbsfreiheit ergibt, kann sehr unterschiedlich sein'. So kann der Intensitätsgrad des Innovationswettbewerbs sehr verschieden und gerade wegen des freien Wettbewerbs relativ schwach sein; der Abbau von Überkapazitäten, die durch strukturelle Nachfrageverschiebungen entstanden sein mögen, kann mit unterschiedlichen Reibungswiderständen verbunden sein, die im übrigen gerade wegen des freien, gleich starke Wettbewerber implizierenden Wettbewerbs besonders groß sein können; oder es können anstelle von Qualitätsverbesserungen verdeckte, für die Käufer nicht sichtbare Qualitätsverschlechterungen vorkommen." Und bei H o p p m a n n selbst heißt es (1967, S. 165 u. S. 176, 271): " Innovationen werden jedoch nicht ökonomisch erzwungen, sondern sie sind nur möglich. ...Zwar kann und wird der Wettbewerb zu Innovationen anreizen. ... Der vorstoßende Wettbewerb soll durch die Wettbewerbsfreiheit stimuliert werden. In welchem Ausmaß das gelingt, ist immer ungewiß."

Eine scharfe Kritik an der Konzeption der Wettbewerbsfreiheit von H o p p m a n n bringt J. G o t t h o l d (1974, S. 602 ff. , 206). Er attestiert dem Begriff der Wettbewerbsfreiheit ideologischen Charakter, ohne allerdings selbst eindeutig zu definieren, was er unter ideologischem Charakter versteht: " H o p p m a n n s Wettbewerbsbegriff leidet aber noch an anderen Mängeln. Von der gesamten Definition hat empirischen Gehalt nur der Begriffsbestandteil 'komplexes System von Marktprozessen'. Differentia specifica seiner Definition ist freilich der Begriff 'Wettbewerbsfreiheit'. Dieser Bestandteil hat ideologischen Charakter. ... Was Wettbewerbsfreiheit ist, hat H o p p m a n n ... in einer früheren Schrift auch positiv beschrieben. Hier kommt auch gleichzeitig der ideologische Kern seiner Theorie deutlich zum Ausdruck. Er leitet die Beschreibung dessen, was Wirtschaftsfreiheit sei, an dieser Stelle mit den Worten ein: 'Sich um die Wette bewerben, ist ein ursprünglicher menschlicher Trieb, der beispielsweise durch die von Hesiod besungene gute Eris, die Göttin des friedlichen Wettbewerbs, symbolisiert wird. Eine wirtschaftspolitische Grundentscheidung für den Primat des Wettbewerbs ist nichts anderes als die Bejahung der aus diesem Trieb resultierenden menschlichen Beziehungen und Prozesse. H o p p m a n n s Definition des Wettbewerbs basiert also letztlich auf einem bestimmten Menschenbild, das er hier durch den Rückgriff auf einen antiken Mythos näher beschreibt. Daraus ergibt sich zugleich, daß der zunächst aufkommende Verdacht einer bloß tautologischen Definition des Wettbewerbs nicht zutrifft. Wettbewerb bedeutet für ihn die Realisierung eines in seinen Schriften jeweils vorausgesetzten Menschenbildes auf wirtschaftlichem Gebiet." Nicht sehr verständlich ist der folgende Satz von

G o t t h o l d (S. 6): "In der Tat ist daher auch nicht erstaunlich, was H o p p m a n n beklagt, daß in der wirtschaftswissenschaftlichen Literatur in der Regel nicht der Versuch gemacht wird, seine Theorie zu falsifizieren."

H o p p m a n n s Ablehnung, den Wettbewerb als "wirtschaftspolitisches Instrument" zu verstehen, gibt Raum für wissenschaftlichen Streit und unterschiedliche Interpretationen. Dabei ist kennzeichnend, daß die implizierten Wertvorstellungen oft nicht ausdrücklich genannt werden. Faßt man die Kritik an der Interpretation des Wettbewerbs "als wirtschaftspolitisches Instrument" wie folgt auf, dann hält sie einer kritischen Überprüfung nicht stand: Wenn in der Wettbewerbstheorie (Ursachenforschung) bestimmte Wirkungen des Wettbewerbs, z.B. Innovationsförderung, erkannt werden, so ist es ohne Denaturierung des Wettbewerbs möglich, diese von der Theorie erkannten Wirkungen als Ziele der Wettbewerbspolitik zu übernehmen (Wirtschaftspolitik als umgekehrte Kausalanalyse). Dieses Vorgehen würde den Wettbewerb als Entdeckungsverfahren unberührt lassen. "Diese Ziele können einzelwirtschaftliche oder (wohl zumeist) gesamtwirtschaftliche sein. Die wirtschaftspolitische Ausnutzung derartiger realer Wirkungszusammenhänge heißt nicht, die Volkswirtschaft als 'überpersönliches Wesen' zu interpretieren; der Wettbewerb dient somit nicht den 'ökonomischen Zwecken einer überpersönlichen Wesenheit', sondern bestimmten, ausdrücklich gesetzten (und keineswegs 'eingeschmuggelten') gesamtwirtschaftlichen Zielen" (F.U. W i l l e k e, 1973, S. 26 f., 668).

Berechtigt allerdings ist E. H o p p m a n n s Kritik dann, wenn nicht wie geschildert, von den von der Wettbewerbstheorie erkannten Wirkungen ausgegangen wird. Eine andere Vorgehensweise besteht nämlich darin, nicht aus der wettbewerbstheoretischen Analyse abgeleitete Sachverhalte instrumental-normativ zu wettbewerbspolitischen Zielen zu erklären, und dann ("nachträglich") nach "demjenigen Wettbewerb" zu suchen, mit dessen Hilfe sich diese Ziele erreichen lassen. Bei diesem Vorgehen entartet in der Tat der "Wettbewerb" zu einem im Grundsatz für beliebige Ziele einsetzbaren Instrument. Hinzu kommt, daß im Zuge eines solchen Vorgehens der Wettbewerb als Entdeckungsverfahren je nach Interessenlage der begriffsprägenden Instanzen ganz verschiedene Auslegungen erfahren wird, die zudem meistens verdeckt hinter der Argumentation verborgen sind. J. H u f f s c h m i d (1973, S. 128 f., 276) spricht in seiner Arbeit in bezug auf diesen sehr bedenklichen Tatbestand nur von einer Umfunktionierung des Wettbewerbs: "Die Destruktion der liberalen Theorie des Privatkapitalismus und ihre Weiterentwicklung zur Theorie vom Kollektivkapitalismus vollzieht sich in zwei Stufen. Auf der ersten Stufe wird der Begriff des Wettbewerbs grundsätzlich uminterpretiert. ... Der Wettbewerb ... soll bestimmte Funktionen erfüllen ... Mit dieser Theorie ist das liberale Wettbewerbskonzept auf den Kopf gestellt. Denn nicht die Funktionen des Wettbewerbs standen bei ihr im Mittelpunkt, sondern die Freiheit des (besitzenden) Individuums zu jeder beliebigen wirtschaftlichen Tätigkeit. Nun wird der Wettbewerb nicht nur instrumentalisiert, um andere Ziele zu erreichen, sondern darüber hinaus modifiziert, um sie erreichen zu können. In dem Maße, in dem Wettbewerb ursprünglich Freiheit meinte, bedeutet jede Modifizierung des Wettbewerbs in Richtung auf Einschränkung dieser Freiheit die Abschaffung des Wettbewerbs als Ziel und Grundlage der Wirtschaftsordnung; ... Wettbewerb, wo er noch auftaucht, ist nicht mehr Ausdruck persönlicher Freiheit und Existenzbedrohung des wirtschaftenden Bürgers, sondern gesamtwirtschaftliches Koordinierungs- und Planungsinstrument, das im Prinzip jederzeit durch andere Planungs- und Steuerungsinstrumente ersetzt werden kann, wenn sich dies als wirtschaftlich effizienter oder politisch opportun erweisen sollte."

1.4.5. F.A. von Hayeks Interpretation des Wettbewerbs als Entdeckungsverfahren

F. A. von H a y e k s wirtschaftspolitischer Standort ist noch stärker als der von E. H o p p m a n n durch die liberale Grundeinstellung geprägt. F.A. von H a y e k geht in seiner Konzeption des Wettbewerbs als Entdeckungsverfahren davon aus, daß das innovatorische Potential einer Gesellschaft niemals als zusammengefaßte Größe (als Ganzes), sondern stets als über die gesamte Gesellschaft zerstreute Größe existiert. Es besteht in einer auf alle Personen der Gesellschaft verteilten Summe unvollkommener und häufig widersprüchlicher Kenntnisse von Tatsachen und Möglichkeiten, die gesondert bei verschiedenen Individuen lokalisiert sind. Jedes Wirtschaftssubjekt hat dabei jeweils irgendeinen Kenntnisvorteil gegenüber allen anderen. Eines der Hauptprobleme der Gesellschaft stellt sich daher so: Wie ist eine optimale Verwertung all des Wissens möglich, das niemandem in seiner Gesamtheit gegeben und bekannt ist? F.A. von H a y e k betont, daß es sich bei dem Wissen nicht nur um wissenschaftliche Erkenntnisse handelt, sondern stets auch um die Kenntnis nur einzelner Persönlichkeiten jeweils ganz besonderer Umstände in örtlicher und zeitlicher Hinsicht. Deshalb sei eine individuelle Entscheidungsträgerschaft notwendig. Ein zentraler Planer könne das in einer Gesellschaft vorhandene innovatorische Potential nicht statistisch erfassen und daher auch nicht voll und nicht optimal nutzen.

Im dezentralisierten marktwirtschaftlichen System jedoch existiert nach F.A. von H a y e k mit dem Wettbewerb ein Verfahren, das den Unternehmungen und den Haushalten dauernd Informationen zur Verfügung stellt, die ihnen zeigen, welche kreativen und adaptiven Verhaltensweisen sich lohnen. Es handelt sich um das aus dem Wettbewerb herauswachsende Preisgefüge, welches in einfachster und volkswirtschaftlich billigster Form allen Wettbewerbern anzeigt, welche Leistungen in der Gesellschaft insgesamt begehrt sind. Von dieser Schau ausgehend ist der Kern des Wettbewerbs in seiner Fähigkeit zu sehen, die Wettbewerber zur Entdeckung von Tatsachen und Wissen zu leiten, die auf anderem Wege entweder gar nicht bekannt oder aber doch nicht so optimal wie im Wettbewerb benutzt würden. Der Wettbewerb als Entdeckungsverfahren, bei F.A. von H a y e k am vollständigsten ausformuliert, führt sowohl zu einer optimalen Entwicklung als auch zu einer optimalen Nutzung des innovatorischen Potentials. Dabei geht die Konzeption F.A. von H a y e k s auch in der Definition des Sachbereichs des zu Entdeckenden am weitesten: Der Wettbewerb ist ein Verfahren nicht nur zur Entdeckung neuer Produkte und Produktionsverfahren; vielmehr ist er gleichzeitig auch derjenige Prozeß, in dessen Ablauf sich - in der Richtung offen - die jeweils innovationsoptimalen Marktstrukturen, Unternehmensgrößen und Konzentrationsgrade auf allen Einzelmärkten und in der Volkswirtschaft insgesamt als endogene Variable des Wettbewerbsprozesses herausbilden.

Da F.A. von H a y e k den Entdeckungscharakter des Wettbewerbs besonders intensiv herausgearbeitet hat, sei seine Argumentation auch mit einigen Zitaten aus seinem Kieler Vortrag beim Institut für Weltwirtschaft an der Universität Kiel (1968, 245) belegt. Er betrachtet den Wettbewerb als ein "Verfahren zur Entdeckung von Tatsachen", "die ohne sein Bestehen entweder unbekannt bleiben oder doch zumindest nicht benutzt werden würden." Er führt aus, daß "Wettbewerb nur deshalb und insoweit wichtig ist, als seine Ergebnisse unvoraussagbar und im ganzen verschieden von jenen sind, die irgend jemand bewußt anstreben hätte können sowie auch, daß sich seine wohltätige Wirkung darin zeigen muß, daß er gewisse Absichten vereitelt und gewisse Erwartungen enttäuscht." Aus der Kritik an der gängigen Markt- und Preistheorie entwickelt er seine Konzeption weiter: " ... daß sich die Markttheorie oft den Zugang zu einem wirklichen Verständnis des Wettbewerbs damit verbaut, daß sie von der Annahme einer

' gegebenen' Menge knapper Güter ausgeht. ... Die Nutzung des weit verstreuten Wissens in einer Gesellschaft mit fortgeschrittener Arbeitsteilung kann nicht darauf beruhen, daß die einzelnen alle die konkreten Verwendungen kennen, die von den Dingen ihrer Umgebung gemacht werden können. Ihre Aufmerksamkeit wird von den Preisen gelenkt, die der Markt für die verschiedenen Güter und Dienste bietet. Das bedeutet unter anderem, daß die besondere und in mancher Hinsicht immer einzigartige Kombination von Kenntnissen und Geschicklichkeiten jedes einzelnen nicht nur - und nicht einmal in erster Linie - Kenntnisse sein werden, die die Betreffenden vollständig aufzeichnen oder einer Behörde mitteilen könnten. Das Wissen, von dem ich spreche, besteht vielmehr in hohem Maße in der Fähigkeit, besondere Umstände aufzufinden, eine Fähigkeit, die die einzelnen nur wirksam nutzen können, wenn ihnen der Markt sagt, welche Art von Gegenständen und Leistungen verlangt werden und wie dringlich." In bezug auf die möglichen Gründe einer Minderausnutzung des innovatorischen Potentials führt er aus: "Wir brauchen uns auch nur zu erinnern, wie schwierig es ist, in einer Wirtschaft mit effektivem Wettbewerb Möglichkeiten zu entdecken, die Konsumenten mit besseren oder billigeren Waren zu versorgen als dies schon geschieht. Wo wir zunächst solche ungenützten Möglichkeiten zu entdecken glauben, finden wir meist, daß sie unausgenützt geblieben sind, weil dies entweder die Macht irgendeiner Behörde oder eine höchst unerwünschte private Machtausübung verhindert." Er kommt dann zu den Möglichkeiten der Überprüfung seiner Thesen: "Aus der Tatsache, daß die Katallaxie keinem einheitlichen Zielsystem dient, ergeben sich all die bekannten Schwierigkeiten, die nicht nur die Sozialisten, sondern alle Ökonomen beunruhigen, die sich bemühen, die Leistung der Marktordnung zu bewerten: denn wenn die Marktordnung nicht einer bestimmten Rangordnung von Zielen dient, ja wenn von ihr, wie von jeder spontan gebildeten Ordnung, legitimerweise gar nicht gesagt werden kann, daß sie bestimmte Zwecke hat, dann ist es auch nicht möglich, den Wert ihrer Ergebnisse als eine Summe der einzelnen Produkte darzustellen. ... Es ist nämlich eine notwendige Folge des Grundes, aus dem allein wir uns des Wettbewerbs bedienen, daß die Gültigkeit der Theorie des Wettbewerbs für jene Fälle, in denen sie interessant ist, nie empirisch nachgeprüft werden kann. ... Wo ... wir die Tatsachen, die wir mit Hilfe des Wettbewerbs entdecken wollen, nicht schon vorher kennen, können wir auch nicht feststellen, wie wirksam er zur Entdeckung aller relevanten Umstände führt, die hätten entdeckt werden können. Was sich empirisch nachprüfen läßt, ist nicht mehr, als daß Gesellschaften, die sich zu diesem Zweck des Wettbewerbs bedienen, dieses Ergebnis in höherem Maße verwirklichen als andere - eine Frage, die mir die Geschichte der Zivilisation nachdrücklich zu bejahen scheint."

Die von F.A. von H a y e k vorgetragene Konzeption einer weitestgehenden Ausnutzung des innovatorischen Potentials durch Wettbewerb ist zunächst überzeugend, und man kann auch sagen, in sich schlüssig. In Übereinstimmung mit den oben dargelegten Dimensionen des Wettbewerbsprozesses steht insbesondere der Sachverhalt, daß in der Theorie von von H a y e k die Marktstruktur im Widerstreit polypolisierender und monopolisierender Kräfte als endogene Variable behandelt wird. Die Auswirkungen der Unternehmenskonzentrationen und der sich im Wettbewerb ergebenden Unternehmensgrößen auf das innovatorische Potential erscheinen also in dieser Konzeption in einem ganz anderen Licht als etwa bei K a n t z e n b a c h: Im Zuge der Durchsetzung von Innovationen und in Verwirklichung kreativen und adaptiven Wettbewerbsverhaltens bilden sich die innovationsoptimalen Marktstrukturen als Folge und nicht als Voraussetzung für innovatives Verhalten heraus. Insoweit überwindet F.A. von H a y e k einen guten Teil der Kritik, der an der Konzeptionen von W. E u c k e n, J.K. G a l b r a i t h und E. K a n t z e n b a ch anzubringen war. F.A. von H a y e k vermeidet auch die die genannten Autoren und zusätzlich auch

E. H o p p m a n n kennzeichnende Eigenart, den Wettbewerb einzelmarktlich aufzufassen, zu definieren und hinsichtlich seiner bedingenden Faktoren zu untersuchen. Denn er begreift den Wettbewerb als einen gesamtmarktlichen Prozeß, in dessen Vollzug erst sich auch die Aufteilung der Volkswirtschaft in Einzelmärkte in dauernder Veränderung ergibt. Beide Sachverhalte hebt H. V ö l k e l (1971, S. 176 f., 655) hervor: "Wenn wir uns aber letztlich deshalb des Wettbewerbs bedienen, weil er uns gerade das zeigt, was wir noch nicht wissen, so ist es natürlich unsinnig, an ihn mit dem Wunsch heranzutreten, bestimmte Strukturen oder gar bestimmte Einzelergebnisse herbeizuführen, denn wenn wir bereits wüßten, was notwendig ist, so brauchten wir den Wettbewerb nicht. Und das gilt auch in bezug auf die Marktstruktur. Wir dürfen dem Wettbewerb keine bestimmte Marktstruktur vorgeben, sondern müssen vielmehr davon ausgehen, daß die Marktstruktur, genauer die ökonomisch vorteilhafteste Marktstruktur, eines der Ergebnisse ist, was der Wettbewerb erst herausfinden soll und kann. Bedenkt man, wie sehr die tatsächlichen Bedingungen und Umstände auf den einzelnen Realmärkten voneinander abweichen, so wird man diese Fähigkeit des Wettbewerbs nicht als unwichtig erachten. Ein weiterer Vorteil der H a y e k schen Wettbewerbserklärung besteht darin, daß sie auch dem Umstand Rechnung trägt, daß die Einzelmärkte untereinander in einem untrennbaren Zusammenhang stehen ... Dies zeigt sich schon darin, ..., daß die Einzelmärkte durch die 'kontrollierende Hand des Unternehmers' und damit letztlich durch Wettbewerb verbunden sind. Vor allem verdeutlicht aber von H a y e k s treffende Metapher von den 'Kundschaftern' der Marktordnung, daß es sich beim Wettbewerb nicht nur um einen intramarktlichen, sondern auch um einen intermarktlichen Mechanismus handelt und somit die Vorstellung vom isolierten Nebeneinander der Einzelmärkte absurd ist. ... Den Dingen auf den Grund gegangen ist nun zweifellos aber auch K r ü s s e l b e r g. So sieht auch er sehr richtig das Aktionsfeld der Unternehmung nicht auf irgendwelchen Einzelmärkten, sondern auf dem Gesamtmarkt schlechthin. ... Die gesamtmarktliche Konzeption eines im Zeitablauf zirkulierenden Kontinuums sämtlicher Unternehmensgrößen (im Original nicht unterstrichen, U.M.), zu der er auf diese Weise gelangt, stellt zweifellos einen echten Zugewinn für die Wettbewerbstheorie dar, vermittelt doch diese bestechende Ordnungsidee ein gutes Bild von der Struktur des Wettbewerbs im Ungleichgewicht und gewährt damit einen tieferen Einblick in das Marktgeschehen, als es der einzelmarktlichen Prozeßanalyse möglich ist."

Wissenschaftstheoretisch kritisierbar und von den Anforderungen der praktischen Wettbewerbspolitik in bezug auf die aus Unternehmenskonzentration und wachsenden Unternehmensgrößen resultierenden Probleme wenig ergiebig (unbefriedigend) ist F.A. von Hayeks Überzeugung, die These vom Wettbewerb als optimalem Entdeckungsverfahren sei empirisch nicht überprüfbar. Diese aus dem Eigencharakter des Wettbewerbs abgeleitete "Verletzbarkeit des Wettbewerbs durch Überprüfung" ist wahrscheinlich eine zu übertriebene Auslegung des verallgemeinerten Heisenberg-Prinzips. Nach diesem Prinzip wirken Erkenntnisanstrengungen über die Zusammenhänge in einem System verändernd auf das zu erkennende (zu überprüfende) System ein. Immerhin konzidiert von Hayek, daß allgemeine Muster-Voraussagen möglich seien, so etwa, daß sich durch Wettbewerb eine spontane Ordnung ergebe. Oder: Daß es als Folge von Wettbewerb Stabilität in Staat und Gesellschaft geben werde. Es ist zweifelhaft, ob diese These hinreichend bekräftigt ist, um auf ihrer Basis einfach über die beobachtbaren negativen Auswirkungen der Unternehmenskonzentration hinwegzusehen.

Der empirische Teil dieser Literaturanalyse befaßt sich mit diesen Fragen. Im Anschluß daran wird dieser Fragenkreis dann noch einmal aufgeworfen.

2. Hypothesen und empirische Befunde zum Einfluß der Unternehmensgröße und Unternehmenskonzentration auf das innovatorische Potential

Empirische Analysen über den Zusammenhang zwischen Unternehmensgröße, Unternehmenskonzentration und innovatorischem Potential stehen vor dem Problem, den absoluten und relativen Beitrag einzelner Unternehmen, Unternehmensgruppen und Industriezweige zum technischen Fortschritt, zur Erweiterung und Ausnutzung des gesellschaftlichen innovatorischen Potentials zu messen. Als Maßgrößen und Indikatoren werden unter anderem vorgeschlagen und in empirischen Untersuchungen verwendet:

- Produktivitätskennziffern
- Maße der F & E-Aktivität (F & E-Ausgaben, F & E-Personal)
- Zahl der Patente
- Anzahl "wichtiger" Inventionen und Innovationen
- Umsätze, die mit einer Innovation erzielt werden
- Diffusionsrate und Diffusionsgeschwindigkeit.

Produktivitätskennziffern haben den Nachteil, daß qualitative Veränderungen der erzeugten Produkte nicht erfaßt werden können und auch quantitative Veränderungen der Produktivität nur unter der empirisch nicht überprüfbaren Annahme einer speziellen Produktionsfunktion dem technischen Fortschritt zugerechnet werden können. Ferner sind qualitative Veränderungen der Produktionsfaktoren, durch welche die Produktivität beeinflußt wird, meist nicht allein das Verdienst einer neuerungsaktiven Unternehmung. Man denke etwa daran, daß auf dem Weg der Reinvestition bessere Maschinen gekauft werden, daß sich die Qualität der Vorprodukte verbessert hat usw. Auch die anderen Indikatoren stellen keine befriedigenden Maße dar. Sie weisen jeder für sich genommen eine Reihe von konzeptionellen und statistischen Schwächen auf, die in der folgenden Untersuchung, soweit notwendig, zur Sprache kommen.

Allen Indikatoren gemeinsam ist, daß sie sich jeweils auf eine Stufe bzw. Phase des einzel- und gesamtwirtschaftlichen Innovationsprozesses beziehen. Nur die Aktivitäten auf den einzelnen Stufen des innovatorischen Potentials werden erfaßt: Die F & E-Ausgaben messen die F & E-Aktivität, d.h. die zur Erlangung und Anwendung neuen technologischen Wissens eingesetzten Ressourcen, die Zahl der Patente den quantitativen Erfolg der inventiven Aktivitäten, die Diffusionsgeschwindigkeit je nach Definition die Intensität des einzelmarktlichen Imitationsprozesses oder des gesamtmarktlichen Diffusionsprozesses usw.

Durch den Bezug auf einzelne Stufen des innovatorischen Potentials können detaillierte empirische Ergebnisse gewonnen werden, die bei der Verwendung von globalen Produktivitätskennziffern verborgen bleiben. Dem steht der Nachteil gegenüber, daß das komplementäre und teilweise synergistische Zusammenwirken der einzelnen Stufen im Zuge der technologischen Entwicklung vernachlässigt wird. Vor allem aber kann von der herausragenden Bedeutung einer Unternehmensgrößenklasse innerhalb einer Phase nicht auf eine entsprechend wichtige Funktion in einer anderen Phase geschlossen werden. Es ist möglich, daß eine Unternehmensgruppe einen hohen relativen Beitrag zur gesamtwirtschaftlichen F & E-Aktivität liefert, jedoch in der Inventions- oder Innovationsphase etwa aufgrund mangelnder Effizienz der durchgeführten Forschung und Entwicklung an Bedeutung erheblich verliert. Eine Überlegenheit der Großunternehmen beipielsweise wäre erst nachgewiesen, wenn sie in allen Phasen des Innovationsprozesses eine herausragende Rolle spielen. Ist das nicht der Fall, so kann diesbezüglich keine generelle, auf eine Bewertung der einzelnen Stufen des innovativen Potentials verzichtetende Aussage getroffen werden.

Der folgende empirische Teil der Literaturanalyse gliedert die empirischen Untersuchungen anhand ihrer Aussagen über den Einfluß der Unternehmensgröße und Unternehmenskonzentration auf die einzelnen Phasen des Innovationsprozesses (F & E-Aktivität, Invention, Innovation, Diffusion). Eine eindeutige Zuordnung ist dabei nicht immer möglich, meist aufgrund einer uneinheitlichen Begriffsbildung und Abgrenzung.

Der empirische Teil der Literaturanalyse umfaßt folgende Hauptgliederungspunkte:

2.1. Der Einfluß der Unternehmensgröße und Unternehmenskonzentration auf die F & E-Aktivität.

2.2. Der Einfluß der Unternehmensgröße und Unternehmenskonzentration auf Anzahl und Qualität der Inventionen.

2.3. Der Einfluß der Unternehmensgröße und Unternehmenskonzentration auf Innovation und Diffusion.

2.4. In diesem vierten Gliederungspunkt wird eine bewertende Interpretation der empirischen Fakten vorgenommen, die an einer empirischen Studie der OECD anknüpft.

2.1. Der Einfluß der Unternehmensgröße und Unternehmenskonzentration auf die F & E-Aktivität

Über den Zusammenhang zwischen Unternehmensgröße, Unternehmenskonzentration und F & E-Aktivität werden im wesentlichen drei Hypothesen empirisch getestet (Vgl. Kennedy-Thirlwall, 1972, S. 48, 317). Die erste Hypothese, die wir als Neo-Schumpeter-Hypothese I bezeichnen wollen, postuliert eine positive Korrelation zwischen der Unternehmensgröße und der F & E-Aktivität. Sie umfaßt zwei Varianten. Die erste Variante geht davon aus, daß mit der Unternehmensgröße die absolute F & E-Aktivität - gemessen an den absoluten F & E-Ausgaben oder an der Anzahl der in F & E Beschäftigten - anwächst. Die zweite, engere Variante fordert, daß größere Unternehmen nicht nur absolut, sondern auch relativ zu ihrer Größe (Umsatzvolumen, Beschäftigtenzahl oder Gesamtvermögen) mehr für Forschung und Entwicklung aufwenden als kleinere Unternehmen. Die Unternehmensgröße ist nach dieser Variante nicht nur mit der absoluten

F & E-Aktivität positiv korreliert, sondern auch mit der relativen F & E-Aktivität. Die relative F & E-Aktivität wird dabei meist gemessen durch die F & E-Aufwendungen pro Umsatz oder pro Beschäftigtenzahl und in der Literatur treffend als die F & E-Intensität eines Unternehmens bezeichnet.

Wenn die F & E-Aktivität nicht nur mit der Unternehmensgröße anwächst, sondern auch von der Unternehmenskonzentration entscheidend positiv beeinflußt wird, dann muß auch zwischen dem Konzentrationsgrad einer Industrie bzw. Branche und der F & E-Aktivität eine positive Korrelation nachweisbar sein. Diese zweite Hypothese einer positiven Korrelation zwischen Unternehmenskonzentration und F & E-Aktivität bezeichnen wir als Neo-Schumpeter-Hypothese II.

Die dritte Hypothese trägt dem speziellen Problem der konglomeralen Konzentration Rechnung. Sie postuliert eine positive Korrelation zwischen der F & E-Aktivität und dem Ausmaß der konglomeralen Konzentration, gemessen durch den Diversifikationsgrad des Produktionsprogramms der marktführenden Unternehmen eines Industriezweiges. Die erste Begründung dieser Hypothese stammt von R. N e l s o n (1959, S. 297 f., 455). In Anlehnung an K e n n e d y-T h i r l w a l l bezeichnen wir sie als Nelson-Hypothese.

Gegenstand des Abschnitts 2.1. ist die Überprüfung dieser drei Hypothesen anhand der in der Literatur veröffentlichten empirischen Studien und Zahlen.

2.1.1. Die Neo-Schumpeter-Hypothese I

2.1.1.1. Unternehmensgröße und absolute F & E-Aktivität

2.1.1.1.1. Empirische Befunde für die USA

In den USA ist seit 1953 die statistische Erfassung der industriellen F & E-Ausgaben gesetzlich vorgeschrieben. Die Erhebung der absoluten und relativen Zahlen der gesamten F & E-Aktivität erfolgt durch die National Science Foundation (NSF), die das Zahlenmaterial nach Industriezweigen, Unternehmensgrößen, Mittelherkunft und -verwendungsart und anderen Gesichtspunkten aufschlüsselt und publiziert.

Die Daten der NSF-Veröffentlichungen scheinen auf den ersten Blick eine solide Fundierung der Hypothese, daß die absoluten F & E-Ausgaben mit der Unternehmensgröße (gemessen an der Beschäftigtenzahl) anwachsen, zu gestatten. Tabelle 1 zeigt die prozentuale Verteilung der F & E-Ausgaben nach drei Unternehmensgrößenklassen für einige Jahre des Zeitraumes 196o - 1969.

Tab. 1: Prozentuale Verteilung der gesamten F & E-Ausgaben nach Unternehmensgrößenklassen in den USA für einige Jahre des Zeitraumes 196o - 1969

Jahr	Unternehmen mit einer Beschäftigtenzahl von			
	weniger als 1ooo	1ooo-4999	5ooo-9999	mindestens 1oooo
196o	5,5	8,5	86,o	
1963	4,9	8,1	87,o	
1965	4,6	6,7	88,6	
1966	4,o	6,7	5,1	84,2
1967	4,2	6,2	5,4	84,2
1969	3,9	5,7	5,7	84,8

Quelle: Eigene Berechnung auf der Basis der Tabellen B-2, B-5 der NSF in: Research and Development in Industry 1969, Washington D.C. 197o, NSF 71-18, 452.

Aus Tabelle 1 ist ersichtlich, daß Großunternehmen mit mehr als 5 ooo bzw. 1o ooo Beschäftigten die Hauptlast der gesamten F & E-Ausgaben tragen, wobei ihre F & E-Aktivität im Zeitablauf zugenommen hat. Der Anteil der Unternehmen mit mehr als 5 ooo Beschäftigten betrug 196o rund 86 % und 1969 sogar schon fast 91 %. Ein vollständiger Vergleich der Jahre 196o - 1969 verstärkt diesen Eindruck. Daß die kleinen Unternehmen nach diesem Zahlenmaterial in ihren F & E-Anstrengungen hinter den Großunternehmen zurückbleiben, geht auch daraus hervor, daß sich die absoluten F & E-Ausgaben im Zeitraum 196o - 1967 mehr als verdoppelten, die Unternehmen mit weniger als

1 ooo Beschäftigten aber nur zu 6,5 % an diesem Zuwachs beteiligt waren.

Der hohe und zunehmende Anteil der Großunternehmen an den F & E-Ausgaben kann nicht mit einer zahlenmäßigen Dominanz dieser Größenklasse in der Gesamtheit der F & E-aktiven Unternehmen erklärt werden. Tabelle 2 zeigt vielmehr, daß die Zahl der Unternehmen mit mehr als 5 ooo Beschäftigten gemessen an der Gesamtzahl aller F & E-treibenden Unternehmen im Jahre 1967 nur 4,4 % betrug. Auf 4,4 % der F & E-aktiven Unternehmen entfielen also 89,6 % der gesamten F & E-Ausgaben des Jahres 1967.

Tab. 2: Prozentuale Verteilung der Anzahl F & E-aktiver Unternehmen auf Unternehmensgrößenklassen in den USA, 196o und 1967

	Unternehmen mit einer Beschäftigtenzahl von			
Jahr	weniger als 1ooo	1ooo-4999	5ooo-9999	1oooo u. mehr
196o	9o	7	3	
1967	88	7,6	1,9	2,5
			4,4	

Quelle: P. O b e r e n d e r, 1973, S. 12o, 467

Wie aus Tabelle 3 zu entnehmen ist, nimmt der Prozentsatz der F & E-aktiven Unternehmen an der Gesamtzahl der Unternehmen einer Größenklasse ebenfalls mit steigender Unternehmensgröße zu. Von den Unternehmen mit weniger als 1oo Beschäftigten betreiben nur rund 8 % Forschung und Entwicklung. Mit wachsender Unternehmensgröße steigt dieser Prozentsatz gemessen an den vorliegenden Zahlen stetig an, wobei von den Unternehmen mit mehr als 5 ooo Beschäftigten bereits über 9o % F & E-aktiv sind.

Die prozentualen Anteile der F & E-treibenden Unternehmen je Beschäftigtenzahlklasse sind allerdings stark von der Branchenzugehörigkeit abhängig, wie die erhebliche Streuung zeigt.

Der Grund ist darin zu sehen, daß nicht in allen Branchen mit Forschung und Entwicklung ein gleichermaßen rentables Ergebnis zu erzielen ist. Die hohe Streuung deutet darauf hin, daß die Neo-Schumpeter-Hypothese I für einzelne Industriezweige getestet werden muß,um branchenbedingte Einflüsse auf die Forschungsintensität auszuschalten.

Tab. 3: Prozentualer Anteil der F & E-treibenden Unternehmen an der Gesamtzahl der Unternehmen der jeweiligen Grössenklasse in den USA, 1953 und 1958

	Unternehmen mit einer Beschäftigtenzahl von				
Jahr	8 - 99	1oo - 499	5oo - 999	1ooo-4999	5ooo und mehr
1953	8,3	22,4	42,3	6o,2	94,3
+	4,1-62,8	9,5-53	29,4-87,5	5o,o-98,5	89,5-1oo
1958				56,1	91,5

+ Branchenstreuung 1953

Quelle: P. O b e r e n d e r, 1973, S. 119, 467

Ein weiterer Einwand gegen das vorliegende Zahlenmaterial richtet sich gegen die viel zu grobe Klassifizierung der Unternehmensgrößen. Vor allem die Größenklasse mit mehr als 5 ooo Beschäftigten umfaßt Unternehmen mit ganz erheblichen Größendifferenzen. So gehören zu dieser Klasse Industriegiganten wie General Motors mit etwa 7oo ooo Beschäftigten.

Mit den vorliegenden,auf drei Unternehmensgrößenklassen beschränkten Prozentzahlen wird allenfalls gezeigt, daß sich - soweit man Zuverlässigkeit des Zahlenmaterials (vergl. dazu S.76 ff)als gegeben unterstellt - systematische und organisierte Forschung und Entwicklung auf Großunternehmen mit mehr als 5 ooo bzw. 1o ooo Beschäftigten konzentriert. Eine positive oder negative Korrelation zwischen den F & E-Ausgaben und der Unternehmensgröße ist damit nicht nachgewiesen, noch weniger natürlich ein Kausalzusammenhang. Korrelationsrechnungen würden erfordern, daß man die F & E-Ausgaben der einzelnen Unternehmen in Beziehung setzt zu ihrer Beschäftigtenzahl. Allenfalls würde dieser Befund der hohen Konzentration der F & E-Ausgaben auf die Großunternehmen gestatten, daß man sich - die Fragestellung einengend - bei der Diskussion der "Neo-Schumpeter-Hypothese I" auf diese Größenklasse beschränken kann. Freilich korrespondiert dieses Vorgehen dann nicht mehr mit den Erkenntnissen der Wettbewerbstheorie, die bekanntlich einen Test der F & E-Aktivität in allen Größenklassen erfordert. Allerdings ist es auch aufschlußreich zu überprüfen, ob sich Größenvorteile bei einem Vergleich der großen Firmen mit den Industriegiganten noch positiv auf die F & E-Aktivität auswirken und so der Größenaspekt zur Verteidigung der extrem großen Unternehmen, die in den USA das eigentliche "Anti-Trust-Problem" darstellen, noch herangezogen werden kann. Diese Fragestellung wurde von D. Hamberg und F.M. Scherer eingehend untersucht.

D. Hamberg weist in einer Studie (1964, S. 65-7o, 23o) über 34o der 5oo größten Firmen der USA nach, daß bei globaler Betrachtung aller Unternehmen eine signifikante positive Korrelation zwischen der Anzahl der in Forschung und Entwicklung Beschäftigten und der Unternehmensgröße besteht. Der Korrelationskoeffizient beträgt o,69, wenn die Unternehmensgröße an der Zahl der Beschäftigten gemessen wird, und o,55, wenn man als Maß der Unternehmensgröße das Vermögen heranzieht. Beide Ergebnisse sind statistisch signifikant mit einer Irrtumswahrscheinlichkeit von 5 %.

Die Studie bezieht sich auf Zahlen des Jahres 196o, die vom National Research Council und der Zeitschrift Fortune veröffentlicht wurden. Nur bereits F &E-aktive Unternehmen wurden erfaßt. Von den berücksichtigten Unternehmen beschäftigten lediglich zwei Unternehmen weniger als 2 ooo Personen.

Die vergleichsweisen niedrigen Werte der Korrelationskoeffizienten zeigen, daß noch ein großer Teil der Streuung bzw. Varianz der F & E-Aktivität nicht durch die unterschiedlichen Unternehmensgrößen erklärt werden kann. Ein wesentlicher Grund hierfür ist darin zu sehen, daß Unternehmen aus unterschiedlich forschungsintensiven Industriezweigen miteinander verglichen werden. Auf der Basis des gleichen Zahlenmaterials wurden deshalb für einzelne Industriezweige getrennt Korrelationsrechnungen vorgenommen. Es wurden Rangkorrelationskoeffizienten und die üblichen (Kleinstquadrate-) Korrelationskoeffizienten ermittelt. In beiden Analysen zeigt sich, daß der Einfluß der Unternehmensgröße auf die F & E-Aktivität von Industriezweig zu Industriezweig sehr verschieden ist. Von den für 19 Industriezweigen berechneten Rangkorrelationskoeffizienten, auf die sich die folgenden Ausführungen beziehen, ist ein Wert statistisch nicht signifikant, wenn die Unternehmensgröße an der Beschäftigtenzahl gemessen wird (Textilindustrie). Zwei statistisch nicht signifikante Werte ergeben sich bei Messung der Unternehmensgröße am Vermögen (Textilindustrie, industrielle und wissenschaftliche Instrumente). In allen anderen Industriegruppen ist eine signifikante positive Korrelation zu beobachten. Die Stärke der statistischen Abhängigkeit unterliegt jedoch je nach betrachtetem Industriezweig erheblichen Schwankungen. Nur in sechs Industriezweigen werden wenigstens zwei Drittel der Varianz der F & E-Aktivität durch die an der Beschäftigtenzahl gemessenen Unternehmensgröße erklärt. Es handelt sich hierbei um die Industriegruppen Erdöl und Erdölprodukte, Chemie und verwandte Produkte, Industriechemie, Stein-, Erd- und Glasprodukte, Fahrzeugbau und Transportmittel (ohne Luftfahrtzeuge), Werkzeug- und Spezialmaschinen. In den verbleibenden Industriezweigen bewegt sich der Erklärungsgehalt (definiert als der Anteil der durch die Unternehmensgröße erklärten Varianz an der Gesamtvarianz der F & E-Aktivität) zwischen 28% (pharmazeutische Industrie) und 58% (Elektroerzeugnisse). Wird das Vermögen als Unternehmensgrößenvariable gewählt, so ergeben sich für einige Branchen erhebliche Änderungen. In der Metallwarenindustrie beispielsweise steigt der Erklärungsgehalt von 30% auf 81%, in der pharmazeutischen Industrie von 28% auf 64%. Im Bereich der Stein-, Erd- und Glasprodukte fällt der Erklärungsgehalt stark ab. Anstelle der ursprünglichen 79% beträgt er nur noch 35%.

Ein vollständiges Bild vermitteln die in Tabelle 4 errechneten Korrelationskoeffizienten.

Tab. 4: Korrelationskoeffizienten zwischen dem F & E-Personal und der Unternehmensgröße in 19 Industriezweigen der USA, 196o

Industriezweig	Zahl der Untern.	Unternehmensgröße gemessen durch Anzahl der Beschäftigten		Vermögen	
		(a)	(b)	(a)	(b)
Luftfahrtzeuge und Luftfahrzeugteile	21	o,72	o,72	o,61	o,68
Chemische u. verwandte Produkte	56	o,81	o,87	o,73	o,86
- Industriechemie	27	o,9o	o,88	o,74	o,86
- Drogen und Medikamente	12	o,53	o,59	o,8o	o,8o
- Sonstige Chemikalien	17	o,58	o,87	o,59	o,8o
Elektroerzeugnisse	3o	o,76	o,64	o,75	o,55
Metallwaren	17	o,55	o,93	o,9o	o,93
Nahrungsmittel u. verwandte Produkte	56	o,59	o,47	o,7o	o,49
Maschinen (ausser Elektromaschinen)	45	o,69	o,58	o,6o	o,52
- Förderungs-, Bau- und Transportmaschinen	15	o,73	o,77	o,69	o,72
- Werkzeug- und Spezialmaschinen	1o	o,82	o,8o	o,76	o,79
- Sonstige Maschinen	2o	o,58	o,64	o,49	o,61
Papier und verwandte Produkte	19	o,74	o,5o	o,74	o,49
Erdöl und Erdölprodukte	26	o,92	o,84	o,89	o,8o
Grundmetalle	33	o,57	o,76	o,56	o,79
Stein-, Erd-, Glasprodukte	19	o,89	o,87	o,59	o,77
Fahrzeuge u. andere Beförderungsmittel (ausser Luftfahrtzeuge)	18	o,83	o,96	o,73	o,96
Textil und Bekleidung	13	- o,o6+	x	o,26+	x
Industrielle u. wissenschaftl. Instrumente	7	o,61	x	o,43+	x

(a) = Rangkorrelationskoeffizienten
(b) = Korrelationskoeffizienten
\+ = nicht signifikant zur Irrtumswahrscheinlichkeit von o,o5
x = nicht berechnet

Quelle: D. H a m b e r g, 1964, S. 67 und S. 68, 23o

Ein besonderes Problem in H a m b e r g s Analyse bildet die Messung der Unternehmensgröße durch die Beschäftigtenzahl oder das Vermögen. Beide Maße sind nicht neutral bezüglich Änderungen der Faktoreinsatzverhältnisse. Die Beschäftigtenzahl verzerrt das Bild zugunsten der kapitalintensiv produzierenden Unternehmen. Bei Verwendung des Vermögens als Maß der Unternehmensgröße schneiden die arbeitsintensiv produzierenden Unternehmen besser ab. Das ist insofern bedeutsam, als sowohl zwischen den einzelnen Industriegruppen als auch zwischen den einzelnen Unternehmensgrößen Unterschiede in der Kapitalintensität bestehen. Nach S c h e r e r (1965, S. 259, 2353) beispielsweise produzieren die größten Unternehmen in der Regel kapitalintensiver als kleinere Unternehmen.

Die Messung der Unternehmensgröße durch das Vermögen ist im übrigen aufgrund der unterschiedlichen Bewertungspraktiken besonders unzuverlässig. S c h e r e r schlägt die Verwendung von Umsatzzahlen als Maß der Unternehmensgröße vor. Dies ist zweckmäßig, da die Entscheidung über F & E-Budgets häufig auf der Grundlage der Umsatzzahlen getroffen werden. S c h e r e r verwendet dieses Maß in einem nichtlinearen Regressionsmodell, mit dessen Hilfe er H a m b e r g s Analyse zu verfeinern sucht (vergl. S c h e r e r, 1965, S. 261 - 266, 546). Das Modell besteht aus folgender Regressionsgleichung:

$$RD_i = c + d_1S_i + d_2S_i^2 + d_3S_i^3 + e_i ,$$

wobei

RD_i = F &E-Personal der Unternehmung Nr. i im Jahre 1955

S_i = Unternehmensgröße, gemessen am Umsatz des Jahres 1955

e_i = Zufallsvariable.

In diesem Modell ist der in H a m b e r g s Korrelationsanalyse unterstellte lineare Zusammenhang zwischen der Unternehmensgröße und der F & E-Aktivität als Spezialfall möglich (für $d_2 = d_3 = 0$). Darüber hinaus können jedoch mögliche Wendepunkte und Maximalstellen, die in der einfachen Korrelationsanalyse verborgen bleiben, empirisch bestimmt werden.

S c h e r e r schätzt die Koeffizienten c, d_1, d_2, d_3 für sechs Industriezweige (Elektroerzeugnisse, Petroleum, Maschinen, Chemie, Lebensmittel und Tabak, Grundmetall). Für jeden Industriezweig stehen 2o oder mehr Beobachtungen zur Verfügung. Anhand der errechneten Regressionskoeffizienten können folgende Graphiken gewonnen werden.

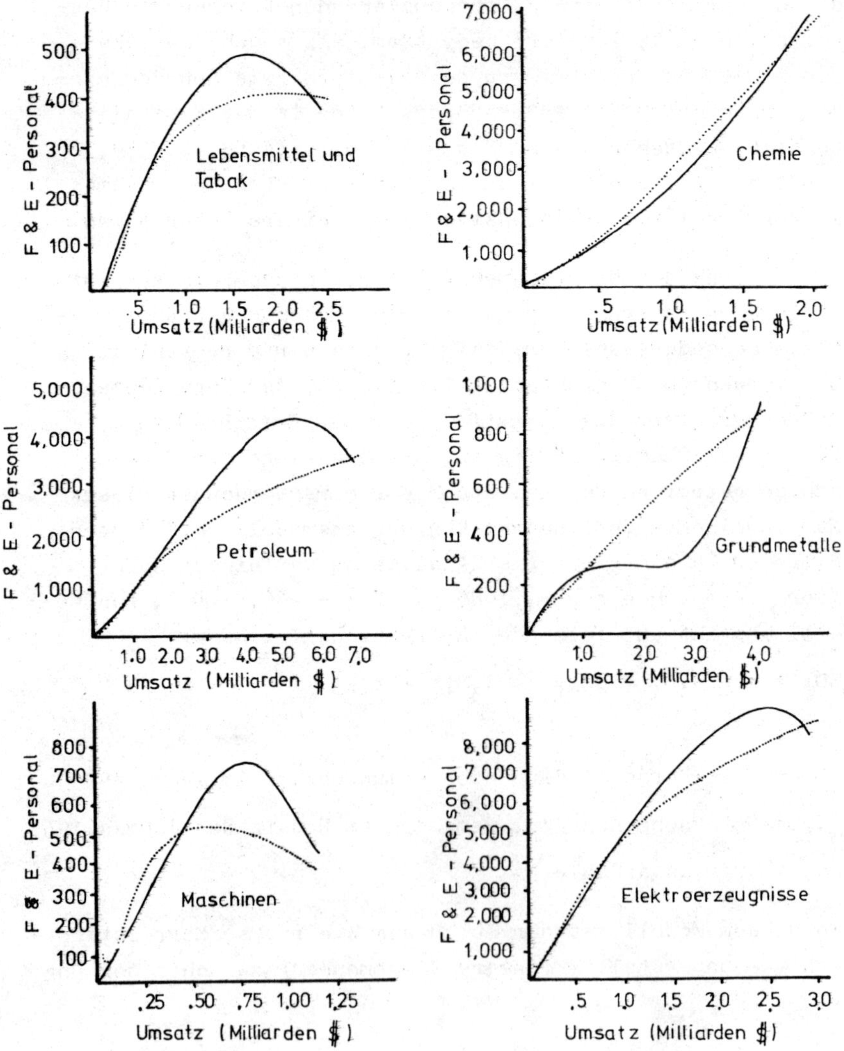

Quelle: E. S c h e r e r, 1965, S. 264, 546

Die punktierte Linie gibt dabei ein zweites Regressionsmodell wieder, in dem die Logarithmen der absoluten Unternehmensgrößen als unabhängige Variable fungieren. Dieser Ansatz wird zusätzlich berechnet, um den Einfluß der wenigen extrem großen Konzerne wie General Motors, US Steel und Du Pont u.a. herabzumindern und damit die Schätzungen statistisch zu verbessern.

In vier Industriezweigen (Lebensmittel und Tabak, Petroleum, Maschinen, Elektroerzeugnisse) nimmt die F & E-Aktivität mit steigender Unternehmensgröße zu, aber mit abnehmenden Zuwachsraten. Die F & E-Aktivität erreicht ein Maximum, das je nach Industriezweig bei unterschiedlichen Unternehmensgrößen liegt. Darüber hinausgehende Unternehmensgrößen führen zu einer Senkung der absoluten F & E-Aktivität. Bei Verwendung der logarithmischen Transformation ist die Maximalstelle jedoch nur für zwei Industriezweige (Lebensmittel und Tabak, Maschinen) ersichtlich. Ausnahmen bilden die Grundmetallindustrie und die chemische Industrie. In der chemischen Industrie wächst die F & E-Aktivität mit zunehmenden oder konstanten Zuwachsraten bis hin zum größten Unternehmen an. Das gilt auch bei Verwendung der logarithmischen Transformation der Unternehmensgrößenvariable. Das in der Grundmetallindustrie zu beobachtende relative Minimum und die bei Überschreiten dieses Minimums mit zunehmenden Zuwachsraten steigende F & E-Aktivität verschwindet bei Verwendung der logarithmischen Transformation. Die F & E-Aktivität steigt dann nur mit abnehmenden Zuwachsraten an.

Die Koeffizienten der Regressionsgleichungen - insbesondere die des quadratischen und kubischen Terms - sind in den meisten Fällen nicht statistisch signifikant. Die Vorzeichen der Koeffizienten können nicht sicher bestimmt werden. Bei Übergang zur logarithmischen Transformation der Unternehmensgrößenvariablen werden zwar etwas bessere Ergebnisse erzielt, aber streng genommen können aus den Regressionsgleichungen keine statistisch hinreichend gesicherten Schlußfolgerungen gezogen werden. Auf keinen Fall kann man schließen, daß es für die F & E-Aktivität optimale Unternehmensgrößen gibt, da Wendepunkte und Maximalstellen mehr durch die Art des gewählten Regressionsansatzes präjudiziert werden als daß sie aufgrund der empirischen Fakten oder gar theoretischer Überlegungen vermutet und anschließend statistisch bewiesen und numerisch festgelegt werden könnten. S c h e r e r selbst gelangt zu der Schlußfolgerung, daß gigantische Größe bei weitem nicht als notwendige oder gar hinreichende Bedingung für eine hohe F & E-Aktivität angesehen werden darf, sondern in manchen Fällen sogar ein hemmender Faktor für Forschung und Entwicklung zu sein scheint (S c h e r e r, 1965, S. 265, 546).

2.1.1.1.2. Empirische Befunde für die BRD

In der BRD werden seit 1956 Erhebungen über die F & E-Aufwendungen der Industrie vom Stifterverband für die Deutsche Wissenschaft durchgeführt und veröffentlicht. Das Datenmaterial wird auf der Grundlage von Befragungen einzelner Unternehmen gewonnen. Dabei werden nur Unternehmen angesprochen, von denen angenommen werden kann, daß sie Forschung und Entwicklung betreiben.

Da die Erhebungen nicht wie in den USA aufgrund gesetzlicher Vorschriften, sondern auf freiwilliger Basis vorgenommen werden, hängen Umfang und Genauigkeit des Zahlenmaterials von der Bereitschaft der Firmen ab, auf die Befragungen ausführlich und offen Auskunft zu geben. Die Zahl der sich beteiligenden Unternehmen schwankt von Jahr zu Jahr, was zumindest die zeitliche Vergleichbarkeit der Daten erschwert. Immerhin liegt 1971 der Anteil der erfaßten Unternehmen an der Gesamtbeschäftigung bei fast 76 %, wenn die Unternehmen mit weniger als 5oo Beschäftigten nicht mitgerechnet werden (H. E c h t e r h o f f-S e v e r i t t, 1974, S. 9 f., 149). Forschungsintensive Wirtschaftszweige liegen weit über dem Durchschnitt. Die Repräsentanz der Erhebungen bezüglich unserer Problemstellung ist allerdings insofern in Frage gestellt, als die chemische Industrie regelmäßig nicht nach Größenklassen erfaßt wird, obwohl es sich um eine der forschungsintensivsten Industrien in der BRD handelt.

Von den berichtenden Unternehmen haben 1971 63 % mitgeteilt, daß sie selbst keine Forschung und Entwicklung betreiben oder in Auftrag geben (2299 Unternehmen). Bei diesen Fehlmeldungen handelt es sich um kleinere Unternehmen mit einer durchschnittlichen Beschäftigtenzahl von 45o Personen. Ihre Umsätze je Beschäftigten liegen im Schnitt unter den entsprechenden Werten der F & E-aktiven Unternehmen. Eine Nichtberücksichtigung dieser Unternehmen bei der Berechnung der F & E-Aufwendungen in Abhängigkeit von der Unternehmensgröße dürfte so das Bild nicht zuungunsten der kleineren Unternehmen verzerren. Eine Einrechnung der Fehlmeldungen wäre allerdings aus methodischen Gründen exakter.

Einen Überblick über die Situation in der BRD vermittelt die folgende Tabelle, in denen die absolut, anteilmäßig und durchschnittlich auf die nach Höhe der Umsätze gestaffelten Unternehmen entfallenden F & E-Ausgaben aufgeführt sind. Das Zahlenmaterial entstammt den Erhebungen des Stifterverbandes für das Jahr 1971 (H. E c h t e r h o f f-S e v e r i t t, 1974, S. 51, 149).

Tab. 5: Beschäftigte, Umsatz und F & E-Aufwendungen der Unternehmen des verarbeitenden Gewerbes 1971
Staffelung der Unternehmen nach Höhe ihrer Umsätze

Staffelung der Unternehmen* nach Höhe ihrer Umsätze		Beschäftigte	Umsatz		FuE-Aufwendungen				
			insgesamt	je Unternehmen	insgesamt	je Unternehmen	je Beschäftigten	Anteil am Umsatz	Anteil an den FuE-Aufwendungen insgesamt
		Tsd.	Mill. DM		Tsd. DM			%	
		1	2	3	4	5	6	7	8
die ersten	4	709	43 348	10 837	2 536 671	634 168	3.58	5.9	35.3
weitere	4	122	23 133	5 783	330 243	82 561	2.70	1.4	4.6
die ersten	8	832	66 482	8 310	2 866 914	358 364	3.45	4.3	39.9
weitere	12	396	38 389	3 199	795 738	66 311	2.01	2.1	11.1
die ersten	20	1 228	104 871	5 244	3 662 652	183 133	2.98	3.5	50.9
weitere	20	324	28 460	1 423	1 083 476	54 174	3.35	3.8	15.1
die ersten	40	1 552	133 331	3 333	4 746 128	118 653	3.06	3.6	66.0
weitere	20	208	14 408	720	270 580	13 529	1.30	1.9	3.8
die ersten	60	1 760	147 740	2 462	5 016 708	83 612	2.85	3.4	69.8
weitere	20	142	10 159	508	340 213	17 011	2.39	3.3	4.7
die ersten	80	1 902	157 898	1 974	5 356 921	66 962	2.82	3.4	74.5
weitere	20	128	8 323	416	131 595	6 580	1.02	1.6	1.8
die ersten	100	2 030	166 222	1 662	5 488 516	54 885	2.70	3.3	76.3
weitere	100	367	24 408	244	800 607	8 006	2.18	3.3	11.1
die ersten	200	2 397	190 629	953	6 289 123	31 446	2.62	3.3	87.5
weitere	100	195	11 926	119	335 727	3 357	1.72	2.8	4.7
die ersten	300	2 592	202 555	675	6 624 850	22 083	2.56	3.3	92.1
weitere	100	120	7 133	71	116 830	1 168	0.98	1.6	1.6
die ersten	400	2 712	209 688	524	6 741 680	16 854	2.49	3.2	93.8
weitere	100	90	4 980	50	186 052	1 861	2.07	3.7	2.6
die ersten	500	2 801	214 668	429	6 927 732	13 855	2.47	3.2	96.4
weitere	200	115	6 430	32	129 612	648	1.12	2.0	1.8
die ersten	700	2 917	221 098	316	7 057 344	10 082	2.42	3.2	98.2
weitere	200	72	3 752	19	67 083	335	0.93	1.8	0.9
die ersten	900	2 989	224 850	250	7 124 427	7 916	2.38	3.2	99.1
weitere	373	58	2 704	7	65 613	176	1.12	2.4	0.9
Insgesamt	1 273	3 047	227 554	179	7 190 040	5 648	2.36	3.2	100.0

* Ohne Unternehmen der Chemischen Industrie

Quelle: Stifterverband

Im Hinblick auf den Zusammenhang zwischen Unternehmensgröße und absoluter F & E-Aktivität sind die Spalten 3 und 5 relevant, in denen die durchschnittlich auf eine Unternehmung entfallenden Umsätze und F & E-Aufwendungen aufgeführt sind. Auffallend sind die hohen F & E-Aufwendungen der vier größten Unternehmen (ohne Unternehmen der chemischen Industrie). Auf jedes dieser Unternehmen mit einem durchschnittlichen Umsatz von rd. 1o,8 Mrd. DM entfallen durchschnittlich rd. 634 Mill. DM für Forschung und Entwicklung. Sie vereinigen 35,3 % der gesamten F & E-Aufwendungen auf sich. Die folgenden Unternehmen mit einem durchschnittlichen Umsatzvolumen von rd. 5,8 Mrd. DM haben ein wesentlich kleineres durchschnittliches F & E-Budget von rd. 83 Mill. DM. Sie tragen zu 4,6 % zu den gesamten F & E-Ausgaben bei. Bis auf zwei Ausnahmen ist einem kleineren durchschnittlichen Umsatzvolumen auch ein kleineres durchschnittliches F & E-Budget zugeordnet. Eine Ausnahme findet sich beispielsweise in der fünften Zeile. Die zwanzig weiteren Unternehmen in dieser Zeile mit einem durchschnittlichen Umsatz von 5o8 Mill. DM haben ein durchschnittliches F & E-Budget von 17 Mill. DM, während die zwanzig größeren Unternehmen in der vierten Zeile mit einem Umsatzvolumen von durchschnittlich 72o Mill. DM nur durchschnittlich 13,5 Mill. DM für Forschung und Entwicklung ausgeben. Ein ähnlicher "Fehlstand" ist in der siebten Zeile zu beobachten.

Das hier angeführte Zahlenmaterial ist noch viel zu grob, um genauere Auskunft über die Abhängigkeit der absoluten F & E-Aktivität von der Unternehmensgröße zu geben. Hierzu wären - nach Industriezweigen getrennt - Korrelations- und Regressionsrechnungen vorzunehmen. In der Literatur begnügt man sich mit dem Hinweis auf die auch für die BRD nachweisbare Konzentration der F & E-Ausgaben auf die oberen Unternehmensgrößenklassen. Im Jahre 1967 beispielsweise machen die F & E-Aufwendungen der Unternehmen mit mehr als

1o ooo Beschäftigten (ohne chemische Industrie) 63,7 % aller Gesamtausgaben aus. Unternehmen mit 5 ooo - 9 999 Beschäftigten haben einen Anteil von 6,9 % an den gesamten F & E-Aufwendungen, während die Unternehmen mit 2 ooo bis 4 999 Beschäftigten 13,1 % der F & E-Aufwendungen auf sich vereinigen (vergl. L ü t t n e r-K r a m n y, 197o S. 6o, 286). Unternehmen mit mehr als 5 ooo Beschäftigten tragen also fast 71 % der gesamten F & E-Ausgaben.

2.1.1.1.3. Interpretation und Bewertung der empirischen Befunde

Das empirische Material spricht für eine Konzentration der F & E-Ausgaben auf die Großunternehmen mit mehr als 5 ooo bzw. 1o ooo Beschäftigten. Mit dieser Feststellung wird jedoch nicht die Frage beantwortet, ob ein hohes Niveau der F & E-Aktivität tatsächlich solche Unternehmensgrößen erfordert, wie sie von den 5oo größten Industrieunternehmen der USA erreicht werden. Die Studien von H a m b e r g und S c h e r e r zeigen, daß es zumindest in einigen Industriezweigen zweifelhaft ist, ob die extrem großen Unternehmen gegenüber den kleineren Großunternehmen absolut mehr für Forschung und Entwicklung aufwenden.

Der hohe Anteil der Großunternehmen an der F & E-Aktivität kann zudem ein speziell in den USA besonders ausgeprägtes Konzentrationsphänomen sein. Für diese These sprechen Zahlen, die in einer Studie der OECD (17o, S. 15o, 47o) für die Jahre 1963 und 1964 ermittelt wurden. Die OECD stellt fest, daß in kleineren Industrieländern - Österreich, Norwegen, Belgien und Spanien - kleinere und mittlere Unternehmen mit weniger als 5 ooo Beschäftigten rd. 75 %, 87 %, 64 % und 68 % der gesamten F & E-Ausgaben des industriellen Sektors auf sich vereinigen. Die Bedeutung der großen Unternehmen ist in diesen Ländern relativ begrenzt und zwar nicht deshalb, weil sie weniger für Forschung und Entwicklung aufwenden als kleinere Unternehmen - vielmehr liegen Großunternehmen mit mehr als 5 ooo Beschäftigten in allen diesen Ländern mit ihren F & E-Aufwendungen an der Spitze - sondern weil F & E-aktive Großunternehmen in diesen Ländern nur in vergleichsweise gringer Zahl vertreten sind. Eine hohe Konzentration der F & E-Aktivität auf die Großunternehmen, die der Situation in den USA nahe kommt, konnte jedoch für Frankreich (65 %) und Japan (65 %) festgestellt werden.

Für die Klasse der 1 237 größten F & E-aktiven Unternehmen der BRD (ohne Unternehmen der chemischen Industrie) besteht eine relativ stringente Beziehung zwischen Unternehmensgröße und absoluten F & E-Aufwendungen, solange man sich mit branchenunspezifizierten Zahlen begnügt. Abgesehen davon, daß eine nach Wirtschaftsgruppen und -branchen differenzierte Korrelationsanalyse andere Ergebnisse bringen kann, mag eine Erklärung für diese Beobachtung darin liegen, daß die meisten dieser Unternehmen in der BRD noch nicht die Größe der amerikanischen Industriegiganten erreicht haben.

Ein häufig vorgebrachtes Argument gegen die Zuverlässigkeit der statistischen Aussagen besteht darin, daß auch die staatlichen F & E-Aufträge zu der unternehmensintern finanzierten F & E-Aktivität hinzugerechnet werden. In der Tat spielt die staatliche Finanzierung von F & E-Projekten in den USA eine bedeutende Rolle. 1969 beispielsweise betrug der Anteil des Staates an den gesamten F & E-Aufwendungen 47 % (NSF, 197o, S. ix, 452). In früheren Jahren lag er noch erheblich darüber (1959 beispielsweise bei 59 %). Rund 8o % gingen in die F & E-intensivsten Industrien der USA (Luftfahrttechnik, Elektronik und Elektrotechnik). In diesen Industrien machten die öffentlichen Aufwendungen zwischen 6o % und 9o % der F & E-Budgets der einzelnen Unternehmen aus.

Es ist ersichtlich, daß die "Federal-Funds" das Bild zugunsten der Großunternehmen verzerren, wenn gerade die Großunternehmen vom öffentlichen Auftraggeber bevorzugt werden. So entfielen 1964 beispielsweise in den USA 91 % der staatlichen F & E-Ausgaben auf Unternehmen mit mehr als 5 ooo Beschäftigten, 6 % auf Unternehmen mit 1 ooo bis 4 999 Beschäftigten und 3 % auf Unternehmen mit weniger als 1 ooo Beschäftigen (OECD, 197o, S. 158, 470).

Allerdings bleibt die hohe und zunehmende Konzentration der F & E-Aktivität auf die Unternehmen mit mehr als 5 ooo Beschäftigten bestehen, wenn man allein die "Company-Funds" betrachtet. Tabelle 6 bestätigt dies, obwohl doch eine Korrektur zugunsten der kleineren Unternehmen zu beobachten ist.

Tab. 6: Prozentuale Verteilung der industriellen F & E-Aufwendungen (ohne staatliche Finanzierung) nach Unternehmensgrößenklassen in den USA, 1962 - 1967

Jahr	Beschäftigtenzahl weniger als 1ooo	1ooo - 4999	5ooo - 9999	1o ooo und mehr
1962	8,4	12,o	79,7	
1963	7,9	11,1	8o,9	
1964	7,2	1o,4	82,4	
1965	9,o	6,7	84,3	
1966	5,4	9,1	8,5	77,1
1967	5,7	8,3	8,o	78,o

Quelle: Eigene Berechnung aufgrund der Tabelle B-8 der NSF. NSF: Research and Development in Industry 1969, 197o, S. 36, 452.

In der BRD fällt die staatliche Finanzierung von Forschung und Entwicklung vergleichsweise weniger ins Gewicht. 1971 betrug der Anteil des Staates 12 % (H. E c h t e r h o f f-S e v e r i t t, 1974, S. 23, 286). Die staatliche Förderung konzentrierte sich zu 99 % auf Unternehmen mit mindestens 1 ooo Beschäftigten. Der größte Teil der staatlichen Mittel floß in den Flugzeugbau und die elektrotechnische Industrie.

Die Analysen von H a m b e r g und S c h e r e r differenzieren nicht zwischen der unternehmensintern und staatlich finanzierten F & E-Aktivität, da als Maßstab der F & E-Aktivität die Anzahl der in Forschung und Entwicklung Beschäftigten verwendet wird. Ob allerdings das Unterscuhungsergebnis dadurch in seiner Zuverlässigkeit beschränkt wird, ist insofern fraglich, als in der Mehrzahl der betrachteten Industriezweige die öffentliche Finanzierung von Forschung und Entwicklung eine untergeordnete Rolle spielt und ohnehin - entsprechend der eingeengten Fragestellung - nur unterschiedlich große Großunternehmen betrachtet werden.

Die Tatsache, daß die faktische F & E-Aktivität nicht mit der F & E-Finanzierung übereinstimmt, wirft jedoch noch ein besonderes Problem auf. Tabelle 7 zeigt für die USA die Verteilung der nationalen F & E-Aktivitäten auf vier Institutionen (staatliche Stellen, Industrie, Universitäten, nicht kommerzielle F & E-Organisationen) und ihre finanzielle Verflechtung im Zeitraum 1960 - 1961:

Tab. 7: Verteilung und Finanzierung der F & E-Aktivitäten in den USA, 1960 - 1961

Quellen der F & E-Finanz.	Faktische F & E-Aktivität (in Mill. Dollar)					
	Staat	Industrie	Universität	Nicht kommerzielle F & E-Org.	Summe	Anteil in Prozent
Staat	1.900	6.080	890	140	9.010	64,9
Industrie	0	4.430	50	70	4.550	32,8
Universit.	0	0	210	0	210	1,5
Nicht kommerzielle Organisat.	0	0	50	70	120	0,9
Summe	1.900	10.510	1.200	280	13.890	100,0
Anteil in Prozent	13,7	75,8	8,6	2,0	100,0	-

Quelle: R. Nelson, Hearings, Bd. 3, 1965, S. 1137, 457 .

Während rund 76 % aller F & E-Aktivitäten in industriellen F & E-Abteilungen unternommen werden (und davon wieder der größte Teil bei den Großunternehmen), werden nur rund 33 %

von der Industrie finanziert. Rechnet man mit der faktischen F & E-Aktivität, dann sieht es so aus, als ob die Unternehmen mehr für Forschung und Entwicklung aufwenden, als es in Wirklichkeit der Fall ist. Verwendet man hingegen nur die industriell finanzierten Beträge als Maß der F & E-Aktivität, dann erscheint bei einer Gegenüberstellung der F & E-Erträge die Effizienz der eingesetzten Mittel zu hoch.

Nach N o v i c k (Hearings,1965, Bd. 3, S. 465) stiegen in den USA die F&E-Ausgaben in den Jahren 1955 und 1956 sprunghaft an, als im Jahr 1954 steuerliche Absetzungsmöglichkeiten geschaffen und erweitert wurden. Ein Teil der gestiegenen F & E-Ausgaben kann so durch das Bemühen der Unternehmen erklärt werden, die F & E-Ausgaben als Instrument zur Manipulation der Steuerschuld und der Gewinne einzusetzen. Somit kann zwischen den ausgewiesenen F & E-Ausgaben und der tatsächlich durchgeführten Forschung und Entwicklung eine erhebliche Diskrepanz bestehen. Dieses Argument spricht gegen die Großunternehmen, wenn sie komparative Vorteile in der Ausnutzung von steuerlichen Manipulationsmöglichkeiten haben und diese auch ausschöpfen.

N e l s o n (Hearings, Bd. 3, S. 114o , 150) ist der Meinung, daß angesichts der Konzentration der F & E-Aktivität auf wenige Großunternehmen die tatsächliche und mögliche Bedeutung der kleineren Unternehmen für den technischen Fortschritt aus zwei weiteren Gründen unterschätzt wird. Einmal deshalb, weil eine große Zahl dieser kleineren Unternehmen Forschung und Entwicklung betreibt, ohne daß dies gesondert als Forschung und Entwicklung ausgewiesen wird. Zum anderen, weil die größte Zahl der F & E-Programme nicht die Größe der F & E-Aufwendungen erfordert, wie sie von den Großunternehmen, wie z.B. Du Pont, aufgebracht werden. Das geht daraus hervor, daß die größte Zahl der F & E-aktiven Unternehmen nur relativ kleine F & E-Programme durchführt. 4o % aller F & E-aktiven Unternehmen geben weniger als 1o ooo Dollar pro Jahr für Forschung und Entwicklung aus. Das ist erheblich weniger als zur Bezahlung eines nur mit Forschung und Entwicklung beschäftigten Wissenschaftlers oder Ingenieurs erforderlich wäre. Weitere 4o % geben zwischen 1o ooo und 1oo ooo Dollar für Forschung und Entwicklung aus, wobei ein F & E-Budget von 1oo ooo Dollar gerade zur Beschäftigung von fünf oder sechs Wissenschaftlern ausreicht. Erst die restlichen 2o % haben F & E-Budgets von über 1oo ooo Dollar.

Die F & E-Aktivität ist eine Inputgröße. Sie gibt weder Auskunft über die Qualität und Effizienz der eingesetzten Mittel noch über die Verwendungsrichtung.

Eine großzügigere Ausstattung der F & E-Abteilungen kann den F & E-Vorhaben nützen, aber das muß nicht notwendigerweise der Fall sein. Nach C o o p e r (Hearings, Bd. 3, S. 1296 f. und 13o2, 15o) wächst beispielsweise mit zunehmender Unternehmensgröße die Wahrscheinlichkeit für eine geringere Effizienz der F & E-Aufwendungen. C o o p e r befragte Manager, die sowohl in großen als auch in kleineren Unternehmen F & E-Abteilungen geleitet hatten. Ihrer Meinung nach ist der F & E-Aufwand zur Entwicklung eines bestimmten neuen Produkts in Großunternehmen rund drei- bis zehnmal so groß wie in kleineren Unternehmen. Viele glauben auch, daß mit steigendem Wachstum ihrer F & E-Abteilungen die Effizienz abnehme. Allerdings wird betont, daß diese Tendenz vor allem bei der Entwicklung von kleineren Projekten zu beobachten sei, nicht jedoch bei der Entwicklung von komplexen Systemen. In einer Fallstudie vergleicht C o o p e r die Entwicklung von zwei ähnlichen Produkten durch eine kleine Unternehmung mit zwei in Forschung und Entwicklung beschäftigten Chemikern und eine Großunternehmung mit 5o Chemikern, die mit Forschung und Entwicklung beschäftigt sind. Das kleine Unternehmen entwickelt das Produkt zuerst mit einem geschätzten Aufwand von 1 4oo Dollar. Die Entwicklung erfolgt in Teilzeitbeschäftigung des führenden Chemikers und dauert 12 Monate. Nach Einführung des neuen Produkts am Markt versucht das größere Unternehmen eine ähnliche Variante zu entwickeln. Seine Entwicklungskosten betragen 11 ooo Dollar, Entwicklungszeit 38 Monate.

Fallstudien lassen keine Generalisierungen zu, da Gegenbeispiele gefunden werden können. Die statistischen Versuche, die Effizienz in Forschung und Entwicklung für unterschiedliche Unternehmensgrößen zu messen, werden an anderer Stelle noch näher erläutert (vergl. 2.2.2.).

Ein zweites Problem bilden die Zielrichtung und Struktur der F & E-Aktivität. N o v i c k (Hearings, Bd. 3, S. 1245, 150) weist darauf hin, daß der weitaus größte Teil der industriellen F & E-Aktivität auf die Verbesserung und Veränderung bereits existierender Produkte gerichtet ist. Aus einer Befragung der Westinghouse Company, einem der größten amerikanischen Elektrokonzerne geht hervor, daß 79 % aller F & E-Ausgaben auf die Ausarbeitung von Einzelaufträgen zur Erfüllung spezieller Kundenwünsche entfallen. 1o % werden für die übliche Produktentwicklung verwendet, 6 % für die Fortführung von bereits begonnenen erfolgsversprechenden F & E-Programmen, 3 % für bedeutende, weitreichende Entwicklungen und nur 2 % für sog. "blue sky"-Forschung. Eine Studie der McGraw Hill aus dem Jahr 1962 ergibt,daß ungefähr 47 % der befragten Unternehmen den Hauptzweck ihrer F & E-Aktivität in der Entwicklung neuer Produkte sehen, 4o % in der Verbesserung existierender Produkte, 13 % in der Entwicklung neuer Produktionsverfahren (vergl. M a n s f i e l d, 1968, S. 13, 400). Diese Zahlen schwanken allerdings von Industriezweig zu Industriezweig. Das Ziel, neue Produkte zu entwickeln, scheint in der chemischen, elektrotechnischen und metallverarbeitenden Industrie vorzuherrschen. Produktverbesserungen spielen in Industriezweigen wie Transport, Maschinenbau, Auto, Stahl, Textil eine große Rolle, während Prozeßinnovationen nach diesen Angaben in der Petroleum- und in der Gummiindustrie angestrebt werden. Ebenso geht aus den von der National Science Foundation berechneten Zahlen hervor, daß der Hauptzweck der industriellen F & E-Aktivität in der Entwicklungsphase liegt, nicht in der Forschung (NSF, 197o, S. 52 , 452). Durchschnittlich gerechnet entfallen 1964 beispielsweise etwa 4 % der F & E-Ausgaben auf die Grundlagenforschung, 2o % auf die angewandte Forschung und 76 % auf die Entwicklung. Auch hier zeigen sich erhebliche interindustrielle Differenzen.

Die F & E-Programme der meisten Unternehmen sind darauf ausgerichtet, über die Entwicklung neuer Produkte oder Produktverbesserungen eine möglichst schnelle und sichere Verzinsung zu erzielen. Dies geht aus einer weiteren Untersuchung der McGraw Hill hervor (vergl. D.M. K e e z e r, 196o, S. 365 - 366, 313). Auf die Frage, wie schnell sich ihre F & E-Ausgaben erwartungsgemäß amortisieren, geben 39 % der Unternehmen an, daß sie mit einer Amortisation ihrer F & E-Programme in weniger als drei Jahren rechneten. 52 % schätzen diese Zeit auf drei bis fünf Jahre und nur 9 % erwarten längere Amortisationszeiten. Diese Angaben sind allerdings - neben ihrerBedeutung für die Erfolgsrisiken der durchgeführten Forschung und Entwicklung - vor allem Ausdruck einer sehr optimistischen Einschätzung der Rentabilität von F & E-Programmen. Teilweise werden die entsprechenden Angaben über herkömmliche Investitionsausgaben erheblich übertroffen.

Die Aussagefähigkeit der genannten Untersuchungen, insbesondere soweit es sich um Umfragen handelt, ist mit großer Vorsicht zu beurteilen. Kaum durch das Material zu belegen ist eine im Zeitablauf konstant bleibende Präferenz bestimmter Industriezweige für bestimmte (Arten und Formen von) Innovationen. Mit solchen Daten ist jedoch auch im Hinblick auf einen Vergleich unterschiedlicher Unternehmensgrößen nichts gewonnen. Es müßte untersucht werden, ob die Verwendungsrichtung von Forschung und Entwicklung systematisch mit der Unternehmensgröße variiert, also beispielsweise, ob Großunternehmen vergleichsweise mehr für marginale, risikolose Verbesserungen von Produkten aufwenden als kleinere Unternehmen. Dafür gibt es jedoch a priori keinen Grund. Andere Einflußfaktoren, die für kleine und große Unternehmen gleichermaßen bedeutsam sind, bestimmen die Zielrichtung der Forschung und Entwicklung (beispielsweise der Technologiebereich und die damit verbundene Chance über Forschung zu Erfindungen zu gelangen, die Einschätzung von Produktverbesserungen durch die Nachfrager usw). Im übrigen hat die Vielzahl kleinerer Verbesserungen bestehender Produkte, durch welche Qualität und Anwendungsbereich erhöht werden, insbesondere bei den Investitionsgütern und Produktionsmaterialien, einen großen, kumulativen Effekt auf den technischen Fortschritt. Die Diffusion neuer Technologien wird gerade durch Produktmodifikationen erst ermöglicht. Allerdings kann man aufgrund der Untersuchungen vermuten, daß die Bedeutung der industriellen Forschung und Entwicklung für die Grundlagenforschung und im Hinblick auf die Schaffung und Entwicklung neuer, umwälzender Erfindungen und Neuerungen angesichts der hohen F & E-Ausgaben überschätzt wird. Die empirischen Befunde in 2.2.1. und 2.2.2. bestätigen dies.

2.1.1.2. Unternehmensgröße und relative F & E-Aktivität

Mit der Feststellung, daß Großunternehmen in der Regel mehr für Forschung und Entwicklung aufwenden als kleinere und mittlere Unternehmen, wird nicht die Frage beantwortet, ob dies auch für wenige große Unternehmen im Vergleich zu einer entsprechend größeren Zahl kleinerer Unternehmen zutrifft. Dieser gedankliche Ansatzpunkt liegt dem Argument zugrunde, wonach sich die Überlegenheit der Großunternehmen bzgl. der F & E-Aktivität erst dann erweist, wenn die großen Unternehmen relativ zu ihrem Umsatz oder zur Beschäftigtenzahl mehr für Forschung und Entwicklung aufwenden als die kleineren und mittleren Unternehmen. Die relative F & E-Aktivität bzw. die F & E-Intensität müßte eine wachsende Funktion der Unternehmensgröße sein, wollte man eine Überlegenheit großer Unternehmen beweisen.

Diese engere Variante der Neo-Schumpeter-Hypothese I ist leichter zu widerlegen bzw. schwieriger nachzuweisen. Sie impliziert, daß die F & E-Ausgaben mit steigender Unternehmensgröße überproportional anwachsen. Ist das der Fall, so kann man vermuten, daß wenige große Anbieter unter sonst gleichen Umständen eine höhere Summe für Forschung und Entwicklung aufwenden als eine äquivalente Zahl[1] kleinerer Unternehmen. Eine zunehmende Unternehmenskonzentration müßte dann - sofern man einmal die Frage der unterschiedlichen Wirkungen externen und internen Unternehmenswachstums außer Betracht läßt - positive Wirkungen auf das Niveau der industriellen F & E-Aufwendungen haben. Ist hingegen die F & E-Intensität unabhängig von der Unternehmensgröße oder besteht sogar eine negative Korrelation, dann ist die These, daß die zur Stimulierung der industriellen F & E-Aktivitäten optimale Größenstruktur der Unternehmen durch "bigness" und "fewness" gekennzeichnet sei (V i l l a r d, 1958, S. 491, 652), empirisch nicht nachweisbar.

Es ist allerdings fraglich, ob ein Vergleich der F & E-Intensitäten unterschiedlicher Unternehmensgrößen so sinnvoll ist, wie es aufgrund dieser Argumentation zunächst erscheint. Offenbar wird unterstellt, daß die Summe der F & E-Budgets der kleineren Unternehmen gleichgesetzt werden kann mit einem F & E-Budget eines großen Unternehmens. Das setzt voraus, daß Effizienz und Allokationsrichtung von Forschung und Entwicklung unabhängig von der Unternehmensgröße sind. Existieren beispielsweise Größenersparnisse in Forschung und Entwicklung, so kann auch bei gleicher F & E-Intensität der kleineren und größeren Unternehmen ein Konzentrationsprozeß Vorteile bringen. Ferner bleibt die Frage offen, ob ein ex post nachgewiesener Zusammenhang zwischen F & E-Intensität und Unternehmensgröße bestehen bleibt, wenn sich über Konzentrations- oder Dekonzentrationsprozesse die Größenstruktur verändert. Das müßte jedoch vorausgesetzt werden, wenn die Ergebnisse hinsichtlich des Einflusses der Unternehmenskonzentration auf das innovatorische Potential

---

1) Die kleinen Unternehmen müssen zusammengenommen den gleichen Umsatz- oder Beschäftigtenanteil auf sich vereinigen wie die großen Unternehmen.

gültig und therapeutisch ergiebig sein sollen. Dieses "Prognoseproblem" hängt eng mit dem weiter oben dargelegten Sachverhalt zusammen, daß es in der Wettbewerbstheorie und in den wettbewerbspolitischen Konzeptionen bisher keine eindeutigen Kriterien gibt, die es gestatten, Konzentrationsprozesse als exogen bzw. endogen im Hinblick auf den innovativen Wettbewerbsprozeß zu klassifizieren. Angenommen, ein größeres forschungsintensives Unternehmen kauft mehrere kleinere weniger forschungsintensive Unternehmen auf. Dann ist es möglich, daß die kleineren F & E-Abteilungen der aufgekauften Unternehmenseinheiten aufgegeben werden. Damit hat sich, wenn die ursprünglichen F & E-Programme des großen Unternehmens unverändert weiter verfolgt werden, die absolute und relative F & E-Aktivität verringert. Möglich ist aber auch, daß die aufgekauften Unternehmenseinheiten ihre selbständigen F & E-Abteilungen beibehalten und die Forschung und Entwicklung weiterhin dezentralisiert betrieben wird. Dann hat sich am Niveau der F & E-Aktivität nichts geändert, und die F & E-Intensität ist verringert. Ein gestiegenes Niveau der F & E-Aktivität ist hingegen zu erwarten, wenn die höhere F & E-Intensität des Großunternehmens eine höhere F & E-Neigung des Managements widerspiegelt und diese höhere F & E-Neigung der Unternehmensleitung nach dem Konzentrationsvorgang erhalten bleibt.

Die Überprüfung des Zusammenhangs zwischen der F & E-Intensität und der Unternehmensgröße könnte noch aus einem anderen Grund bedeutsam sein. Aus einer Korrelationsanalyse, in welcher die industrielle F & E-Intensität in Beziehung zu den mit neuen Produkten erzielbaren Umsätzen gesetzt wird, geht hervor, daß eine hohe F & E-Intensität mit einer hohen Neuerungsaktivität verbunden ist (OECD, 1971, S. 25, 471). Die F & E-Intensität könnte so, obwohl sie eine Inputgröße darstellt, als Indikator für den innovativen Output interpretiert werden. In der Analyse werden jedoch nur Unternehmen aus unterschiedlich forschungsintensiven Industriezweigen miteinander verglichen, ohne daß der Größenaspekt besonders berücksichtigt wurde. Aus diesem Grund ist nicht sicher, ob der statistische Zusammenhang zwischen F & E-Intensität und Neuerungsaktivität für einzelne unterschiedlich große und unterschiedlich forschungsintensive Unternehmen innerhalb eines Industriezweiges gilt.

Trotz des also von vornherein beschränkten Aussagewerts von Kennzahlen der F & E-Intensität existiert gerade über den Zusammenhang von F & E-Intensität und Unternehmensgröße eine Vielzahl vor allem angloamerikanischer Untersuchungen. Das mag einmal an einer Beeinflussung des Forschungsinteresses und der Forschungsmöglichkeiten dadurch liegen, daß die amerikanischen Antitrust-Behörden von der Notwendigkeit eines Vergleichs der großen Unternehmen mit einer (umsatz- oder beschäftigungsmäßig) äquivalenten Anzahl kleinerer Unternehmen ausgehen. Zum anderen ist gerade für diese Teilfrage statistisches Material leichter verfügbar. Man kann unterschiedlich große Unternehmen eines relativ eng definierten Industriezweigs miteinander vergleichen, die sich in den anderen Merkmalen nicht zu sehr unterscheiden. Eine direkte Bestimmung des Einflusses der Unternehmenskonzentration auf die F & E-Aktivität ist viel schwieriger: Hier müssen die Konzentrationsgrade verschiedener Industrien, die sich naturgemäß in vielen für die Höhe der F & E-Ausgaben relevanten Faktoren (Technologiebereich, wissenschaftliche Basis, Nachfrage nach Neuerungen u.a.) unterscheiden, in Beziehung zur F & E-Aktivität gesetzt werden (vergl. 2.1.2.).

2.1.1.2.1. Empirische Befunde für die USA

Untersuchungen über den Zusammenhang zwischen Unternehmensgröße und relativer F & E-Aktivität haben D. Hamberg, E. Mansfield, F.M. Scherer, H.G. Grabowski und W.S. Comanor durchgeführt. Als statistisches Ausgangsmaterial dienen häufig die von der Zeitschrift Fortune veröffentlichten Zahlen über die 500 größten Unternehmen der USA. Das heißt, daß auch in diesen Arbeiten nur ein Vergleich zwischen unterschiedlich großen Großunternehmen gezogen wird. Dies ist bei der Interpretation der Untersuchungsergebnisse zu beachten. Die Gültigkeit hinsichtlich der Frage "Wettbewerb als Entdeckungsverfahren" ist so von vornherein begrenzt.

D. H a m b e r g (1964, S. 7o f., 230) wählt 387 Unternehmen aus der Fortuneliste des Jahres 196o aus. Als Maß der F & E-Intensität fungiert das F & E-Personal pro Beschäftigtenzahl. Beschäftigung und Vermögen dienen alternativ als Unternehmensgrößenvariable. Die für alle 387 Unternehmen global durchgeführte Korrelationsrechnung führt zu widersprüchlichen Ergebnissen: Wird die Unternehmensgröße an der Beschäftigung gemessen, so ergibt sich eine positive Korrelation. Der Korrelationskoeffizient beträgt o,45, was ein zur Irrtumswahrscheinlichkeit von o,o5 signifikantes Ergebnis darstellt. Zwischen dem Vermögen und der F & E-Intensität besteht hingegen eine statistisch nicht signifikante negative Beziehung. Der Korrelationskoeffizient ist hier gleich - o,o1.

Auch eine nach 17 Industriezweigen getrennt durchgeführte Korrelationsrechnung kommt nicht zu einheitlichen Resultaten. Bei Messung der Unternehmensgröße an der Beschäftigtenzahl ergibt sich nur in fünf Industriezweigen eine signifikante positive Korrelation (Industriechemie, Werkzeug- und Spezialmaschinen, Erdöl und Erdölprodukte, Stein-, Erd- und Glasprodukte, Fahrzeugbau und Transportmittel). In den restlichen Industriezweigen läßt sich keine positive Korrelation nachweisen. Wird die Unternehmensgröße am Vermögen gemessen, so zeigt sich ebenfalls nur in fünf Industriezweigen eine signifikante positive Korrelation (Metallwaren, Nahrungsmittel und verwandte Produkte, Maschinenbau, Werkzeug und Spezialmaschinen, Erdöl und Erdölprodukte).

Um diese Ergebnisse zu überprüfen, errechnet D. H a m b e r g in Anlehnung an J.S. W o r l e y anhand eines Regressionsansatzes die Elastizität der F & E-Aktivität in bezug auf die Unternehmensgröße für jede Industrie. Die Elastizität wird definiert als das Verhältnis zwischen der prozentualen Veränderung der F & E-Aktivität und der prozentualen Veränderung der Unternehmensgröße. Im Fall, daß die F & E-Intensität eine wachsende Funktion der Unternehmensgröße ist, müssen die Elastizitäten in den betrachteten Sektoren Werte größer als eins aufweisen. Ein Wert größer als eins würde bedeuten, daß die F & E-Aktivität mit steigender Unternehmensgröße überproportional wächst. Die verwendete Regressionsgleichung hat folgende Form:

$Y = AX^b$, wobei Y = F & E-Personal
X = Unternehmensgröße (Beschäftigtenzahl oder Vermögen).

Der zu schätzende Exponent b ist die Elastizität der F & E-Aktivität in bezug auf die Unternehmensgröße. Die errechneten Elastizitäten zeigt Tabelle 8. In Klammern sind die Signifikanzzahlen (Irrtumswahrscheinlichkeiten) für den einseitigen Test der alternativen Hypothesen, daß die Elastizitäten den Wert eins über- bzw. unterschreiten, angegeben.

In der Mehrzahl der Industrien zeigen sich Elastizitätskoeffizienten größer als eins. Doch sind, wenn man als Signifikanzschwelle eine Irrtumswahrscheinlichkeit von 5 % zugrunde legt, bei Messung der Unternehmsngröße an der Beschäftigtenzahl nur zwei Werte statistisch signifikant (Erdöl und Erdölprodukte, Stein-, Erd- und Glasprodukte) und gar nur ein Wert bei Messung der Unternehmensgröße am Vermögen (Erdöl und Erdölprodukte). Es ist sogar ein statistisch signifikanter Wert kleiner als eins zu beobachten (Grundmetalle). Dies besagt, daß in diesem Industriezweig die F & E-Intensität eine fallende Funktion der Unternehmensgröße ist.

Tab. 8: Elastizitäten der F & E-Aktivität in bezug auf die Unternehmensgröße in 17 Industriezweigen der USA, 196o

Industriezweig	Zahl der Untern.	Unternehmensgröße gemessen durch Anzahl der Beschäftigten		Vermögen	
Luftfahrtzeuge und Luftfahrzeugteile	21	1,3oo	(o,2o)	1,17o	(o,6o)
Chemische u. verwandte Produkte	56	1,156	(o,2o)	o,987	(o,9o)
- Industriechemie	27	1,157	(o,2o)	o,981	(o,9o)
- Drogen und Medikamente	12	o,6o9	(o,2o)	o,983	(1,o)
- Sonstige Chemikalien	17	1,o82	(o,8o)	o,819	(o,6o)
Elektroerzeugnisse	3o	1,291	(o,1o)	1,142	(o,4o)
Metallwaren	17	1,185	(o,6o)	1,466	(o,1o)
Nahrungsmittel u. verwandte Produkte	56	o,767	(o,2o)	o,993	(1,o)
Maschinen (außer Elektromaschinen)	45	1,249	(o,3o)	1,218	(o,4o)
- Förderungs-, Bau- und Transportmaschinen	15	1,39o	(o,3o)	1,281	(o,5o)
- Werkzeug- und Spezialmaschinen	1o	2,212	(o,1o)	1,6oo	(o,2o)
- Sonstige Maschinen	2o	o,891	(o,7o)	1,o39	(o,9o)
Papier und verwandte Produkte	19	o,712	(o,2o)	o,763	(o,2o)
Erdöl und Erdölprodukte	26	1,397	(o,o1)	1,156	(o,o2)
Grundmetalle	33	o,665	(o,o5)	o,6oo	(o,o2)
Stein-, Erd-, Glasprodukte	19	1,842	(o,o1)	1,125	(o,8o)
Fahrzeuge u. andere Beförderungsmittel (ausser Luftfahrtzeuge)	18	1,3o4	(o,1o)	1,229	(o,3o)

Quelle: D. H a m b e r g, 1964, S. 73, 230 .

D. H a m b e r g zieht aus seiner Untersuchung den Schluß, daß das empirische Material keine solide statistische Fundierung der Neo-Schumpeter-Hypothese I zuläßt. Mit dieser Feststellung ist H a m b e r g reichlich vorsichtig. Nur in zwei Fällen ist das Risiko, bei Ablehnung der Hypothese "die Elastizität ist kleiner als eins" zugunsten der Neo-Schumpeter-Hypothese I eine falsche Entscheidung zu treffen, vertretbar klein. Allerdings kann man der Meinung sein, daß es für wirtschaftspolitisch verwertbare Aussagen weniger auf das Risiko ankommt, eine richtige Hypothese abzulehnen (Fehler erster Art), als vielmehr auf das Risiko, eine falsche Hypothese zu akzeptieren (Fehler zweiter Art). Aus der statistischen Testtheorie geht hervor, daß das Risiko für den Fehler zweiter Art wächst, wenn das Risiko für den Fehler erster Art sinkt. Das heißt, im Hinblick auf den Fehler zweiter Art ist es auch nicht zweckmäßig, zu niedrige Signifikanzniveaus zu wählen. D. H a m b e r g hätte zu den Signifikanzzahlen die korrespondierenden Wahrscheinlichkeiten für den Fehler zweiter Art errechnen müssen. Es geht aus der Analyse nicht hervor, ob beispielsweise ein Signifikanzniveau von 1o % noch im Hinblick auf den Fehler zweiter Art vertretbar wäre. In diesem Fall könnte man die Neo-Schumpeter-Hypothese I noch für die Bereiche Elektroerzeugnisse, Werkzeug- und Spezialmaschinen und Fahrzeuge und andere Beförderungsmittel (außer Luftfahrtzeuge) akzeptieren, wenn die Unternehmensgröße an der Beschäftigtenzahl gemessen wird.

F.M. S c h e r e r (1965, S. 257, 546) weist nach, daß die Schätzungen der F & E-Elastizitäten entscheidend davon abhängen, ob Unternehmen, die keine Forschung und Entwicklung betreiben, eingerechnet werden. Bei Berücksichtigung dieser "Fehlmeldungen" wachsen die Elastizitätskoeffizienten an. Es kann jedoch nicht festgestellt werden, ob und gegebenenfalls in welchem Ausmaß die Nichtberücksichtigung der Fehlmeldungen zu einer Verzerrung der Schätzungen zu Lasten der größeren Unternehmen führt. Die Schätzungen der F & E-Elastizitäten hängen vor allem von der Methode der Einrechnung von Fehlmeldungen ab.

E. Mansfield (1964, S. 333 ff.,396) schätzt mittels eines logarithmischen Regressionsansatzes die Elastizitäten der F & E-Ausgaben in bezug auf die Unternehmensgröße und ihre Veränderung im Zeitablauf anhand empirischer Daten für fünf Industriezweige (Petroleum, Arzneimittel, Stahl, Glas, Chemie). Die Beobachtungsperiode umfaßt den Zeitraum 1945 bis 1959. Die Berechnungen ergeben nur einen statistisch signifikanten Wert größer als eins für die chemische Industrie. In allen anderen Industriegruppen liegen die Werte unter eins. Davon ist ein Wert nicht statistisch signifikant (Stahlindustrie). Aus E. Mansfields Studie geht also hervor, daß Großunternehmen nur in der chemischen Industrie relativ zu ihrer Größe (gemessen am Umsatz) mehr für Forschung und Entwicklung aufwenden als kleinere Unternehmen. Das empirische Material ergibt jedoch keinen Hinweis darauf, daß sich die F & E-Elastizitäten in einer für die Frage des Einflusses der Unternehmensgröße auf die F & E-Aktivität relevanten Art und Weise systematisch im Zeitablauf verändern. So trifft die Vermutung von J. Schmookler(1959, S. 631, 566), daß die kleineren Unternehmen ihre F & E-Anstrengungen schneller steigern würden als ihre großen Konkurrenten, für die betrachteten Industriezweige nicht zu. Die Beziehung zwischen der F & E-Intensität und der Unternehmensgröße ist in dem Beobachtungszeitraum relativ stabil.

F. M. Scherer (1965, S. 11o4,545) geht von der Überlegung aus, daß im Fall einer positiven Korrelation von Unternehmensgröße und F & E-Intensität die größeren Unternehmen einen größeren F & E-Anteil auf sich vereinigen müssen als es ihrem Umsatzanteil entspricht. Tabelle 9 zeigt die kumulierten Umsatz- und F & E-Anteile für die 352 größten Unternehmen der USA im Jahre 1955.

Tab. 9: Kumulierte Anteile am Gesamtumsatz und am F & E-Personal von 352 der 5oo größten, nach der Umsatzhöhe gestaffelten Unternehmen in den USA für 1955

Die größten ... Unternehmen	Umsatzanteil in Prozent	Anteil am F & E-Personal in Prozent
4	19,9	9,7
8	27,5	16,4
12	32,8	25,9
2o	41,5	36,7
4o	55,o	5o,4
5o	59,9	57,8
75	69,3	68,1
1oo	75,9	71,9
15o	84,9	81,7
2oo	9o,8	9o,o
25o	94,9	94,8
3oo	97,7	97,8
Alle 352	1oo,o	1oo,o

Quelle: F. M. S c h e r e r, 1965, S. 11o4, 545 .

Es fällt auf, daß die größten Unternehmen einen geringeren Anteil am F & E-Personal aufweisen als es ihrem Umsatzanteil entspricht. Die 1oo größten Unternehmen vereinigen 71,9 % des F & E-Personals und 75,9 % der Umsätze auf sich. Die vier größten Unternehmen mit 19,9 % aller Umsätze haben einen Anteil am F & E-Personal von 9,7 %.

Aus der bereits zitierten Studie von F. M. S c h e r e r (1965, S. 265, 546) geht hervor, daß in allen betrachteten Industriezweigen (mit einer Ausnahme) die Größe des F & E-Personals unterproportional mit der Unternehmensgröße anwächst, wenn ein Umsatzvolumen von grob gerechnet 5oo Mill. Dollar (zu Preisen im Jahre 1955) überschritten wird. Liegen die Unternehmensgrößen jedoch unterhalb dieses Schwellenwerts, so steigt die F & E-Intensität mit der Unternehmensgröße noch an. Das gilt vor allem, wenn Unternehmen eingerechnet werden, die keine systematische Forschung und Entwicklung betreiben und deren Umsatzvolumen meist unterhalb von 2oo Mill. Dollar liegt. Eine Ausnahme bildet die chemische Industrie, in der die F & E-Intensität mit der Unternehmensgröße anwächst. Hier kommt F.M. S c h e r e r zu dem gleichen Ergebnis wie E. M a n s f i e l d.

Die Analyse von E. M a n s f i e l d wird auch von H. G. G r a b o w s k i bestätigt. G r a b o w s k i (1968, S. 3oo ff., 207) setzt in einem Regressionsmodell die F & E-Ausgaben pro Umsatzeinheit in Beziehung zum Umsatz. Er testet das Modell für die chemische und die pharmazeutische Industrie. Die Schätzungen der Koeffizienten ergeben, daß in der chemischen Industrie die F & E-Intensität mit der Unternehmensgröße wächst, nicht jedoch in der pharmazeutischen Industrie. Hier steigen die F & E-Ausgaben im relevanten Bereich nur unterproportional mit den Umsätzen an. Beide Ergebnisse sind statistisch signifikant zur Irrtumswahrscheinlichkeit von 5 %.

D. H a m b e r g s Elastizitätsberechnungen werden durch die Studie von W.S. C o m a n o r (1967, S. 64o ff., 133) noch weiter zuungunsten der Neo-Schumpeter-Hypothese I korrigiert. Von 21 untersuchten Industriezweigen findet C o m a n o r nur sechs Industrien mit Elastizitäten größer als eins. Darunter ist kein signifikantes Resultat. Die F & E-Elastizitäten der restlichen 15 Industrien weisen Werte kleiner als eins auf, davon sieben signifikante Ergebnisse. Interessanterweise findet C o m a n o r gerade für den Bereich der Stein-, Erd- und Glaserzeugnisse, für die H a m b e r g eine signifikante Elastizität größer als eins festgestellt hat, einen signifikanten Wert kleiner als eins. Allerdings sieht C o m a n o r die Gründe für die Widersprüche zu H a m b e r g s Analyse in der im Vergleich zu H a m b e r g engeren Abgrenzung der Wirtschaftszweige, wodurch homogenere Branchen betrachtet werden. Damit werden Einflüsse, die durch interindustriell unterschiedliche technologische und ökonomische Erfolgschancen für

Forschung und Entwicklung bedingt sind, vom Effekt der Unternehmensgröße auf die F & E-Aktivität besser getrennt. Aufschlußreich ist auch die Beobachtung, daß die geschätzten Elastizitäten positiv mit der durchschnittlichen Unternehmensgröße eines Industriezweigs korreliert sind. Das heißt, in Branchen, in denen die Unternehmen im Schnitt größer sind, sind auch die F & E-Elastizitäten größer.

Das empirische Material läßt noch breiten Raum für unterschiedliche Interpretationsmöglichkeiten, Spekulationen und neue Hypothesenbildungen. Man kann beispielsweise aus der Beobachtung einer höheren F & E-Intensität kleinerer Unternehmen schließen, daß mögliche technologische Eintrittsschranken in Forschung und Entwicklung gerade nicht dazu führen, daß kleine Unternehmen von Forschung und Entwicklung ausgeschlossen werden. Vielmehr zeigen sich die für sinnvolle Forschung und Entwicklung notwendigen Mindestbudgets in Gestalt der höheren F & E-Intensität kleinerer Unternehmen. Das gilt wenigstens innerhalb gewisser Grenzen, insbesondere wenn ein Vergleich zwischen unterschiedlich großen Großunternehmen gezogen wird.

Eine höhere F & E-Intensität kleinerer Unternehmen ergibt sich auch aus folgender Überlegung: Besteht zwischen Unternehmen unterschiedlicher Größe ein intensiver Wettbewerb auf dem Gebiet der Forschung und Entwicklung, verfolgen ferner alle Wettbewerber mit ihrer F & E-Aktivität in etwa die gleichen Ziele (Programme) und besitzen schließlich weder die größeren noch die kleineren Unternehmen komparative Vorteile oder Nachteile bei der Durchführung und Nutzung von Forschung und Entwicklung, dann ergibt sich eine höhere F & E-Intensität bei den kleineren Unternehmen, da ein gegebenes F & E-Programm relativ zum Umsatz oder zur Beschäftigtenzahl stärker zu Buch schlägt.

Man kann auch der Meinung sein, daß die höhere F & E-Intensität auf geringere Effizienz in Forschung und Entwicklung bei kleineren Unternehmen zurückzuführen ist, die sich um so stärker bemerkbar macht, je kleiner die Unternehmen im Durchschnitt sind. Diese Annahme wird jedoch durch die Ergebnisse der empirischen Untersuchungen zum Einfluß der Unternehmensgröße auf die Anzahl und Qualität der Inventionen sowie zur Frage der economies of scale in Forschung und Entwicklung (vergl. dazu 2.2.) weitgehend widerlegt.

2.1.1.2.2. Empirische Befunde für die BRD

Das vom Stifterverband für die Deutsche Wissenschaft für das Jahr 1965 veröffentlichte Zahlenmaterial hat L. Hildebrand (1969, 255) systematisch aufbereitet. Hildebrand wählt aus dem Bereich der verarbeitenden Industrie sechs zwei- bis fünfgliedrige Wirtschaftsgruppen aus, wobei er auch die weniger forschungsintensiven Branchen berücksichtigt. Als Maßstäbe der Unternehmensgröße dienen alternativ der Umsatz und die Beschäftigtenzahl. Die F & E-Intensität wird ebenfalls auf verschiedene Weise gemessen: Durch die F & E-Ausgaben pro Umsatzeinheit, die F & E-Ausgaben pro Beschäftigten und das F & E-Personal pro Beschäftigten.

Betrachtet man exemplarisch drei der von Hildebrand berechneten Tabellen (L. Hildebrand, 1969,S.9o,S. 99 und S. 176), die einen einheitlichen Vergleich von vier in sieben Umsatzgrößenklassen aufschlüsselbaren Wirtschaftsgruppen ermöglichen, so gelangt man zu folgenden Ergebnissen:

Bei Messung der F & E-Intensität an den F & E-Ausgaben pro Beschäftigten wächst die F & E-Intensität in zwei Wirtschaftsgruppen mit der Unternehmensgröße an (Stahl-, Maschinen- und Fahrzeugbau, Elektrotechnik, Feinmechanik und Optik). Besonders ausgeprägt ist dieser Zusammenhang im Stahl-, Maschinen- und Fahrzeugbau. In den beiden anderen Wirtschaftsgruppen (Steine, Erden und Glas, Eisen- und NE-Metallerzeugung) ist kein hinreichend stringenter Zusammenhang festzustellen. Kleine und mittlere Unternehmen liegen hier mit der F & E-Intensität an der Spitze. Im Bereich Steine, Erden und Glas ist es die mittlere Unternehmensgrößenklasse mit einem Umsatzvolumen zwischen 25 und 5o Mill. DM und im Bereich der Eisen- und NE-Metallerzeugung die zweit(kleinste) Unternehmensgrößenklasse mit einem Umsatzvolumen zwischen 5 und 1o Mill. DM, die die höchsten F & E-Ausgaben pro Beschäftigten aufweist.

Zieht man die F & E-Ausgaben pro Umsatzeinheit zur Messung der F & E-Intensität heran, dann wird der Einfluß der Unternehmensgröße auf die F & E-Intensität in den Bereichen Stahl-, Maschinen- und Fahrzeugbau sowie Elektrotechnik, Feinmechanik und Optik wesentlich geringer. In den Wirtschaftsgruppen Steine, Erden und Glas sowie Eisen- und NE-Metallerzeugung sprechen jetzt die Zahlen eher dafür, daß eine inverse Beziehung zwischen F & E-Intensität und Unternehmensgröße besteht. In beiden Wirtschaftsgruppen hat die zweit(kleinste) Unternehmensgröße die höchste F & E-Intensität. Im Bereich Steine, Erden und Glas liegt die größte Unternehmensgrößenklasse mit einem Umsatzvolumen von mindestens 25o Mill. DM an letzter Stelle.

Bei Messung der F & E-Intensität durch das F & E-Personal pro Beschäftigten wird im wesentlichen der Eindruck bestätigt, daß in den Wirtschaftsgruppen Stahl-, Maschinen- und Fahrzeugbau sowie Elektrotechnik, Feinmechanik und Optik eine schwache positive Beziehung zwischen F & E-Intensität und Unternehmensgröße besteht. In den Wirtschaftsgruppen Steine, Erden und Glas, Eisen- und NE-Metallerzeugung sprechen jedoch die Zahlen für eine schwache negative Beziehung.

H i l d e b r a n d kommt aufgrund seiner Interpretation des Zahlenmaterials zu dem Ergebnis, daß kein Hinweis für eine mit der Unternehmensgröße zunehmende relative F & E-Aktivität besteht. Andererseits stellt er fest, "daß die großen Unternehmungen i.S. der jeweiligen Klasseneinteilung nach Beschäftigten- bzw. Umsatz-Größenklassen bei den relativen F & E-Ausgaben überwiegend die höchste F & E-Intensität aufweisen, jedoch mit geringerer Überlegenheit als bei den absoluten F & E-Ausgaben" (L.A. H i l d e b r a n d, 1969, S. 1oo, 255).

Gegenüber den angloamerikanischen Untersuchungen ist H i l d e b r a n d s Aufbereitung des Zahlenmaterials zu undifferenziert. Es fehlt eine statistisch gesicherte Korrelationsrechnung. Aus diesem Grund gelangt der Leser je nach Interpretation der Daten zu anderen Ergebnissen. Die statistische Absicherung ist allerdings nicht möglich, wenn es sich bei den Erhebungen des Stifterverbandes nicht um eine vom zu untersuchenden Merkmal unabhängige Stichprobe handelt (L.A. H i l d e b r a n d, 1969, S. 4o, 255). Das ist in der Tat der Fall. Die hohe Zahl der Fehlmeldungen (Unternehmen, die angeschrieben wurden, aber keine Forschung und Entwicklung betreiben) müßte streng genommen mit berücksichtigt werden.

Zusammenfassend läßt sich festhalten, daß die angloamerikanischen Untersuchungen stärker gegen die Neo-Schumpeter-Hypothese I durchschlagen als das Material H i l d e b r a n d s. In der Vielzahl der untersuchten Industriezweige der USA findet sich streng genommen nur ein einziger Ausnahmefall, für den die engere Variante der Neo-Schumpeter-Hypothese I in mehreren voneinander unabhängigen empirischen Studien statistisch hinreichend belegt wird. Von den vier betrachteten Wirtschaftsgruppen in der BRD sprechen zwei Wirtschaftsgruppen für eine höhere Intensität der größeren Unternehmen, ohne daß diese Aussage jedoch statistisch gesichert ist.

2.1.2. Die Neo-Schumpeter-Hypothese II

Eine stimulierende Wirkung der Unternehmenskonzentration auf die F & E-Aktivität wird mit verschiedenen Argumenten in insbesondere drei Varianten begründet: Einmal geht man davon aus, daß für ein hohes und wachsendes Niveau der F & E-Aktivität Großunternehmen aufgrund von komparativen Größenvorteilen (Vorteile hinsichtlich der Finanzierung, Risikoverteilung u.a.) notwendig, einem internen Wachstum ohne Konzentrationsprozesse jedoch im Hinblick auf die Erreichung der notwendigen Größen zu enge Grenzen gesetzt seien. Ein hohes Niveau der F & E-Aktivität erfordere vielmehr auch das (externe) Wachstum der Unternehmen über kapitalmäßige Zusammenschlüsse.

Zum anderen wird unterstellt, daß mit steigender Unternehmenskonzentration die Marktmacht der führenden Unternehmen wachse und dieserMarktmachteffekt die für die Durchführung von Forschung und Entwicklung notwendigen "incentives" schaffe. Diese Argumentation, auf die an anderer Stelle noch näher eingegangen wird, impliziert, daß die Aussicht auf Erlangung einer Monopolstellung durch F & E-Erträge (bei entsprechendem Patentschutz) zur Stimulierung von Forschung und Entwicklung nicht ausreicht (also allenfalls als <u>notwendige</u> Bedingung angesehen werden darf), vielmehr erst bereits durch Konzentration (!) errungene monopolistische bzw. oligopolistische Machtstellungen die <u>hinreichende</u> Bedingung für ein hohes F & E-Niveau darstellen.

Eine dritte Variante der Neo-Schumpeter-Hypothese II beruht auf der Vermutung, daß gewisse oligopolistische Marktstrukturen, gekennzeichnet durch bestimmte optimale Konzentrationsgrade, zu einer optimalen Mischung aus Konkurrenzdruck, Anreiz und Möglichkeit zur Durchführung von Forschung und Entwicklung führt (V i l l a r d, K a n t z e n b a c h).

Die explizite Überprüfung dieser Hypothesen erfordert, daß Konzentrationsgrade und F & E-Aufwendungen verschiedener Branchen miteinander verglichen werden. Drei Probleme erschweren die empirische Überprüfung:

(1) Die Abgrenzung des relevanten Markts,

(2) die mangelnde Vergleichbarkeit der F & E-Aktivitäten von Branchen aus verschiedenen Technologiebereichen,

(3) die zur Messung der Marktmacht geeignete Definition eines Konzentrationsmaßes.

Je breiter die Abgrenzung des relevanten Marktes, um so weniger werden die faktischen Konkurrenzbeziehungen erfaßt, da auch nicht substitutive Güter mit einbezogen werden. Andererseits werden bei einer engen Abgrenzung die Machtpotentiale entsprechend diversifizierter Unternehmen, die auf technologisch verwandten Gebieten produzieren, nicht berücksichtigt. Ferner ist es nicht möglich, ein objektives und operationales Maß für die Substitutionsbeziehungen zu finden. Versuche, die Substitutionsbeziehungen von der Nachfrageseite her zu bestimmen (Kreuzpreiselastizität), scheitern - abgesehen von der mangelnden Operationalität - an dem Problem, daß Substitutionsbeziehungen auch auf der Angebotsseite existieren. Werden zwei verschiedene Produkte mit gleichen oder ähnlichen Produktionsverfahren hergestellt, so ist ein Unternehmen relativ leicht in der Lage, auf einen anderen Markt überzuwechseln.

Da man für eine statistisch gesicherte Korrelationsrechnung ein möglichst breit gestreutes Kollektiv von Konzentrationsgraden benötigt, ist man gezwungen, möglichst viele verschiedenartige Branchen in die Stichprobe aufzunehmen. Andererseits kann man nur Branchen miteinander vergleichen, in denen für Forschung und Entwicklung annähernd die gleichen Erfolgschancen bestehen. Das wiederum schränkt die Zahl der möglichen Beobachtungen erheblich ein.

Schließlich ist es schwierig, ein theoretisch befriedigendes und zugleich operationales Konzentrationsmaß zu finden, welches die Marktmacht der Unternehmen hinreichend sicher mißt. In der Literatur verwendet man in der Regel die sog."concentration ratio". Sie entspricht dem Marktanteil - gemessen durch Umsatz, Output, Kapazitätsgrößen - der vier, sechs, acht, ..., größten Unternehmen eines Industriezweigs. Meist wird die sog. "four-firm concentration ratio" verwendet.

Folgende Einwände werden gegen die"concentration ratio" erhoben:

(1) Zahl und relative Größe der restlichen Unternehmen und ihre Veränderung im Zeitablauf werden nicht erfaßt,

(2) es wird nicht berücksichtigt, ob der Markt geschlossen oder offen ist,

(3) regionale Monopolstellungen werden nicht erfaßt,

(4) das Ausmaß der vertikalen und konglomeralen Konzentration und ihre Wirkung auf das Machtpotential der führenden Unternehmen werden nicht gemessen,

(5) Marktanteile auf nationalen Märkten geben keine Auskunft über die relative Machtposition auf internationalen Märkten.

Aus (1) bis (5) resultiert, daß die relative Marktmacht der führenden Unternehmen trotz gleicher "concentration ratio" von Sektor zu Sektor unterschiedlich hoch sein kann. Hinzu kommt das Problem, daß sich die Machtpotentiale der größten Unternehmen gegenseitig kompensieren können. Es ist nicht geklärt, wie sich eine konkrete Machtverteilung zwischen den führenden Unternehmen in bestimmten Verhaltensweisen niederschlägt. Die Wettbewerbsintensität kann hoch oder gering sein.

Das gesamte Verfahren ist also von vornherein einem schwerwiegenden und grundlegenden Mangel ausgesetzt. Zur Debatte steht die Frage, wie der Konzentrations<u>prozeß</u> (die Wettbewerbsintensität und evtl. über diese) die F & E-Aktivität beeinflußt. Die "concentration ratio" jedoch ist kein Maß dieses Konzentrationsprozesses, sondern - mit den Einschränkungen (1) bis (5) - des in einem bestimmten Zeitpunkt erreichten Konzentrations<u>zustandes</u>. Damit jedoch lassen sich schon vom Ansatz her die direkt mit dem Konzentrationsprozeß verknüpften (gekoppelten, ihm innewohnenden) innovationspotentialschaffenden oder -vernichtenden Wirkungen überhaupt nicht erfassen.

2.1.2.1. Empirische Befunde

Empirische Aussagen über den Einfluß der Unternehmenskonzentration auf die F & E-Aktivität finden sich bei D. H a m b e r g (1964, S. 74 f., 230), F.M. S c h e r e r (1967, 524 ff., 548), W.S. C o m a n o r (1967, S. 645 ff., 133) und W.J. A d a m s (197o, S. 4o1 ff., 5).

D. H a m b e r g testet die Hypothese, daß die F & E-Aktivität und die industrielle Unternehmenskonzentration voneinander unabhängig oder negativ korreliert sind. Er setzt hierzu die unternehmensintern finanzierten F & E-Ausgaben absolut und relativ pro Umsatzeinheit in Beziehung zu einem gewogenen Vier-Firmen-Konzentrationsmaß. Dabei besteht das Problem, "concentration ratios" aus unterschiedlich breit abgegrenzten Branchen miteinander zu vergleichen. Deshalb werden die enger gefaßten Branchen zu einer Industriegruppe aggregiert, und die "concentration ratios" der einzelnen Branchen durch Gewichtung mit den Verkäufen zu einem gewogenen Konzentrationsmaß zusammengefaßt.

Der statistische Test ergibt, daß die Hypothese der Unabhängigkeit oder negativen Korrelation zwischen Unternehmenskonzentration und F & E-Aktivität zwar mit einer Irrtumswahrscheinlichkeit von 5 % abgelehnt werden kann, aber die positive Beziehung zwischen Unternehmenskonzentration und F & E-Aktivität ist äußerst schwach. Wenn also überhaupt stimulierende Wirkungen von der Unternehmenskonzentration auf die F & E-Anstrengungen einer Industrie ausgehen, so können diese nur von geringer Intensität sein. H a m b e r g weist auf eine Untersuchung von J. H o r o w i t z (1962, 275) hin, die aufgrund einer entsprechenden monovariablen Korrelationsanalyse zu denselben Ergebnissen kommt.

F.M. S c h e r e r versucht, den Einfluß der Unternehmenskonzentration auf die absolute und relative F & E-Aktivität mittels zweier multivariabler Regressionsmodelle zu messen. Als abhängige Variable fungieren alternativ die Anzahl der in einer Industrie beschäftigten Wissenschaftler, die Anzahl der Wissenschaftler plus Ingenieure und schließlich die Zahl derjenigen Wissenschaftler und Ingenieure, die in Forschung und Entwicklung beschäftigt sind und deren Beschäftigung industriell finanziert wird. Streng genommen repräsentiert nur die dritte Variable die F & E-Aktivität. Die ersten beiden Variablen werden von S c h e r e r gewählt, da auch die in anderen betrieblichen Teilbereichen beschäftigten Wissenschaftler und Ingenieure für Inventionen und Innovationen verantwortlich sind. Ferner sind nur 45 % der in der verarbeitenden Industrie der USA beschäftigten Wissenschaftler und Ingenieure im Bereich von Forschung und Entwicklung tätig.

Die F & E-Aktivität wird in Beziehung gesetzt zu einem gewogenen Vier-Firmen-Konzentrationsmaß, zur Zahl der insgesamt in einem Industriezweig Beschäftigten und zu sog. Scheinvariablen. Die Zahl der Beschäftigten kennzeichnet die Größe des Industriezweigs. Dabei wird davon ausgegangen, daß konzentrationsbedingte Differenzen in der (absoluten) Zahl der in Forschung und Entwicklung Beschäftigten um so größer sind, je größer die betrachtete Industrie. Mit Hilfe der Scheinvariablen werden die Industriezweige nach dem Technologiebereich (Chemie, Elektrotechnik, "traditionals"), der Verwendungsart und Lebensdauer der angebotenen Produktgruppen (Konsum- oder Produktionsgüter, dauerhafte oder nicht dauerhafte Güter) und der räumlichen Ausdehnung der Märkte (regional begrenzt oder nicht begrenzt) klassifiziert. Mittels der Scheinvariablen sollen Unterschiede im Niveau der F & E-Aktivität, die durch unterschiedliche technologische und ökonomische Erfolgschancen für F & E-Programme bedingt sind, berücksichtigt werden. Als statistisches Beobachtungsmaterial dient eine Stichprobe aus 56 Wirtschaftsgruppen, die nahezu die gesamte verarbeitende Industrie der USA im Jahre 196o überdeckt.

S c h e r e r testet zwei Modellvarianten. In dem ersten Regressionsansatz wird angenommen, daß die erklärenden Variablen multiplikativ auf die F & E-Aktivität einwirken. In der zweiten Modellvariante beeinflussen die erklärenden Variablen die F & E-Aktivität additiv. Wir beschränken uns hier auf die Wiedergabe einer Regressionsgleichung der ersten Modellvariante. Die übrigen von S c h e r e r geschätzten Regressionsgleichungen bringen bezüglich des Zusammenhangs von Unternehmenskonzentration und F & E-Aktivität keine wesentlich abweichenden Ergebnisse.

$$\log RD_i = -\,o{,}36 + \underset{(o,11)}{o{,}93}\log N_i + \underset{(o,24)}{o{,}8o}\log C_i + \underset{(o,24)}{o{,}27}Elec_i$$

$$+ \underset{(o,17)}{o{,}51}Chem_i - \underset{(o,11)}{o{,}41}Trad_i - \underset{(o,13)}{o{,}o1}Reg_i + \underset{(o,1o)}{o{,}1o}Dur_i$$

$$- \underset{(o,o9)}{o{,}o9}Cons_i; \qquad R^2 = o{,}8o5.$$

wobei:

RDi = privat finanziertes F & E-Personal des i-ten Industriezweigs (Zahl der Wissenschaftler und Ingenieure mal Anteil der in F & E beschäftigten Wissenschaftler und Ingenieure mal Anteil der privat finanzierten F & E-Ausgaben)

N_i = Beschäftigtenzahl des i-ten Industriezweigs (in Tausend)

C_i = gewogene "four-firm concentration ratio" des i-ten Industriezweigs

Die folgenden Scheinvariablen $Elec_i$, $Chem_i$ und $Trad_i$ kennzeichnen den Technologiebereich (Elektrotechnik, Chemie, "traditionals"). Reg_i steht für Industriezweige, die auf regional begrenzten Märkten anbieten, Dur_i für Industriezweige, die dauerhafte Güter und $Cons_i$ für Industriezweige, die Konsumgüter produzieren. Die Scheinvariablen haben den Wert eins (null), wenn für die i-te Industrie die entsprechenden Merkmale der produzierten Produktgruppen gegeben (nicht gegeben) sind.

Aus der Regressionsgleichung geht hervor, daß eine stärker konzentrierte Industrie, die sich in der Beschäftigtenzahl und in den durch die Scheinvariablen erklärten Merkmalen von einer weniger konzentrierten Industrie nicht (oder nicht wesentlich) unterscheidet, eine höhere F & E-Aktivität aufweist. Bei einem um 1o % höheren Konzentrationsgrad beispielsweise steigt die F & E-Beschäftigung um ceteris paribus 8 % an.

S c h e r e r ermittelt anhand alternativer Berechnungen den Erklärungsgehalt der Konzentrationsvariablen. Dabei zeigt sich, daß der Anteil der durch die Unternehmenskonzentration erklärten Varianz der F & E-Beschäftigung ohne Berücksichtigung der Scheinvariablen wesentlich höher liegt (22,4 %) als mit Berücksichtigung (4,5 %). Diese Beobachtung findet eine einfache Erklärung. Die technologisch fortschrittlichsten Industriegruppen der Elektrotechnik und Chemie weisen überdurchschnittlich hohe Konzentrationsgrade auf, so daß bei Einführung der Scheinvariablen zur Kennzeichnung des Technologiebereichs nur ein geringer "Nettoeffekt" der Unternehmenskonzentration auf die F & E-Aktivität verbleibt.

S c h e r e r wirft hier die Frage auf, wie diese Beobachtung ökonomisch zu interpretieren sei. Sind die fortschrittlichen Industrien so progressiv, w e i l sie einen hohen Konzentrationsgrad aufweisen? Oder ist die Unternehmenskonzentration vor allem die Folge der technologischen Entwicklung in der Vergangenheit? Diese Fragestellung kann mit dem verwendeten Regressionsmodell nicht beantwortet werden.
S c h e r e r ist der Meinung, daß in vielen der betrachteten chemischen und elektrotechnischen Industrien (Kunstfaser, organische Chemie, Plastik, elektrische Lampen, Telefonausrüstung, Computer u.a.) die hohe Konzentration auf Patent- und Know-how-Barrieren zurückzuführen sei. Die innovativen Unternehmen konnten ihren Marktanteil aufgrund dieser Marktzugangsbeschränkungen rasch ausdehnen. Ihre hohe Neuerungsaktivität, verbunden mit einer Vielzahl von Innovationsmöglichkeiten, führte - geschützt durch die Marktzugangsbeschränkungen - zu einer überdurchschnittlichen Konzentration. Die Möglichkeit, daß die Kausalrichtung genau umgekehrt verläuft als es das statistische Modell unterstellt, kann also nicht ausgeschlossen werden.

S c h e r e r testet ferner mittels eines nicht linearen Regressionsmodells die Hypothese, daß eine wachsende Konzentration vor allem in relativ atomistischen Industrien mit einer zunehmenden Beschäftigung von wissenschaftlichem und technischem Personal verknüpft ist, während Konzentrationsprozesse über einen gewissen Schwellenwert hinaus keinen Zuwachs mehr erbringen. Er findet einen Schwellenwert der "concentration ratio" von ungefähr 5o % bis 55 %, ab dem eine weitere Konzentration wieder zu sinkender Beschäftigung von technischem und wissenschaftlichem Personal führt, und einen Wert von 1o bis 14 %, ab dem überhaupt erst Wissenschaftler und Ingenieure beschäftigt werden. Innerhalb dieses Intervalls ist die Unternehmenskonzentration positiv mit der F & E-Aktivität verknüpft. Die Konzentrationsschwelle von 55 % wird allerdings nur von sechs der betrachteten 56 Wirtschaftsgruppen überschritten (Tabak, Bereiche des Maschinenbaus). In drei Fällen (von vier berechneten Regressionen) sind die Schätzungen nicht statistisch signifikant.

W.S. C o m a n o r s Beobachtungen unterstreichen die Notwendigkeit einer multivariablen Betrachtungsweise. Er stellt fest, daß die industrielle Konzentration kein signifikanter Einflußfaktor für die F & E-Aktivität ist, wenn in den betreffenden Industrien die Chancen für Produktdifferenzierungen besonders hoch sind. In diesem Fall besteht Wettbewerb hinsichtlich der Entwicklung neuer Produktvarianten, für die der größte Teil der F & E-Ausgaben verwendet wird; und offenbar erfordert eine erfolgreiche F & E-Tätigkeit auf diesem Gebiet weder den Größen- noch den Marktmachteffekt der Unternehmenskonzentration. In Industrien mit geringen Möglichkeiten zur Produktdifferenzierung (Rohstoffe, nicht dauerhafte Konsumgüter), in denen Forschung und Entwicklung keine direkten strategischen Variablen des Wettbewerbsprozesses darstellen und vor allem kostspielige Verfahrensinnovationen das Ziel der F & E-Bemühungen bilden, ist hingegen ein Einfluß der Unternehmenskonzentration auf das Ausmaß der F & E-Aktivität gegeben.

C o m a n o r weist auch nach, daß neben der Produktdifferenzierung und der Unternehmenskonzentration kapital- oder betriebsgrößenmäßige Marktzugangsbeschränkungen die F & E-Aktivität beeinflussen. In Industrien mit mäßigen Zugangsschranken

- d.h., mit einer optimalen Betriebsgröße von 4 % bis 7 % des gesamten Outputs oder mit einer notwendigen Kapitalinvestition von 2o bis 7o Mill. Dollar - scheint das Niveau der F & E-Aktivität bei gegebenem Konzentrationsgrad und gegebener Produktdifferenzierung am größten zu sein. Bei zu hoher als auch zu niedriger Markzugangsbeschränkung ist die F & E-Aktivität ceteris paribus geringer.

Aus der Studie von W.J. A d a m s, die auf französichem Material des Jahres 1963 basiert, geht hervor, daß der Einfluß der Konzentration auf die F & E-Intensität minimal ist. Streng genommen können die unterschiedlichen F & E-Intensitäten der französischen Unternehmen nicht durch die unterschiedlichen Konzentrationsgrade der betrachteten Industrien erklärt werden. Die "technological opportunities" bilden die dominierenden Determinanten der F & E-Intensität. Bei einem Vergleich der F & E-Intensitäten und der Umsatzkonzentration von fünfzehn amerikanischen und französischen Industriezweigen stellt A d a m s im Widerspruch zu S c h e r e r s Untersuchungsergebnissen fest, daß gerade in den technologisch hochentwickelten Wirtschaftszweigen hohe F & E-Intensitäten mit niedrigen Konzentrationsraten gepaart sind. In einigen der weniger progressiven Industrien ist es umgekehrt.

2.1.2.2. Empirische Befunde zur Frage von Schwellenwerten in Forschung und Entwicklung

Die Notwendigkeit der Unternehmenskonzentration hinsichtlich des technischen Fortschritts wird unter anderem damit begründet, daß aufgrund von technologischen und marktmäßigen Schwellen in der sinnvollen Durchführung und Nutzung von Forschung und Entwicklung kleinere Unternehmen nicht in der Lage sind, systematisch Forschung und Entwicklung zu betreiben und so auch keine wesentlichen innovativen Beiträge leisten können. Wenn man die erheblichen Aufwendungen betrachtet, die Großunternehmen für die Entwicklung hochkomplexer Systeme aufbringen mußten, so erscheint dieses Argument plausibel. Die Xerox Corporation beispielsweise investierte mehr als 16 Mill. Dollar in die Entwicklung ihres Kopiergeräts 914. Über 65 Mill. Dollar sollen von der Radio Corporation of America (RCA) für die Entwicklung des amerikanischen Farbfernsehsystems ausgegeben worden sein. Die Kosten der Entwicklung und Konstruktion von Düsenflugzeugen hatten in mehreren Fällen die 1oo Mill.-Dollar-Grenze überschritten.

Die empirische Überprüfung der Schwellenwert-Hypothese hat zwei Fragen zu beantworten: a) die Frage nach der Häufigkeitsverteilung der Höhe der Entwicklungskosten einzelner Projekte und b) die Frage nach der Verschiebung dieser Verteilung im Zeitverlauf.

Daten über die Kosten von F & E-Projekten und Innovationen wurden von R. S e i l e r und S. M y e r s (OECD, 1971, S. 48, 471) zusammengestellt. S e i l e r hat die F & E-Programme von über 1oo Unternehmen analysiert, M y e r s 563 erfolgreiche Innovationen aus fünf Industriezweigen. Es stellt sich heraus, daß 73 % aller F & E-Projekte und 65 % aller Innovationen weniger als 12o ooo Dollar kosten. Nur 14 % aller F & E-Projekte kosten mehr als 25o ooo Dollar; davon überschreiten nur wenige F & E-Projekte in Großunternehmen 3 Mill. Dollar. Entsprechend sind auch die sehr kostspieligen Innovationen nicht besonders zahlreich. Nur für 12 % mußten mehr als 1 Mill. Dollar ausgegeben werden.

Obwohl einige Entwicklungsprogramme extrem große Beträge erfordern, scheint die Mehrzahl der F & E-Projekte auch für kleinere Unternehmen erschwinglich, was auch N e l s o n bereits vermutet hat. Einen Überblick über die erforderlichen Unternehmensgrößen vermittelt folgende Überlegung: Angenommen, die Erfolgswahrscheinlichkeit eines F & E-Projekts beträgt im Durchschnitt 2o % und die Entwicklungskosten sollen nicht mehr als 1 % des Produktpreises ausmachen, dann beträgt das zur Amortisation erforderliche jährliche Umsatzvolumen nicht mehr als 6o Mill. Dollar, wenn sich die Kosten des F & E-Projekts durchschnittlich auf 12o ooo Dollar belaufen. Das heißt, für 73 % der F & E-Projekte und 65 % der Innovationen liegt - unter den getroffenen Voraussetzungen - die erforderliche Unternehmensgröße unterhalb der Größenordnung, die von den amerikanischen Großunternehmen mit mehr als 5 ooo Beschäftigten oder mehr als 1oo Mill. Dollar erreicht wird. Der Schwellenwert liegt noch niedriger, wenn ein höherer Prozentsatz des Produktpreises zur Amortisation der Entwicklungskosten angesetzt wird. Das gleiche gilt bei einer durchschnittlich höheren Erfolgswahrscheinlichkeit. Nach einer Studie von Mansfield und Brandenburg über 7o Projekte der F & E-Abteilung eines führenden Unternehmens der elektrotechnischen Industrie liegt die technologische Erfolgswahrscheinlichkeit bei 44 % (E. Mansfield, R. Brandenburg, 1966, S. 447 - 464, 399). Technologische Schwellen scheinen also noch niedriger zu liegen.

Noch bedeutsamer sind jedoch die zusätzlichen Marktrisiken. Hierüber ist wenig bekannt. Die OECD (1971, S. 68 ff., 471) nennt drei Studien, die dafür sprechen, daß die Marktrisiken für Forschung und Entwicklung die technologischen Risiken übersteigen. Aus einer Analyse von 12o großen Unternehmen geht hervor, daß mindestens 5o %, oft sogar mehr als 6o % aller F & E-Projekte nicht zu einem kommerziell verwertbaren Produkt oder Produktionsverfahren führten. Eine Untersuchung über 5o F & E-aktive Unternehmen liefert ähnliche Zahlen. 5o % aller produktorientierten F & E-Ausgaben und 7o % aller für Produktinnovationen aufgebrachten Mittel werden für neue Produkte verwendet, die sich als kommerzielle Fehlschläge herausstellen. 3o % aller neu am Markt eingeführten Produkte erweisen sich als nicht erfolgreich. Für die USA insgesamt schließlich wird geschätzt, daß etwa 1o ooo neue Produkte pro Jahr entwickelt werden, von denen 8o % in der Entwicklung steckenbleiben.

Solange die Marktrisiken nicht genau bekannt oder von Fall zu Fall unterschiedlich hoch sind, lassen sich keine genauen Aussagen über die für Forschung und Entwicklung notwendigen Unternehmensgrößen machen. Unter diesem Aspekt sind auch die

Aussagen von S c h e r e r und C o t r e l l zu sehen. S c h e r e r schätzt die für eine effiziente Durchführung der Forschung und Entwicklung notwendige Schwelle auf ein Umsatzvolumen von 75 bis 2oo Mill. Dollar (F.M. S c h e r e r, 1969, S. 1o74, 551). C o t r e l l hält eine Unternehmensgröße von 2oo Mill. Dollar zur Entwicklung eines mittleren Computerprogramms für erforderlich.

Auch über die Entwicklung der durchschnittlichen Kosten der Forschung und Entwicklung im Zeitverlauf finden sich keine fundierten empirischen Analysen. S c h e r e r vermutet, daß der Anteil der für kleine Unternehmen noch erschwinglichen potentiellen Neuentwicklungen abnimmt. Diese Aussage ist noch recht vage. Eine empirische Überprüfung hätte darauf zu achten, ob der Schwellenwert im Zeitablauf überproportional im Vergleich zum durchschnittlichen Wachstum der Unternehmen zunimmt, da sich nur dann die Notwendigkeit einer weiteren Unternehmenskonzentration mit dem Schwellenwert-Argument begründen läßt.

2.1.3. Die Nelson-Hypothese

Von R.R. N e l s o n (1959, S. 297 f., 455) stammt die Hypothese, daß die F & E-Aktivität eine wachsende Funktion der konglomeralen Unternehmenskonzentration sei. N e l s o n geht davon aus, daß die F & E-Aktivitäten häufig Erfindungen und Neuerungen in unerwarteten Bereichen erbringen. Eine durch konglomerale Konzentration entstandene Unternehmung hat deshalb nach N e l s o n wegen ihres breiteren Produktionsprogramms größere Chancen zur Verwertung und Nutzung der F & E-Ergebnisse als eine Unternehmung, die nur für einen Markt produziert. Daraus folgt nach N e l s o n, daß die diversifizierte Unternehmung mit Forschung und Entwicklung durchschnittlich höhere Gewinne erzielt und die Gewinnerwartungen entsprechend höher liegen. Der Anreiz zur Investition in Forschung und Entwicklung wächst mit steigender Diversifizierung und damit ceteris paribus auch die tatsächlichen F & E-Anstrengungen.

2.1.3.1. Empirische Befunde

In der Literatur finden sich nur wenige Versuche, die Nelson-Hypothese zu testen.

H.G. G r a b o w s k i (1968, S. 292 f., 207) setzt den prozentualen Anteil der F & E-Ausgaben an den Umsätzen in Beziehung zur Anzahl der pro Wissenschaftler erlangten Patente, zum Wert des Betriebsvermögens und zum Diversifikationsgrad der Ausbringung. Die Produktdiversifikation wird somit zu einem Einflußfaktor in einer multivariablen Regressionsanalyse. Getestet werden die Industriezweige Chemie, Arzneimittel und Petroleum. Dabei zeigen alle Variablen einen statistisch signifikanten positiven Einfluß auf die F & E-Intensität, ohne daß eine von ihnen dominieren würde.

Die bereits zitierte Studie von C o m a n o r (1967, 133) zeigt, daß die F & E-Aktivität mit den Chancen zur Produktdifferenzierung positiv verknüpft ist. Insofern könnte man auch eine positive Korrelation zwischen konglomeraler Konzentration und F & E-Aktivität erwarten. In einer zweiten Studie gelangt C o m a n o r für die pharmazeutische Industrie jedoch zu einem gegenteiligen Ergebnis (W.S. C o m a n o r, 1965, S. 183 ff., 131). In einem Regressionsmodell setzt er die Neuerungsaktivität (gemessen an den mit neu eingeführten Produkten in zwei Jahren erzielten Erlösen) in Beziehung zum F & E-Personal, zur Unternehmensgröße und zum Diversifikationsgrad der Ausbringung. Dabei zeigt sich eine signifikante negative Korrelation zwischen Neuerungsaktivität und Diversifikationsgrad, während F & E-Aktivität und Neuerungsaktivität signifikant positiv korreliert sind. Um die Möglichkeit zu überprüfen, daß eine hohe Neuerungsaktivität zu einer hohen Diversifikation führt (anstatt umgekehrt), testet C o m a n o r die Hypothese, daß die Neuerungsaktivität zu Beginn des Beobachtungszeitraums mit dem Diversifikationsgrad am Ende des Beobachtungszeitraums korreliert ist. Hierbei zeigt sich weder eine signifikant positive noch eine signifikant negative Beziehung.

F.M. S c h e r e r (1965, S. 1115 - 1116, 545) kommt ebenfalls zu widersprüchlichen Ergebnissen. In den F & E-intensiven Industrien Chemie, Arzneimittel und Elektrotechnik hat die Diversifikation einem negativen, aber nicht signifikanten Einfluß auf die F & E-Tätigkeit. In den restlichen fünf analysierten Wirtschaftsgruppen besteht jedoch eine positive Korrelation zwischen Diversifikationsgrad und F & E-Aktivität, wobei gerade in den Branchen mit geringer F & E-Intensität (Nahrungsmittel, Grundmetall) ein besonders starker Einfluß der Diversifikation auf Forschung und Entwicklung zu beobachten ist.

2.1.3.2. Interpretation und Bewertung der empirischen Befunde

Die Nelson-Hypothese wird durch die empirischen Daten nicht bestätigt. Der Plausibilitätsgrad dieser Hypothese ist ohnehin nicht sehr groß. Eine konglomerale Konzentration kann auch erst dann (bzw. auch dann noch "rechtzeitig") stattfinden, wenn zur Verwertung von Erfindungen auf unerwarteten Gebieten, die von einer F & E-aktiven Firma bereits gemacht wurden, ein Zusammenschluß mit einer anderen Unternehmung erfolgt (M. B o r c h e r t, 197o, S. 644, 81).

Für Produktinnovationen ist die Nelson-Hypothese von vornherein fraglich. Kommt es zu einer nicht vorhersehbaren Produktinnovation, so kann diese - ohne daß eine konglomerale Konzentration Voraussetzung wäre - ebenso gut durch internes Wachstum verwertet werden (Sortimentserweiterung). In vielen Fällen wird eine Produktinnovation ohnehin nur über internes Wachstum der Unternehmung produziert und verkauft werden können, wenn nämlich für das neue Produkt noch gar kein Markt existiert.

C o m a n o r s Analyse legt nahe, daß sich der Diversifikationsgrad gerade negativ auf die F & E-Aktivität auswirkt, wenn alle Innovationsmöglichkeiten hinsichtlich der Kreierung neuer Produkte durch das diversifizierte Unternehmen bereits ausgeschöpft sind und sich die F & E-Aktivität nunmehr allein auf Verfahrensinnovationen beschränkt.

Der von S c h e r e r gefundene stringente positive Effekt des Diversifikationsgrads auf die F & E-Anstrengungen in Branchen mit geringen technischen und marktmäßigen Entwicklungsmöglichkeiten läßt sich damit erklären, daß die dynamischen Firmen dieser Branchen versuchen, auf mehr progressive Bereiche auszuweichen, indem sie durch Aufkauf entsprechender Unternehmen in diese Märkte eindringen. Möglich ist auch, daß die von N e l s o n angenommene Kausalrichtung genau umgekehrt verläuft. Nicht der Diversifikationsgrad hat stimulierende Wirkung auf Forschung und Entwicklung, sondern hohe F & E-Bemühungen führen zu fortschreitender Diversifikation dynamischer Firmen, die mit Forschung und Entwicklung das Ziel verfolgen, auf Märkte mit größeren Expansionschancen auszuweichen bzw. durch ihre innovativen Aktivitäten als Pioniere neue Absatzmöglichkeiten selbst zu schaffen.

Schließlich ist möglich, daß zwischen F & E-Aktivität und konglomeraler Konzentration weder ein unmittelbarer noch ein mittelbarer Zusammenhang besteht. Fallstudien der Federal Trade Comission (1973, 167) legen dies nahe. Die Federal Trade Comission (FTC) untersuchte das externe Wachstum von neun amerikanischen Großunternehmen, die als repräsentativ für die Entwicklung der konglomeralen Konzentration angesehen werden können. Es handelt sich um ursprünglich relativ unbedeutende Unternehmen, die innerhalb kurzer Zeit durch das Aufkaufen einer Vielzahl von Unternehmen aus den verschiedensten Branchen in die Spitzengruppe der 2oo größten amerikanischen Unternehmen aufrücken konnten. Im Zeitraum 196o - 1968 wurden 348 Unternehmen mit einer Summe der Aktiva von etwa 1o Mill. Dollar aufgekauft. Im Jahre 1968 tätigten sie 26 % aller Aufkäufe von Unternehmen mit mehr als 1o Mill. Dollar. Rund 88 % ihrer Ankäufe trugen konglomeralen Charakter. Die Mehrzahl der aufgekauften Unternehmen hatte nur relativ kleine Marktanteile. 48,2 % lagen unter einem Marktanteil von 1 %, 32,7 % hatten einen Marktanteil von 1 - 5 %; und nur 19 % konnten mehr als 5 % Marktanteil auf sich vereinigen.

Die FTC gelangt zu den folgenden hier relevanten Ergebnissen:

(1) Die aufgekauften Unternehmen behielten während des Beobachtungszeitraums durchweg ihre organisatorische und funktionale Selbständigkeit bei. Zentralisiert wurden meist nur das Rechnungswesen und Abteilungen für rechtliche und soziale Fragen. Funktionen dagegen, die unmittelbar den ökonomischen Erfolg eines Unternehmens determinieren wie Beschaffung, Produktion, Verkauf, Finanzierung und insbesondere Forschung und Entwicklung wurden weiterhin selbständig und dezentralisiert von den einzelnen Unternehmenseinheiten wahrgenommen.

(2) Ein vollständiger Wechsel des Top-Managements wurde nur in 3 % aller Fälle vorgenommen. In 79 % der Fälle behielt das Top-Management seine Leitungsfunktion bei. Von 294 Führungskräften aus 1oo Unternehmen behielten 51 % ihre Funktionen und 39 % wurden innerhalb von drei Jahren ausgewechselt; nur 1o % mußten ihre Position bei Eingliederung des Unternehmens in den Konzern verlassen.

(3) Eine eindeutige, signifikante Veränderung im Investitionsverhalten (und damit auch im Umfang von Forschung und Entwicklung) konnte nicht festgestellt werden.

Der Beobachtungszeitraum der Studie ist allerdings relativ kurz, da der Hauptteil der Konzentrationsprozesse in die Jahre 1966 -1968 fällt, so daß zur Beobachtung von strukturellen Veränderungen nur etwa zwei bis drei Jahre zur Verfügung stehen . Immerhin zeigt die Studie, daß konglomerale Konzentration und Diversifikation vor allem über externe Wachstumsprozesse entstehen, ohne daß damit kurzfristig das Bemühen verknüpft ist, die Marktstellung und Effizienz der aufgekauften Unternehmen durch entsprechende Maßnahmen (zusätzliche Investitionen und Forschung und Entwicklung, Wechsel des Managements, Werbung) zu stärken und zu verbessern. Meist bestand hierfür auch gar kein Anlaß, da die aufgekauften Unternehmen überwiegend finanziell gesund und durchschnittlich rentabel waren.

Kommt die FTC-Studie also zu einer negativen Antwort auf die Frage, ob konglomerale Konzentration die F & E-Aktivität (in den neun untersuchten Fällen) gefördert hat, so ist andererseits festzuhalten, daß es nicht gelang, die oft der konglomeralen Konzentration zugeschriebenen nachteiligen Wirkungen auf den und im Wettbewerb (interner Verlustausgleich, reciprocal dealing, Kopplungsgeschäfte, Unterdrückung potentiellen Wettbewerbs) nachzuweisen.

2.2. Der Einfluß der Unternehmensgröße und Unternehmenskonzentration auf Anzahl und Qualität der Inventionen

Empirische Studien über den Zusammenhang zwischen Unternehmensgröße, Unternehmenskonzentration und der inventiven Aktivität basieren häufig auf folgenden, relativ unreflektierten, jedoch vielzitierten Hypothesen:

(1) Die meisten "billigen" Erfindungen, eine Domäne der unabhängigen Einzelerfinder, seien bereits gemacht. Die heutzutage notwendige Forschung benötige kostspielige Ausrüstungen und Forscherteams aus hochspezialisierten Naturwissenschaftlern und Ingenieuren. Hohe Beträge müssen in Forschung und Entwicklung investiert und hohe Risiken eingegangen werden. Das können sich nur die Großunternehmen leisten (G a l b r a i t h, L i l i e n t h a l).

(2) Großunternehmen besitzen "economies of scale" bei der Durchführung von Forschungsprogrammen, etwa aufgrund von besseren Laborausrüstungen, Spezialeinrichtungen zur Durchführung von Experimenten, größerer Verfügbarkeit von technologischem Wissen und Erfahrungen, größerer Zahl spezialisierter Wissenschaftler und Ingenieure, der Möglichkeit zur interdisziplinären Forschung usw.

(3) In Oligopolen wird der Preiswettbewerb durch eine Forschungs- und Entwicklungskonkurrenz substituiert. Die großen oligopolistischen Unternehmen machen die intensivsten Anstrengungen, über Forschung und Entwicklung patentierfähige Erfindungen zu erhalten, um ihre Konkurrenten

von der Nutzung der Inventionen, die anderenfalls an anderer Stelle gemacht werden, ausschließen zu können.

Einige Bemerkungen sind an dieser Stelle angebracht. Die erste Hypothese impliziert, daß die Entwicklung in Richtung komplexer und kostspieliger Erfindungen ein für allemal feststeht. Ferner wird offenbar die Innovationsphase in die Begriffsbildung mit einbezogen. Denn zur Demonstration einer neuen Idee sind oft nur einfache billige Modelle erforderlich. Die Entwicklung der Erfindung zum marktreifen Produkt stellt hinsichtlich Kosten und Finanzierung das Hauptproblem dar. Die Calico Printers'Association of England entwickelte beispielsweise mit geringem Forschungsaufwand die Idee für die Kunstfaser Dracon, sah sich aber außerstande, den langen und kostspieligen Weg bis zur Entwicklung zur Marktreife zu gehen. Sie verkaufte deshalb die Lizenzrechte an ICI und Du Pont. Ebenso wurden erhebliche Fortschritte bei der Entwicklung des Dieselmotors erst erreicht, nachdem General Motors die Erfindung von zwei kleineren Unternehmen erwarb und weiterentwickelte. Erfindung und Entwicklung sind komplementäre Prozesse. Die Galbraith-Lilienthal-Hypothese gewinnt einen höheren Plausibilitätsgrad, wenn beide Prozesse zusammen gesehen werden. Das ist jedoch unzweckmäßig, da die Quellen der Erfindungen häufig außerhalb der innovativen Unternehmen liegen und so vom analytischen Standpunkt beide Prozesse, Invention und Entwicklung besser getrennt untersucht werden sollten.

Die Inputs, die zu einer Invention führen (Kosten von Laborausrüstungen und Versuchsreihen, aber auch Ausbildungskosten des wissenschaftlichen und technischen Personals), müßten einer einzelnen Invention zurechenbar sein. Nur so bekommen Hypothesen über die Kosten einer Invention oder über die inventive Effizienz der industriellen Forschung und Entwicklung einen Sinn. Offenbar herrscht eine bestimmte Vorstellung vom Inventionsprozeß vor: Inventionen sind durch systematische organisierte Forschung, insbesondere durch Grundlagen- und angewandte Forschung "machbar". Trotz der Ungewißheit und Zufälligkeit inventiver Aktivitäten besteht auf lange Sicht eine kalulierbare Input-Output-Relation, die bei G a l- b r a i t h eine wachsende Funktion der Zeit darstellt.

Die zweite Hypothese geht davon aus, daß die inventive Produktivität von Forschung und Entwicklung mit steigenden F & E-Inputs wächst. Abgesehen von Zurechnungs-, Mess- und Bewertungsproblemen, welche die empirische Überprüfung praktisch in Frage stellen, läßt sich hier a priori das Gegenteil behaupten, etwa mit dem Hinweis auf die größere Inflexibilität institutionalisierter Forschung, die Gefahr der Verbürokratisierung und Überorganisation, durch die wertvolle F & E-Kapazitäten absorbiert werden, die mangelnde Attraktivität organisierter Teamforschung für individuelle Erfinder usw.

J.M. B l a i r (1972, S. 228 ff., 71) versucht, eine (fast erschöpfende) Darstellung der kreativen Rückständigkeit der Großunternehmen zu geben. Er nennt eine Reihe von Gründen:

- Das Bestreben, die Investitionen in eine ältere Technologie zu schützen bzw. zu amortisieren,
- die Gleichgültigkeit gegenüber technologischen Neuerungen, die sich besonders in oligopolistischen Industrien bemerkbar macht,
- die Unterschätzung der Nachfrage nach Neuerungen, oft verbunden mit der Vorstellung, daß die Käufer mit den angebotenen Produkten zufrieden sind,
- die Vernachlässigung des unabhängigen Erfinders,
- die Fehlallokation der Forschung und Entwicklung, bedingt durch den hohen Ungewißheitsgrad,
- die Inkompatibilität zwischen organisierter Forschung in Großlaboratorien und individueller Kreativität.

Das dritte wettbewerbstheoretische Argument verknüpft Größenvorteile und -ersparnisse mit dem zusätzlichen stimulierenden Effekt einer bestimmten wettbewerblichen Verhaltensweise, die in der Marktform des Oligopols besonderst wahrscheinlich sein soll. Diese Auffassung ist im wettbewerbstheoretischen

Teil (1.1., 1.2. und 1.4.) bereits unter dem Gesichtspunkt der Stringenz kritisiert worden. Auf weitere Argumente hierzu wird noch im nächsten Abschnitt (2.3.) eingegangen.

Emprische Analysen beschreiten zwei Wege: (1) Fallstudien versuchen nachzuweisen, daß die Galbraith-Lilienthal-Hypothese empirisch nicht belegt werden kann, sofern man die Quellen von Basiserfindungen untersucht. (2) Globale Regressionsanalysen versuchen eine Beziehung herzustellen zwischen dem inventiven Output - gemessen beispielsweise an der Anzahl der Patente - und dem F & E-Input in Abhängigkeit von der Unternehmensgröße und Unternehmenskonzentration.

2.2.1. Fallstudien zu den Quellen der Erfindungen

D. Hamberg (1963, S. 96, 229) weist auf eine Studie von W.M. Grosvenor (1929) hin, der 72 wichtige Erfindungen, die seit 1889 gemacht wurden, analysierte. Davon entstammten nur 12 (17 %) den Forschungslaboratorien der großen Industriefirmen. Allerdings war im betreffenden Zeitraum die industrielle F & E-Aktivität noch ziemlich unbedeutend.

J. Jewkes, D. Sawers und R. Stillerman (1969, 282) untersuchten Herkunft und Reifungsprozeß von 62 bedeutenden Erfindungen des 2o. Jahrhunderts. Diese Studie wird häufig zitiert. Hamberg (1963, S. 96 f.,229) führt sie zur Bestätigung der Hypothese an, daß die Großlaboratorien der Industrie bis auf wenige Ausnahmen die weniger bedeutende Quelle für wegweisende und kommerziell oder militärisch bedeutsame Basiserfindungen sind. Immerhin stammen nur 12 Erfindungen (2o %) aus den Laboratorien der Großunternehmen, darunter Nylon, Transistor und Freon-Kühlmittel.

P. Oberender (1973, S. 128, 467)hat die 62 bedeutenden Erfindungen nach Erfindungsträgern und Erfindungszeitpunkt aufgeschlüsselt. Er kommt zu einem anderen, etwas differenziertere Resultat (Tabelle) 1C).

Tab. 1o: Wichtige Erfindungen, gegliedert nach Erfindungszeitpunkt und Einzelerfindern bzw. Großunternehmen als Erfinder

Zeitraum	Anzahl	Einzelerfinder	Großunternehmen
vor 19oo	16	1o (62 %)	4 (25 %)
19oo - 1914	16	7 (48 %)	4 (25 %)
1914 - 1935	15	11 (73 %)	4 (27 %)
1939 - 1959	15	5 (33 %)	6 (4o %)

Quelle: P. O b e r e n d e r, 1973, S. 128, 467 .

Vor dem ersten Weltkrieg dominieren die Einzelerfinder recht deutlich. In der Zeit zwischen den beiden Weltkriegen wächst ihr Anteil auf fast drei Viertel der gesamten Erfindungen an, während die Großunternehmen etwa konstant zu einem Viertel der gesamten Inventionen beitragen. Erst nach 1939 verschiebt sich diese Relation zugunsten der Großunternehmen. Ihr Anteil an den Inventionen steigt auf 4o %, während gleichzeitig der Anteil der Einzelerfinder auf 33 % sinkt.

H a m b e r g s Analyse von 27 Basiserfindungen im Zeitraum 1946 - 1955 weist nur sieben Inventionen den Großunternehmen zu. Der Rest entfällt auf unabhängige Erfinder, kleine Firmen, einen Agrarwissenschaftler und drei Universitäten. H a m b e r g s Studie erfaßt u.a. solche Erfindungen wie Farbfernsehen, Eniac, Neomycin, Cinema Scope, Stereophonie, elektronisch gesteuerte Herz-Lungen-Maschine, Vitamin B 12 usw.

Neben diesen globalen Untersuchungen gibt es Studien auf sektoraler Basis. Die Quellen der in der Aluminiumindustrie im Zeitraum 1946 - 1957 gemachten Inventionen hat M.J. P e c k (1962, S. 279 - 298, 483) ermittelt. Fünf Kategorien von Prozeß- und Produktinventionen wurden geprüft, wobei keine strenge Trennung zwischen Invention und Innovation vorgenommen wurde. Das Ergebnis dieser Untersuchung gibt Aufschluß über die Zahl und Qualität der von den großen aluminiumerzeugenden Unternehmen hervorgebrachten Inventionen. Von 149 Erfindungen im Bereich der Aluminiumschweiß- und -verarbeitungstechnik sowie der Aluminiumveredelung entfallen nur 17 auf die F & E-Aktivität der aluminiumerzeugenden Großunternehmen. Im Vergleich hierzu tragen die zahlreichen und relativ kleinen Unternehmen, die vorwiegend Maschinen und Ausrüstungsgegenstände zur Aluminiumerzeugung und -verarbeitung herstellen, 75 Inventionen bei. Hingegen dominieren die Aluminiumproduzenten bei Erfindungen von Aluminiumlegierungen und neuen Produktanwendungen. 3o von 39 neuen Legierungen wurden in ihren Laboratorien erfunden. Im Bereich der Produktanwendung konkurrieren die Aluminiumproduzenten mit den Endprodukterzeugern, welche die zweite Hauptquelle für Erfindungen dieser Art bilden.

Interessant sind die Schlußfolgerungen, die aus P e c k s Studie gezogen werden. D. H a m b e r g (1963, S. 97 - 98, 229), P. O b e r e n d e r (1973, S. 13o, 467i) und A. R e u t e r (1966, S. 64,511,) stellen fest, daß die großen Aluminiumhersteller nur für wenige bedeutende Inventionen verantwortlich sind. Eine von sieben "wichtigen" Erfindungen geht auf die großen Aluminiumproduzenten zurück und diese wurde in Zusammenarbeit mit einer anderen Firma entwickelt.

P e c k selbst will zeigen, daß die verschiedenen Arten von Inventionen gerade von derjenigen Unternehmensgruppe gemacht werden, die mit der größten Wahrscheinlichkeit davon profitiert. Die großen Aluminiumproduzenten sind besonders erfolgreich in dem Bemühen, ihre inventiven Aktivitäten auf Bereiche zu verlagern, die schnelle und relativ sichere Gewinne garantieren.

Einzelerfinder spielen in P e c k s Studie im übrigen nur eine geringe Rolle. Nur eine Erfindung stammt von einem individuellen Erfinder. P e c k glaubt ferner feststellen zu können, daß die inventive Aktivität anstieg, nachdem die Monopolstellung von Alcoa durch die Errichtung von zwei neuen Aluminiumproduzenten (Kaiser, Reynolds) im Jahre 1945 gebrochen wurde.

Für die Stahlindustrie findet H a m b e r g folgende Ergebnisse. Von 13 wichtigen Inventionen im Zeitraum 194o - 1955 geht keine einzige auf die F & E-Aktivität der großen amerikanischen Unternehmen zurück. Vier Erfindungen kommen aus europäischen Unternehmen unterschiedlicher Größe und sieben stammen von unabhängigen Erfindern.

J.L. E n o s (1962, 299 - 321,156) stellt fest, daß sieben bedeutsame Basiserfindungen der Erdölraffination fast allein von unabhängigen Erfindern gemacht wurden, die zwar mit Unternehmen der Erdölindustrie in Verbindung standen, aber nicht mit den großen Firmen. Die großen Unternehmen haben lediglich einige Verfahren verbessert. Die Studie bezieht sich auf einen Zeitraum von nahezu 45 Jahren (1913 - 1958).

Aufschlußreich ist auch die Fallstudie von W. M u e l l e r (1962, S. 323 - 346, 441). M u e l l e r untersucht die Quellen von 25 bedeutenden Produkt- und Prozeßinnovationen, welche die Firma Du Pont in den Jahren 192o - 195o durchführte und die zu 45 % der Umsätze von Du Pont im Jahr 1948 beitrugen. Er findet heraus, daß 1o der 25 Innovationen auf Erfindungen von Du Pont zurückgingen. Unterscheidet man zwischen der Einführung neuer Produkte und Produkt- und Prozeßverbesserungen, so zeigt sich, daß von 18 neu eingeführten Produkten nur fünf von den Wissenschaftlern Du Ponts erfunden wurden. Ein sechstes Produkt wurde gemeinsam mit anderen Firmen entdeckt. Im Bereich der bedeutenden Produkt- und Prozeßverbesserungen ist hingegen der Beitrag der Du Pont-Laboratorien bemerkenswert hoch. Von sieben Verbesserungen war Du Pont für fünf verantwortlich.

Offenbar war Du Pont im Bereich der Weiterentwicklung und Verbesserung bestehender Produkte und Produktionsverfahren erfolgreicher. Das kann Ausdruck einer bestimmten F & E-Politik sein, die sich auf die weniger risikoreichen "improvements" vorhandener Produkte und Produktionsverfahren beschränkt. Diese Interpretation übersieht jedoch, daß in einer Reihe sehr aufwendiger Entwicklungsprogramme wichtige Inventionen zur Marktreife entwickelt wurden, die von den ursprünglichen Erfindern wegen der hohen Entwicklungskosten an Du Pont verkauft wurden (z.B. Dracon). Die bedeutsamste Beobachtung in M u e l l e r s Studie ist darin zu sehen, daß die wichtigsten Erfindungen von Du Pont (Nylon, Orlon, Neopren) in eine Zeit fallen, als Du Pont noch eine relativ kleine Unternehmung war und die F & E-Aufwendungen nur etwa 1/16 des F & E-Budgets des Jahres 1958 betrugen. Ein unmittelbarer Zusammenhang zwischen den F & E-Ausgaben und der Zahl bedeutender Inventionen scheint also nicht zu bestehen. Dieses Ergebnis ist insofern bemerkenswert, als Du Pont oft als führende und erfolgreichste Unternehmung der chemischen Industrie hinsichtlich der Grundlagenforschung und angewandten Forschung bezeichnet wird, und die chemische Industrie die einzige Industrie in den USA zu sein scheint, bei der die absoluten und relativen F & E-Ausgaben mit der Unternehmensgröße hinreichend stringent korreliert sind.

J. B l a i r (Hearings, 1965, Bd. 3, S. 1118 - 1134, 457) kommt in Fallstudien über die Stahl- und Automobilindustrie, die industrielle Broterzeugung und die Arzneimittelindustrie zu dem Ergebnis, daß die größten Unternehmen kaum etwas zu wichtigen Inventionen beitragen. Die größten Stahlproduzenten sind beispielsweise an keiner der bedeutenden Erfindungen im Bereich der Stahlerzeugung beteiligt. In der Brotindustrie sind es vor allem die kleineren Unternehmen, die - manchmal mit Hilfe der Maschinenproduzenten - für die wesentlichen Inventionen und Innovationen verantwortlich sind. Die Bedeutung der Großunternehmen in der Arzneimittelindustrie liegt vor allem im Bereich der Weiterentwicklung. Oft werden jedoch nur Variationen bereits existierender Arzneimittel auf den Markt gebracht, die in manchen Fällen keine therapeutischen Vorteile bringen. Die Bedeutung der F & E-Aktivität der Großunternehmen liegt also im Bereich der "marktentscheidenden" Weiterentwicklung, nicht im Inventionsprozeß.

Ein naheliegender Einwand gegen die Fallstudien besteht darin, daß man nicht über ein objektives und konsistentes Kriterium zur Beurteilung der ökonomischen Bedeutung der betrachteten Inventionen verfügt. Die relative ökonomische Bedeutung neuer Produkte hängt bekanntlich von ihrer Stellung im sozialen Präferenzsystem ab, womit alle Probleme der Bestimmung sozialer Wohlfahrtsfunktionen angesprochen sind. Natürlich lassen sich bestimmte Hilfskriterien finden, etwa bei Prozeßinventionen die Nettokostenersparnis, aber letzten Endes bleibt die Auswahl der "bedeutenden" Inventionen dem subjektiven Urteil der Autoren dieser Studien vorbehalten.

Immerhin zieht D. H a m b e r g (1963, S. 99, 229) aus den Studien von J e w k e s u.a., P e c k, M u e l l e r, E n o s und seinen eigenen Analysen den Schluß, daß - gleichgültig, welches Kriterium zur Bewertung einer Invention verwendet wird - immer noch weniger als 3o % der "bedeutenden" Inventionen aus den Forschungslaboratorien großer Unternehmen stammen. Hinzu kommt, daß bisher keine Studie existiert, die das Gegenteil beweist.

Allerdings gestatten die Fallstudien streng genommen keine empirisch gesicherten und repräsentativen Aussagen. Hierzu müßten die Studien auf Zufallsstichproben im statistischen Sinne basieren. Das ist in keiner dieser Studien der Fall, worauf H a m b e r g in einer Fußnote hinweist. Der Grund sei darin zu suchen, daß die einzige Quelle für Zufallsstichproben die Patentstatistiken bilden, die aus bekannten Gründen (vergl. 2.2.2.) für die Analyse bedeutender Inventionen ungeeignet sind.

Die Patentstatistik für die USA liefert jedoch ein ähnliches, für die industrielle F & E-Aktivität relativ ungünstiges Bild bezüglich ihrer relativen Bedeutung für den Inventionsprozeß. Die Zahl der an unabhängige Erfinder vergebenen Patente hat zwar im Vergleich zum Unternehmenssektor stetig abgenommen, sie ist jedoch angesichts der hohen industriellen F & E-Aufwendungen auch in neuerer Zeit noch erstaunlich groß. Aus Tabelle 11 geht hervor, daß sich die im Zeitraum 1941 - 1957 angemeldeten Patente durchschnittlich etwa im Verhältnis 4 : 6 auf Einzelerfinder und Industrie verteilen.

Tab. 11: Zahl der an Unternehmen und Einzelerfinder gewährten Patente in den USA für einige ausgewählte Jahre des Zeitraums 19o1 - 1957

Jahr	Zahl der Patente an Unternehmen absolut	in Prozent+	an Einzelerfinder absolut	in Prozent+
19o1	4.65o	18,2	2o.896	81,8
1911	8.1oo	24,7	24.756	75,3
1921	1o.7oo	28,3	27.o98	71,7
1926	16.1oo	36,o	28.633	64,o
1931	25.11o	48,5	26.618	51,4
1936	23.11o	58,1	16.639	41,8
1941	24.744	6o,2	16.322	39,7
1944	17.414	62,2	9.636	34,3
1948	13.752	57,4	9.812	49,7
1951	24.468	55,2	19.192	42,8
1954	2o.62o	61,o	12.531	37,o
1957	26.627	62,3	15.154	35,5

+ = die Prozentzahlen ergänzen sich nicht zu Hundert, da die Patente des US. Government nicht berücksichtigt werden.

Quelle: B. S a n d e r s, 1962, S. 62, 537 .

Eine zusammenfassende und eindeutige Interpretation des empirischen Materials - insbesondere der Fallstudien - ist jedoch problematisch. Die Großunternehmen werden völlig undifferenziert dem Rest der möglichen Quellen von Inventionen gegenübergestellt, also den unabhängigen Erfindern, den kleinen Unternehmen, den Universitäten, den staatlichen Forschungslaboratorien, den spezialisierten F & E-Unternehmen und den ausländischen Quellen zusammengenommen. Daß die Großunternehmen im Vergleich zu deren inventiven Aktivitäten schlecht aussehen, mag nicht verwundern, auch wenn man ihre hohen F & E-Aufwendungen in Betracht zieht. Um zu einem validen Urteil zu gelangen, wäre es erforderlich, den F & E-Input der Großunternehmen in Relation zu den Inputs der anderen F & E-betreibenden Institutionen und Individuen zu ermitteln. Aber auch ein solcher Vergleich scheitert, da beispielsweise nicht bestimmt werden kann, woher die Einzelerfinder ihre Ausbildung, ihre Erfahrung und ihr Wissen bezogen haben. Den F & E-Laboratorien der Großunternehmen kann hier die gleiche Aufgabe zukommen wie den Forschungsstätten der Universitäten und staatlichen Stellen.

2.2.2. Zur Frage der Economies of Scale in Forschung und Entwicklung

Die Frage, ob Größenersparnisse bei der Durchführung von Forschung und Entwicklung existieren, wird wie folgt zu beantworten versucht: Man stellt den inventiven Ertrag einzelner Unternehmensgrößenklassen ihren F & E-Aufwendungen gegenüber. Dieser Ansatzpunkt impliziert - wenn die Beweisführung schlüssig sein soll - entweder, daß Erfindungen auf allen Stufen des Forschungs- und Entwicklungsprozesses gleichermaßen anfallen oder, daß die für Forschung und Entwicklung eingesetzten Inputs - unabhängig von der Unternehmensgröße - im gleichen Verhältnis für inventive und innovative Aktivitäten verwendet werden. Es leuchtet nach den Befunden des vorangegangenen Abschnitts ein, daß hier als Outputgröße nicht die Anzahl der Basiserfindungen in Frage kommt. Denn bei dieser Outputgröße würden alle Ressourcen, die für die Weiterentwicklung einer Erfindung aufgebracht werden müssen, zu einer erheblichen Unterschätzung der Effizienz in Forschung und Entwicklung führen, und das fällt dann ergebnisverzerrend ins Gewicht, wenn Großunternehmen hauptsächlich in der Entwicklungsphase tätig werden.

Ein häufig verwendeter Indikator für die Erträge der Forschung und Entwicklung ist die Anzahl der pro Beobachtungsperiode erzielten Patente. Dieser Indikator stellt jedoch aus mehreren Gründen ein unvollkommenes und rohes Maß für den Output der F & E-Aktivität dar. So wird in der Literatur herausgestellt (vergl. S. K u z n e t s, 1962, S. 10 - 51, 341) und B.S. S a n d e r s (1962, S. 53 - 90, 537), daß

(1) die technologische und ökonomische Bedeutung von Patenten sehr unterschiedlich sei (selbst bei durchschnittlicher Rechnung kann der Wert der Patente in verschiedenen Zeiten unterschiedlich hoch sein), so daß die Vergleichbarkeit der Beiträge einzelner Unternehmen nicht gewährleistet sei,

(2) viele Erfindungen und neues technologisches Wissen - insbesondere Erträge der Grundlagenforschung - nicht patentierfähig seien,

(3) zum Zwecke der Geheimhaltung Erfindungen nicht patentiert würden,

(4) die Nutzungsrate der patentierten Erfindungen unterschiedlich hoch sein könne, so daß die Anzahl der Patente keine Aussage über die Innovationsaktivität gestatte , die ja den größten Teil der F & E-Aktivitäten absorbiert.

J. S c h m o o k l e r (Hearings, Bd. 3, S. 1257, 457) ermittelte für drei Unternehmensgrößenklassen die im Jahre 1953 zur Erlangung eines (schwebenden) Patents aufgewendeten F & E-Ausgaben. Das Ergebnis zeigt Tabelle 12. Mit Ausnahme der chemischen Industrie mußten die Unternehmen mit mehr als 5 000 Beschäftigten erheblich mehr pro Patent aufwenden als die Unternehmen der kleineren Größenklassen. Der für ein Patent verausgabte Betrag war bei den Großunternehmen durchschnittlich doppelt so hoch.

Tab. 12: F & E-Ausgaben pro schwebendes Patent für drei Unternehmensgrößenklassen, 1953, USA

Industrie	Unternehmensgröße			Ind.-Durchschnitt
	Beschäftigte			
	1000 und weniger	1000 - 4999	5000 und mehr	
Maschinen	8,5	14,2	24,2	15,6
Chemie	11,2	24,4	23,6	19,7
Elektrotechnik	15,7	12,6	25,6	18,0
Petroleum	10,0	8,4	15,6	11,3
Instrumente	15,8	14,4	37,5	22,6
Alle restlichen Industr.	15,4	7,1	27,8	16,8
Ungewogener Durchnitt	12,8	13,4	25,6	

Quelle: J. Schmookler, Hearings, Bd. 3, S. 1258, 457 .

Der hohe Anteil der Großunternehmen an den privat und öffentlich finanzierten F & E-Ausgaben erscheint so in einem anderen (weniger günstigen) Licht. Allerdings läßt sich nicht von vornherein aus diesem Befund auf eine niedrigere Produktivität der Forschung und Entwicklung in Großunternehmen schließen. Drei andere Interpretationsmöglichkeiten bieten sich an (J. Schmookler, Hearings, S. 1258, 2814):

(1) Die Patentneigung der Großunternehmen kann geringer sein,

(2) Großunternehmen produzieren qualitativ bessere und kostspieligere Inventionen,

(3) die Zahl der Patente reflektiert nicht allein den Output der in Forschung und Entwicklung Beschäftigten. Die relativen Beiträge der in der laufenden Produktion oder im Verkauf Beschäftigten Ingenieure und Techniker sowie der nur teilweise mit F & E-Aufgaben Beschäftigten können mit sinkender Unternehmensgröße ansteigen.

Wenn Großunternehmen weniger Erfindungen patentieren lassen als kleine und mittlere Unternehmen, entfällt das Argument, daß die Patentpolitik von den Großunternehmen als Aktionsparameter zur Ausschaltung der Konkurrenten eingesetzt wird. S c h m o o k l e r weist darauf hin, daß die meisten Großunternehmen nahezu alles, was patentierbar ist und ökonomisch verwertbar erscheint, auch patentieren lassen. Das geht aus entsprechenden Studien der National Science Foundation hervor. Eine unterschiedliche Patentneigung dürfte ohnehin nicht ausreichen, die großen Unterschiede in den pro Patent verausgabten Beträgen zu erklären.

Der zweite Punkt beinhaltet zwei Argumente. Erstens könnten die Erfindungen der Großunternehmen kostspieliger sein, da eine vergleichsweise größere Zahl sehr komplexer technologischer Systeme entwickelt wird. Doch selbst wenn dies zuträfe, kann daraus nicht geschlossen werden, daß auch vergleichsweise weniger Patente anfallen. Komplexe "Systeminventionen" zerfallen meist in eine Vielzahl elementarer Teile, die alle gesondert patentiert werden. Oft wird ein ausreichender Schutz der Invention gegen Nachahmung erst durch gesonderte Patentierung einzelner Elemente, sofern sie patentierbar sind, erreicht. F.M. S c h e r e r (1965, S. 111o , 545) nennt als Beispiel für solche "Systeminventionen" die Entwicklung des amerikanischen Farbfernsehens. RCA konnte hier im Bereich der Sende- und Empfangstechnik über 1 ooo Patente erlangen. Zweitens könnten die von den Großunternehmen hervorgebrachten Inventionen im Durchschnitt qualitativ besser sein, also im besonderen bessere ökonomische Verwertungsmöglichkeiten bieten. Zwei voneinander unabhängige Studien deuten eher das Gegenteil an (vergl. J. S c h m o o k l e r, Hearings, S. 1259, 457).

Eine Studie der Patent Foundation of George Washington University ergibt, daß Großunternehmen nur 51 % ihrer Patente kommerziell verwerten im Vergleich zu einer Nutzungsrate von 71 % der kleineren Unternehmen. Unabhängige Erfinder, von denen man annehmen kann, daß sie die größten Schwierigkeiten zu überwinden haben, bis ihre Erfindungen weiterentwickelt und ökonomisch verwertet werden können, erreichen eine Nutzungsrate von 49 %, also fast den gleichen Wert wie die Großunternehmen. Dieser Tatbestand spricht gegen die Annahme, daß die Großunternehmen Inventionen von größerer ökonomischer Bedeutung produzieren. Die Studie umfaßt eine Zufallsstichprobe der patentierten Inventionen der Jahre 1938, 1948 und 1952. Die genannten Ergebnisse sind statistisch signifikant. Allerdings hat die Bildung von nur zwei Klassen (Großunternehmen mit mehr als 1oo Patenten oder mehr als 1oo Mill. Dollar Gesamtvermögen im Vergleich zu den restlichen Unternehmen) einen relativ beschränkten Aussagewert.

Die zweite Studie hierzu wurde von der Harvard Business School vorgenommen. Die Ergebnisse sind hier weniger eindeutig. Unternehmen mit einem Jahresumsatz von mehr als 5oo Mill. Dollar verwerten 51 % ihrer Patente, Unternehmen mit einem geringeren Umsatzvolumen hingegen 56 %.

Über den relativen Beitrag der in Forschung und Entwicklung Beschäftigten zum inventiven Output gibt eine Studie von S c h m o o k l e r Auskunft, in welcher die Quellen der patentierten Inventionen des Jahres 1953 ermittelt werden. Hiernach gehen 4o % der gesamten Inventionen auf F & E-Beschäftigte zurück, 2o % auf Führungskräfte, Ingenieure und Wissenschaftler, die in anderen betrieblichen Aufgabenbereichen beschäftigt sind und weitere 4o % auf unabhängige Erfinder. Fast alle Inventionen, die von den nicht in Forschung und Entwicklung Beschäftigten gemacht werden, kommen aus kleineren und mittleren Unternehmen. Das heißt, kreative Persönlichkeiten haben, wenn sie nicht speziell mit F & E-Aktivitäten beschäftigt sind, in kleineren und mittleren Unternehmen größere Chancen, neue Ideen zu entwickeln und ihre Neuerungsvorschläge durchzusetzen als in Großunternehmen. S c h m o o k l e r macht hierfür eine Reihe von Gründen verantwortlich: Die mit steigender Unternehmensgröße immer geringer werdende Überschaubarkeit des Produktionsprozesses, die wachsende Einengung und Spezialisierung des Arbeitsbereiches verbunden mit zunehmenden Kommunikations-, Koordinations- und Kontrollproblemen, und die mit steigender Bedeutung der F & E-Abteilungen zunehmende Ignoranz gegenüber Neuerungsvorschlägen, die aus anderen betrieblichen Teilbereichen kommen. A. Cooper (Hearings, S. 1296 f., 457) fügt zwei weitere Punkte hinzu: Aus Interviews mit Leitern der F & E-Abteilungen geht hervor, daß die durchschnittlichen Fähigkeiten des technischen und wissenschaftlichen Personals in kleineren Unternehmen größer sind und ein ausgeprägteres Kostenbewußtsein vorherrscht.

Ein weiterer Grund für eine nur scheinbar niedrigere Produktivität der F & E-Laboratorien in Großunternehmen könnte darin liegen, daß vor allem nicht patentierbares wissenschaftliches und technisches Wissen produziert wird. Das ist sicher im Bereich der Grundlagenforschung der Fall. Doch nimmt die Grundlagenforschung durchschnittlich nur etwa 4 % der gesamten F & E-Aktivität in Anspruch, so daß auch dieses Argument nicht zur Erklärung der hohen F & E-Ausgaben pro Patent ausreicht.

Zwei Studien von Scherer und Mansfield ergänzen und vertiefen die globale Analyse von Schmookler.

F.M. Scherer (Hearings, S. 1194 - 1195, 457 und 399, S. 11o4, 545) ermittelt für eine Stichprobe von 352 und 448 der 5oo größten Unternehmen die Anteile an den Umsätzen und der F & E-Beschäftigung des Jahres 1955 sowie die Anteile an den patentierten Erfindungen des Jahres 1959. Diese Stichprobe deckt in etwa die Klasse der Großunternehmen mit mehr als 5 ooo Beschäftigten ab. Der time-lag von vier Jahren zwischen dem F & E-Input und dem inventiven Output wird gewählt, weil diese Zeit im Durchschnitt zur Patentvergabe von den öffentlichen Stellen benötigt wird.

Es zeigt sich, daß beispielsweise die 3o größten Unternehmen 49 % aller Umsätze auf sich vereinigen, 45 % der F & E-Beschäftigten und nur 43 % der Patente. Die Umsätze sind innerhalb der Klasse der größten amerikanischen Industrieunternehmen stärker auf die größeren Unternehmen konzentriert als die F & E-Beschäftigten und die Zahl der Patente. Diese Relation besteht für nahezu alle Größenrangklassen. Ebenso aufschlußreich ist, daß die 448 Unternehmen zusammengenommen ungefähr 57 % aller Industrieumsätze auf sich vereinigen und ungefähr 56 % aller Patente, während ihr Anteil an den gesamten F & E-Aufwendungen erheblich darüber liegt (vergl. S. 78).

S c h e r e r ergänzt diese empirischen Befunde durch eine nichtlineare Regressionsanalyse (1965, S. 11o5 ff., 545). Die Anzahl der Patente wird in dieser Studie als Funktion der Erlöse mit quadratischen und kubischen Gliedern angenommen. Eine globale Schätzung - ohne Berücksichtigung von interindustriellen Differenzen - ergibt, daß der patentierte inventive Ertrag unterproportional mit den Erlösen ansteigt. Die Berücksichtigung von interindustriellen Differenzen erbringt keine wesentlich anderen Ergebnisse. S c h e r e r bildet vier Wirtschaftsgruppen (Elektro, Chemie, mäßig fortschrittliche Gruppen, nicht fortschrittliche Gruppen). In den fortschrittlichen Industriegruppen (Elektro, Chemie) scheint der inventive Output zunächst überproportional anzuwachsen bis zu einem Umsatzvolumen von etwa 5oo Mill. Dollar, dann jedoch unterproportional. Diese Ergebnisse sind jedoch durchweg nicht statistisch signifikant. Die empirischen Befunde entsprechen in etwa denen aus S c h e r e r s bereits zitierter Studie. In völlig analogen Regressionsgleichungen wird dort anstelle der Patente die F & E-Beschäftigung als abhängige Variable gewählt (vergl. S.95) Da zwischen der Zahl der Patente und der F & E-Beschäftigung ein nahezu linearer Zusammenhang besteht, wie S c h e r e r und C o m a n o r (1969, S. 392, 399) nachweisen, ist dies nicht allzu erstaunlich. Offenbar wird das gleiche "Phänomen" gemessen. Andererseits zeigt dies auch, daß der Ansatz von S c h e r e r im Grunde wenig zweckmäßig in bezug auf die Problemstellung gewählt wurde. Die Zahl der Patente pro F & E-Input hätte in Beziehung zur Unternehmensgröße gesetzt werden müssen.

S c h e r e r versucht auch explizit den Einfluß der Unternehmenskonzentration auf den inventiven Output zu messen. Aus den von der FTC berechneten und publizierten "concentration ratios" für eine große Zahl amerikanischer Branchen wird eine Stichprobe von 48 Branchen nach einer Reihe von Auswahlkriterien bestimmt. Es wird u.a. darauf geachtet, daß

(1) sich die "concentration ratios" auf ökonomisch sinnvoll definierte Märkte beziehen,

(2) mindestens 75 % der Industrieumsätze den ursprünglichen Produktionsbereich erfassen,

(3) der Technologiebereich für Erfindungen gute Chancen bietet und eine Zuordnung der Patente relativ eindeutig möglich ist,

(4) ein möglichst breit gestreutes Kollektiv von Technologien, Konzentrationsgraden und Unternehmensgrößen in die Stichprobe eingeht.

Das Datenmaterial umfaßt schließlich 152 führende Unternehmen und 2 2o2 Patente. Umsatzzahlen und Konzentrationsgrade (Marktanteil der vier größten Unternehmen) beziehen sich auf das Basisjahr 195o. Die Patente entfallen auf das Jahr 1954.

Die Zahl der Patente wird in Beziehung gesetzt zur " concentration ratio". Es zeigt sich ein positiver, aber statistisch nicht signifikanter Zusammenhang. Werden Größenvorteile (gemessen am Umsatzvolumen der vier größten Unternehmen) und der Technologiebereich als zusätzliche Einflußfaktoren berücksichtigt, so verbleibt ein vernachlässigbar kleiner, nicht signifikanter "Nettoeffekt": Wenn der Marktanteil der vier größten Unternehmen mit einem Verkaufsvolumen von 1oo Mill. Dollar von 15 % auf 9o % gestiegen wäre, so hätte das - hypothetisch anhand der Regressionsgleichung berechnet - einen Zuwachs von lediglich einem Patent erbracht.

Bei einem Verkaufsvolumen von 1 Mrd. Dollar hätte derselbe Marktanteilszuwachs (aufgrund der komparativen Größenvorteile) zu fünf zusätzlichen Patenten geführt. Diese Rechnung ist jedoch rein spekulativ, da die Schätzungen der Parameter in der zugrunde liegenden Regressionsgleichung nicht statistisch gesichert sind. Streng genommen ist überhaupt kein Einfluß in positiver oder in negativer Richtung nachweisbar.

Im übrigen wird unterstellt, daß economies of scale positiv mit dem Umsatzvolumen der vier größten Unternehmen korreliert sind. Im Hinblick auf die Frage, ob mögliche economies of scale in Forschung und Entwicklung positiv (oder negativ) durch die Unternehmensgröße und Unternehmenskonzentration beeinflußt werden, wäre es methodisch exakter, das Verhältnis zwischen F & E-Input und inventivem Output in Beziehung zur Unternehmenskonzentration zu setzen.

E. Mansfields Studie (1964, S. 334 - 340, 396) vermeidet diese Schwäche in Scherers Analyse und versucht zugleich die mit der Verwendung von Patentstatistiken als Indikator der inventiven Aktivität verbundenen Probleme zu umgehen. Mansfield setzt die anhand der ökonomischen Bedeutung gewogene Anzahl der Erfindungen in Beziehung zu den F & E-Ausgaben und zur Unternehmensgröße. Er geht von folgender Regressionsgleicheung aus:

$$N_i = R_i (a + bR_i + cS_i) + v_i ,$$

wobei:

N_i = gewogene Anzahl der Inventionen (oder Innovationen) der Unternehmung i,

R_i = F & E-Ausgaben (in Mill. Dollar),

S_i = Unternehmensgröße (Umsätze in Mill. Dollar),

v_i = Zufallsvariable.

Ein statistisch gesicherter positiver Wert des Koeffizienten b bedeutet, daß die durchschnittliche Produktivität der Forschung und Entwicklung mit steigenden F & E-Inputs wächst. Der Koeffizient c mißt den marginalen Effekt der Unternehmengröße auf die durchschnittliche Produktivität bei gegebener Größe des F & E-Programms.

Positive Werte von b und c sind zu erwarten, wenn economies of scale in Forschung und Entwicklung existieren und Größenersparnisse mit steigender Unternehmensgröße zunehmen. Ist b positiv, c jedoch negativ, so kann man dies so interpretieren, daß Größenersparnisse aufgrund größerer F & E-Abteilungen existieren, aber mit steigender Unternehmensgröße weniger wirksam werden.

Die Studie umfaßt bedeutende Inventionen (teilweise zugleich auch Innovationen), die von größeren Unternehmen mit bereits relativ großen F & E-Programmen aus drei Industriezweigen (Chemie, Petroleum, Stahl) während des Beobachtungszeitraums (194o - 1957; 1946 - 1956; 1946 - 1958) gemacht wurden. Die ökonomische Bedeutung der einzelnen Inventionen wird in dieser Studie aufgrund von Befragungen ermittelt und bei der Messung des inventiven Outputs durch entsprechende Gewichtung berücksichtigt, wobei sich eine gewisse Willkür bei diesem Verfahren nicht vermeiden läßt. Als Maß der F & E-Aktivität dient ein mittlerer Wert der F & E-Aufwendungen, die während des ersten Drittels bzw. der ersten Hälfte der Beobachtungsperiode verausgabt werden. Die Unternehmensgröße wird durch das Umsatzvolumen im ersten Jahr des Beobachtungszeitraums bestimmt.

Folgende spezifische Gleichungen werden von M a n s f i e l d errechnet:

Chemische Industrie (10 Unternehmen):

$$N_i = R_i \underset{(0,041)}{(2,38} + \underset{(0,075)}{0,404R_i} - \underset{(0,0055)}{0,0247S_i)} \quad (r = 0,99)$$

Petroleumindustrie (8 Unternehmen):

$$N_i = \underset{(0,027)}{0,508R_i} \quad (r = 0,99)$$

Stahlindustrie (11 Unternehmen):

$$N_i = R_i \underset{(0,27)}{(1,19} - \underset{(0,000212)}{0,000548S_i)} \quad (r = 0,87)$$

Diese Ergebnisse lassen sich wie folgt zusammenfassen:

(1) In zwei von drei Industrien (Stahl, Petroleum) können keine economies of scale hinsichtlich des Umfangs der F & E-Aktivitäten festgestellt werden. Da nur relativ große F & E-Programme (einige 100 000 Dollar und mehr) betrachtet werden, gilt diese Aussage nur für den Vergleich sehr großer mit größeren und mittleren F & E-Programmen. Die chemische Industrie bildet die Ausnahme. Der inventive Output wächst hier bei gegebener Unternehmensgröße mit steigenden F & E-Ausgaben überproportional an.

(2) In zwei von drei Industriezweigen (Chemie und Stahl) hat die Unternehmensgröße einen negativen Einfluß auf die durchschnittliche F & E-Produktivität. In der Petroleumindustrie besteht kein signifikanter Zusammenhang. Die für die chemische Industrie beobachteten Größenersparnisse der "largest-scale" Forschung und Entwicklung wirken sich um so weniger aus, je größer das betrachtete Unternehmen ist.

Es ist kritisch einzuwenden, daß die Studie von M a n s f i e l d auf sehr kleinen Stichproben basiert. Ferner werden nur relativ große Unternehmen erfaßt und nur drei Industriezweige betrachtet. Daher ist die Studie nicht repräsentativ; die Ergebnisse dürfen und können nicht verallgemeinert werden. Sie beschreiben einen speziellen ex post in einem bestimmten Zeitraum in den betreffenden Industrien beobachtbaren Zusammenhang. Auch die Messung des inventiven Outputs erfolgt nur grob und approximativ. Immerhin ist die Studie insofern im Ansatz richtig gewählt, als auf eine undifferenzierte Verwendung von Patentstatistiken verzichtet wird.

Allen Analysen gemeinsam ist die implizite Voraussetzung, daß eine Produktionsfunktion für Forschung und Entwicklung existiert und insbesondere der Einfluß der F & E-Inputs auf eine Outputgröße, die Zahl der Erfindungen, isolierbar ist. Ob die damit verbundene mechanistische Vorstellung vom Inventionsprozeß zutrifft, ist mehr als fraglich. Die Schwierigkeiten beginnen schon, wenn man sich überlegt, welche F & E-Aufwendungen als Inputgröße in Frage kommen. Beispielsweise ist nicht zu entscheiden, ob die F & E-Aufwendungen der laufenden Periode,der Vorperiode oder eine Summe aus laufender und vergangenen F & E-Aufwendungen gewählt werden sollen. Solange jedoch nur ein Vergleich unterschiedlich großer Unternehmen angestrebt wird und solange feststeht, daß die größeren Unternehmen in der Regel im Zeitverlauf mehr für Forschung und Entwicklung aufgewendet haben, mag ein Vergleich der inventiven Outputs trotzdem aufschlußreich sein. Daß das Bild dennoch verfälscht werden kann, zeigt folgendes Argument. Eine Vielzahl von qualifizierten Wissenschaftlern, Ingenieuren und Technikern wandert aus den F & E-Abteilungen der Großunternehmen ab, nachdem sie dort Erfahrungen und neue wissenschaftliche Erkenntnisse gesammelt haben, um eigene Unternehmen zu gründen, die dann trotz ihrer zu Beginn kleinen Größe eine hohe Zahl von Erfindungen und Neuerungen produzieren. Das heißt,den Großunternehmen kann - im gleichen Maße wie den universitären und staatlichen Forschungeinrichtungen - eine für die Ausbildung einer wissenschaftlich ausgebildeten Unternehmerschaft bedeutsame Funktionen zukommen vorausgesetzt, das in Großunternehmen beschäftigte wissenschaftliche Personal verfügt über eine hohe Mobilität und die Bereitschaft und Möglichkeit, unternehmerische Aufgaben und Risiken zu übernehmen (vergl. hierzu 2.4.2.).

2.3. Der Einfluß der Unternehmensgröße und Unternehmenskonzentration auf Innovation und Diffusion

2.3.1. Unternehmensgröße, Unternehmenskonzentration und Innovationsaktivität

Der Innovationsprozeß ist in stärkerem Maß durch materielle und ökonomisch kalkulierbare Faktoren bestimmt als der Inventionsprozeß. In die Innovationsphase fallen zurechenbare Entwicklungskosten und Risiken, die von der Unternehmensleitung gegen die erwarteten ökonomischen Vorteile der Innovation abgewogen werden müssen.

Die Argumente für die Überlegenheit der Großunternehmen und die Notwendigkeit der Unternehmenskonzentration hinsichtlich eines raschen ,fortschreitenden technologischen Wandels, wie sie von Schumpeter, Galbraith, Lilienthal, Villard und anderen in verschiedenen Modifikationen vorgebracht wurden, scheinen - solange man sie nicht genauer überprüft - den größten Plausibilitätsgrad hinsichtlich der Innovationsphase aufzuweisen. Ein Hypothesenkomplex betont die mit der Unternehmensgröße wachsenden komparativen Größenvorteile bei der Einführung von Neuerungen:

(1) Die Entwicklungskosten einer Erfindung zum marktreifen Produkt oder Produktionsverfahren sind für kleine und mittlere Unternehmen zu hoch.

(2) Es bestehen Vorteile hinsichtlich der Risikoverteilung, da oft mehrere Projekte gleichzeitig verfolgt werden, so daß sich Fehlschläge und Erfolge ausgleichen.

(3) Aufgrund der Möglichkeit der Parallelforschung können Fehlentwicklungen frühzeitig erkannt und die erfolgsversprechenden Alternativen ausgewählt werden. Dadurch werden Entwicklungsrisiko, -kosten und -zeit vermindert.

(4) Es bestehen Vorteile hinsichtlich der ökonomischen Nutzung von Innovationen. Je größer beispielsweise der Marktanteil eines Unternehmens, um so größer ist der absolute Gewinn, der durch eine kostensparende Innovation erzielt wird.

Gegen These (1) spricht die Beobachtung, daß die Mehrzahl der Innovationen zumindest nicht so kostspielig ist, daß für kleinere und mittlere Unternehmen kein Spielraum für innovative Aktivitäten bleibt. Die Entwicklung von hochkomplexen Systemen, die nur von Großunternehmen durchgeführt werden kann, wird vor allem für militärische Zwecke verfolgt. Innovationen im militärischen Bereich bringen für die Konsumgüterindustrie keinen unmittelbaren Nutzen (höchstens indirekt über entsprechende Technologietransfers) und zudem finanziert hier der Staat den gesamten Entwicklungsprozeß. Es ist außerdem nicht einzusehen, weshalb auch bei großen Projekten nicht durch entsprechende Aufspaltung in kleiner Teilprogramme auch kleinere hochspezialisierte Unternehmen an der Entwicklung beteiligt werden können.

Das Argument (2) leuchtet bei näherer Betrachtung ebenfalls nicht unmittelbar ein. Daß sich Erfolge und Mißerfolge im Schnitt ausgleichen, ist nur auf lange Sicht möglich. Haben alle F & E-Projekte eine Erfolgswahrscheinlichkeit von 5o %, so besagt das nicht, daß von zehn Forschungsprogrammen fünf zum Erfolg führen. Das ist nur durchschnittlich gesehen bei einer hinreichend großen Zahl voneinander unabhängiger "Versuche" der Fall. Es ist nicht sichergestellt, daß sich bei der gleichzeitigen Verfolgung mehrerer F&E-Projekte die Risiken gegenseitig kompensieren. Sicher hat das Großunternehmen gegenüber Kleinunternehmen komparative Vorteile. Ein kleineres Unternehmen kann an einem Fehlschlag zugrunde gehen, während das Großunternehmen mögliche technologische oder marktmäßige Mißerfolge noch verkraften kann. Fraglich ist nur, wie sehr diese komparativen Vorteile hinsichtlich der Innovationsaktivität ins Gewicht fallen.

Komparative Vorteile können durch eine niedrigere Risikoneigung des Managements in Großunternehmen mehr als ausgeglichen werden: Die Vorschläge zur Durchführung eines risikoreichen F & E-Programms müssen alle Stufen der Unternehmenshierarchie durchlaufen. Damit wächst die Wahrscheinlichkeit, daß besonders risikoreiche Projekte auf irgendeiner Stufe "hängenbleiben". Das Argument der Risikoverteilung ist im übrigen wenig stichhaltig, wenn relativ sichere Projekte verfolgt werden. Wie E. Mansfield und R. Brandenburg nachweisen, liegt in großen Unternehmen die Erfolgswahrscheinlichkeit von F & E-Programmen relativ hoch (44 %). Andererseits geht aus der Studie der OECD hervor, daß die Marktrisiken von Innovationen die Risiken ihrer technologischen Entwicklung überschreiten (vergl. S. 111). Um zu einem schlüssigen Urteil zu kommen, müßte ein Risikovergleich der von Unternehmen unterschiedlicher Größe durchgeführten Innovationen vorgenommen werden. Ex post ermittelte Fehlerhäufigkeiten bei der Durchführung von Innovationen spiegeln jedoch immer zwei Dinge wieder: Die Risikoneigung des Managements und die unterschiedlichen Fähigkeiten von Management und F & E-Abteilungen.

Das Argument (3) beruht auf folgender Hypothese: Zu Beginn eines Innovationsprojekts ist die Lernrate ziemlich hoch. Sie nimmt dann mit zunehmendem Input nach einer Art Gesetz der abnehmenden Grenzerträge fortlaufend ab. In den späteren Stadien des Projekts können bei gleichem Faktoreinsatz nur wenige zusätzliche Informationen gewonnen werden. Besitzt deshalb ein Großunternehmen aufgrund seiner größeren F & E-Kapazitäten die Möglichkeit, eine potentielle Innovation zu Beginn in mehreren verschiedenen Varianten zu entwickeln, so kann schon nach relativ kurzer Zeit mit relativ geringen Kosten ein hoher Informationsstand erzielt werden. Damit kann die Ungewißheit über Kosten und Erfolgschancen der Innovation erheblich gesenkt werden. Die Möglichkeiten, via Parallelforschung die kostengünstigsten und erfolgsversprechendsten Innovationsalternativen auswählen zu können, begründen nach dieser Hypothese die Überlegenheit der Großunternehmung gegenüber kleineren Unternehmen im Innovationsprozeß (vergl. G. Schätzle, 1965, S. 74f., 540).

Gegen Hypothese (3) läßt sich a priori einwenden, daß die Lernrate zu Beginn ziemlich niedrig liegt und erst in späteren Stadien des Projekts zunimmt. Oder es besteht überhaupt kein systematischer Zusammenhang. Die empirische Überprüfung hat bisher noch keine übereinstimmenden Ergebnisse erzielt. Aus Studien von A.W. M a r s h a l l und W. M e c k l i n g (1962, S. 461 ff., 411) und B.H. K l e i n (1964, S. 477 ff., 326) geht hervor, daß zu Beginn die Ungewißheit über den Erfolg eines F & E-Projekts relativ groß zu sein scheint, aber dann im Verlauf der Durchführung verhältnismäßig rasch abnimmt. Diese Studien beziehen sich jedoch auf Entwicklungsprogramme für militärische Zwecke. Im Fall der Gültigkeit der Hypothese einer im Zeitablauf abnehmenden Lernrate besteht der Vorteil der Großunternehmen im Grunde nur in ihrem zeitlichen Vorsprung gegenüber den kleineren Konkurrenten. Denn die kleineren Unternehmen können zeitlich nacheinander verschiedene Alternativen testen, bevor sie sich für die optimale Alternative entscheiden, und so ebenfalls den Effekt der anfänglich hohen Lernrate ausnutzen.

So gesehen bietet sich ein indirekter Weg an, die Relevanz der Hypothese (3) empirisch zu testen. Wenn Größenvorteile hinsichtlich der Entwicklungsgeschwindigkeit bestehen und diese genutzt werden (können), so müßte die zeitliche Verzögerung zwischen Invention und Innovation eine inverse Funktion der Unternehmensgröße sein. Dabei wäre zu beachten, daß die Stichprobe nur Inventionen und Innovationen enthält, die verschiedenen Quellen entstammen. Empirische Versuche in dieser Richtung wurden u.E. noch nicht unternommen. Studien von J. E n o s (1962,156) und F. L y n n (1966, 373) kommen u.a. zu dem Ergebnis, daß time-lags zwischen Invention und Innovation abhängen vom technologischen und ökonomischen Charakter der erzeugten Produkte sowie vom Anteil der F & E-Finanzierung durch den Staat. J. B l a i r (1972, S. 228, 71) schließt aus der Studie von E n o s, daß das starke Wachstum der Großunternehmen und die steigende Unternehmenskonzentration nicht mit einer Beschleunigung der Entwicklungszeit von Inventionen verbunden sind.

Die zeitliche Verzögerung zwischen Invention und Innovation scheint vielmehr im Zeitverlauf zuzunehmen.

Hypothese (4) stellt offenbar unmittelbar auf Prozeßinnovationen und Produktverbesserungen ab. Es ist zunächst nicht ersichtlich, daß bei Produktinnovationen, durch die neue Märkte erschlossen werden, hohe Marktanteile auf anderen Märkten eine günstige Bedingung für die ökonomische Verwertung darstellen. Gemeint sein können Vorteile hinsichtlich Marketing, Vertrieb und Service. Das größere Unternehmen ist aufgrund seiner komparativen Vorteile bei dem Einsatz und der Verwendung von absatzpolitischen Instrumenten eher in der Lage, auch auf neuen Märkten schneller höhere Marktanteile zu erzielen als kleinere Unternehmen. Hinsichtlich Vertrieb und Kundendienst setzt dies jedoch voraus, daß die bestehenden Verkaufswege und Kundendienstnetze auch für das neue Produkt genutzt werden können. Das ist am besten gewährleistet, wenn bestehende Produkte weiterentwickelt und modifiziert werden.

Zur Stützung der Hypothese (4) werden auch häufig die Vorteile der Großunternehmen bei der Finanzierung von Innovationsprojekten genannt (z.B.:bessere Zinskonditionen bei Fremdfinanzierung), die dazu führen, daß die Rentabilität einer Innovation unter sonst gleichen Umständen mit der Unternehmensgröße wächst.

Auf einer anderen Ebene liegt die folgende Hypothese (5): Erfindungen werden schneller aufgegriffen, zur Marktreife entwickelt und ökonomisch verwertet, wenn die Unternehmen über entsprechende Marktmacht verfügen. Wächst bei steigendem Marktanteil auch die relative Machtposition des Unternehmens auf den relevanten Märkten an, so hat es über den damit verbundenen zusätzlichen preispolitischen Spielraum die Möglichkeit, die in Konkurrenzsituationen anfallenden externen Erträge einer Innovation zu internalisieren. Damit steigen Innovationsanreiz und Innovationsneigung, aber auch die Innovationsmöglichkeiten (aufgrund höherer Gewinne aus Innovationen vorhergehender Perioden). Daraus resultiert eine höhere faktische Innovationsaktivität.

Nach Hypothese (5) müßte ein positiver Zusammenhang zwischen Unternehmenskonzentration (als Maß der Marktmacht der führenden Unternehmen) und der Innovationsaktivität zu beobachten sein. Gegen Hypothese (5) werden insbesondere drei Argumente vorgebracht:

(1) Offenbar wird stillschweigend unterstellt, daß ein ausreichender Schutz der Innovationsgewinne durch Patente und Lizenzvergabe nicht gewährleistet ist und dies die Verwertungsmöglichkeiten der kleineren Unternehmen im Vergleich zu den marktführenden Großunternehmen stärker einschränkt.

(2) Die These der marktmachtbedingten zusätzlichen Innovationsgewinne steht im Widerspruch zu dem oft gleichzeitg genannten Argument, in Oligopolen herrsche häufig eine besonders intensive F & E-Konkurrenz. Denn in diesem Fall ist eine hohe Imitationsgeschwindigkeit zu erwarten mit der Folge, daß auch in konzentrierten Industrien Pioniergewinne nicht in ausreichendem Maße geschützt sind.

(3) Die These (5) wird dahingehend modifiziert, daß eine optimale Mischung von Innovationsanreiz, -möglichkeit und -zwang nur bei ganz bestimmten optimalen Konzentrationsgraden (V i l l a r d, K a n t z e n b a c h) und/oder unter bestimmten marktprozessualen Bedingungen (Marktphasen bei H e u ß) zu erwarten sei.

Wie widersprüchlich und spekulativ die Hypothesen zum Einfluß der Unternehmensgröße und Unternehmenskonzentration auf die Innovationsaktivität sind, zeigt auch folgende Überlegung. Mit steigender Unternehmenskonzentration verringert sich die Anzahl der Entscheidungszentren und damit ceteris paribus die Wahrscheinlichkeit, daß eine externe Invention als entwicklungswürdig erkannt wird.

Zu einer Klärung der unterschiedlichen Standpunkte können empirische Analysen beitragen,sofern sie im Ansatz und in der Methode hinreichend stringent und zuverlässig sowie valide in bezug auf die diskutierte Problemstellung sind. Man darf allerdings nicht zuviel von der empirischen Forschung erwarten. Wie sollen gültige Tests konstruiert werden, wenn angesichts des immer noch unbefriedigenden Erkundungsgrades der Wettbewerbstheorie gar nicht im einzelnen feststeht, auf welche konkreten Hypothesen eigentlich eine Antwort gegeben werden soll.

Empirische Analysen über den Einfluß von Unternehmensgröße und Unternehmenskonzentration auf die Innovationsaktivität haben E. Mansfield (1968, S. 84 - 1o8, 4oo), O. Williamson (1965, S. 67 - 73, 672) und W.S. Comanor (1965, S. 183 - 19o, 131) vorgenommen.

In Mansfields Studie werden drei Grundstoffindustrien (Eisen und Stahl, Petroleum, Steinkohlebergbau) untersucht. Für diese Industrien werden die wichtigsten Produkt- und Prozeßinnovationen seit 1919 zusammengestellt. Sie wurden mittels Befragung von Wirtschaftsverbänden und Wirtschaftszeitungen ermittelt, wobei zugleich eine Rangordnung ihrer ökonomischen Bedeutung erfragt wurde. Entsprechend konnte anhand von technischen Zeitschriften, staatlichen Veröffentlichungen und der Korrespondenz mit Unternehmen der Zeitpunkt der Innovation, das innovative Unternehmen und die Unternehmensgröße ermittelt werden. Die Unternehmensgröße wird mit Hilfe des physischen Outputs bzw. der Kapazität gemessen.

Mansfield geht von folgender Hypothese aus:
Wenn die vier größten Unternehmen den gleichen Prozentsatz ihrer Ressourcen auf inventive Aktivitäten einerseits und innovative Aktivitäten andererseits verwenden wie die kleineren Unternehmen, wenn die Mittel mit gleicher Effizienz eingesetzt und genutzt werden können, dann müßte der Anteil der vier größten Unternehmen an den Innovationen ihrem Marktanteil entsprechen. Zur Überprüfung dieser Hypothese werden

in Tabelle 9 der Anteil der vier größten Unternehmen einer Industrie an der Gesamtkapazität ihrem Anteil an der Gesamtzahl der Neuerungen einer Industrie in den Zeiträumen 1919 - 1938 und 1939 - 1958 gegenübergestellt.

Die Gewichtung der Innovationen in Spalte (1) erfolgt schätzungsweise anhand der mit ihnen erzielten Umsätze (bei Produktinnovationen) oder den Kostenersparnissen (bei Prozeßinnovationen).

Tab. 13: Innovations- und Marktanteil (Kapazitäts- oder Outputanteil) der vier größten Unternehmen der Stahl-, Petroleum- und Kohleindustrie, 1919 - 1938 und 1939 - 1958, in Prozent

	Stahl		Petroleum		Kohle	
1919 - 1938	(1)	(2)	(1)	(2)	(1)	(2)
Prozeßinnovat.	39	41	34	36	27	18
Produktinnovat.	2o	2o	6o	71	-	-
Alle Innovationen	3o	32	47	54	27	18
Kapazität oder Output	62	62	33	33	11	11
1939 - 1958						
Prozeßinnovat.	58	64	58	57	3o	27
Produktinnovat.	27	27	4o	34	-	-
Alle Innovationen	43	51	49	43	3o	27
Kapazität oder Output	63	63	39	39	13	13

(1) = ökonomische Bedeutung berücksichtigt

(2) = ökonomische Bedeutung nicht berücksichtigt

Quelle: E. M a n s f i e l d, 1968, S. 91, 4oo

Die Daten zeigen kein einheitliches Bild. In der Petroleumindustrie und im Kohlebergbau liegt der Anteil an der Gesamtzahl der Innovationen (Produkt- und Prozeßinnovationen) beträchtlich über dem Marktanteil, in der Stahlindustrie erheblich darunter, und zwar unabhängig davon, ob die ökonomische Bedeutung berücksichtigt wird oder nicht. Die Stahlindustrie erreicht nur bei den Prozeßinnovationen im Zeitraum 1939 - 1958 in etwa ihren Marktanteil. Aufschlußreich ist dabei, daß der Konzentrationsgrad in der Stahlindustrie den in der Petroleumindustrie rund um das 1,5fache und den in der Kohleindustrie fast um das 5fache übersteigt, wenn man die zweite Beobachtungsperiode (1939 - 1958) betrachtet.

M a n s f i e l d versucht, die Gründe für die interindustriellen Differenzen in den innovativen Beiträgen der vier größten Unternehmen mittels eines statistischen Modells zu präzisieren. Er findet heraus, daß die größten Unternehmen eines Industriezweigs dann zu einem überproportionalen Anteil an den Innovationen beitragen, wenn

(1) die notwendigen Investitionen zur Einführung einer Innovation relativ groß in bezug auf die Unternehmensgröße der potentiellen Innovatoren sind,

(2) die zur rentablen Nutzung erforderliche Unternehmensgröße relativ große Schwellenwerte aufweist, so daß von vornherein eine größere Zahl kleinerer Unternehmen aus dem Kreis der potentiellen Innovatoren ausgeschlossen wird,

(3) die durchschnittliche Unternehmensgröße der vier größten Unternehmen wesentlich größer ist als die durchschnittliche Größe aller potentiellen Innovatoren.

Das Modell hält einem empirischen Test stand. Als Beobachtungsmaterial dienen wiederum die Daten aus der Petroleum-, Eisen- und Stahl- und Kohleindustrie. Dieses Ergebnis zeigt, daß die größten Unternehmen eines Industriezweigs genau dann hinsichtlich der Innovationsaktivität dominieren, wenn die komparativen Größenvorteile besonders groß sind. Allerdings bleibt offen, worin im einzelnen die Größenvorteile zu sehen sind, also ob tatsächlich eine Antwort auf die einzelnen Hypothesen (1) - (4) gegeben wird. Auch die Anwendung des Modells auf die Eisenbahnindustrie ergibt ähnliche, wenn auch statistisch nicht gesicherte Ergebnisse. Aus einer Stichprobe von zehn wichtigen Innovationen geht hervor, daß die größten Unternehmen mit einem Marktanteil von 32 % rund 65 % aller Innovationen einführen. Die Innovationsaktivität ist hier sogar etwas höher als aufgrund der Größenvorteile vermutet werden kann, wobei sich allerdings diese Differenz im Rahmen der zufallsbedingten Schätzfehler bewegt.

Die Bedeutung der Großunternehmen als Quelle der Innovationen könnte im Zeitablauf zugenommen haben. M a n s f i e l d berechnet hierzu für einige Unternehmensgrößenklassen den Quotienten aus der durchschnittlichen Anzahl der Innovationen im Zeitraum 1939 - 1958 und der durchschnittlichen Anzahl der Innovationen im Zeitraum 1919 - 1938. Wenn dieser Quotient mit steigender Unternehmensgröße wächst, so nimmt die Bedeutung der größeren Unternehmen hinsichtlich der innovativen Aktivität im Vergleich zu den kleineren Unternehmen zu. Tabelle 14 zeigt das Ergebnis der Schätzungen.

Tab. 14: Quotient aus der durchschnittlichen Zahl der Innovationen im Zeitraum 1939 - 1958 und der durchschnittlichen Zahl der Innovationen im Zeitraum 1919 - 1938 nach Unternehmensgrößenklassen für die Industriezweige (Stahl, Erdölraffination und Kohle)

Unternehmensgröße	Prozeß	Produkt
Stahl (Kapazität, Tonnen)		
1oo ooo	o,22	o,oo
1 ooo ooo	o,93	6,5o
5 ooo ooo	o,84	1,25
1o ooo ooo	o,8o	o,9o
25 ooo ooo	o,78	o,65
Petroleum (Kapazität in barrels)		
3o ooo	o,oo	-
6o ooo	o,oo	o,45
12o ooo	o,47	o,6o
24o ooo	o,66	o,65
48o ooo	o,77	o,68
Kohle (Output, Tonnen)		
6oo ooo	o,44	-
1 2oo ooo	o,68	-
2 4oo ooo	1,14	-
4 8oo ooo	1,43	-
9 6oo ooo	1,59	-

Quelle: E. M a n s f i e l d, 1968, S. 1o1, 4oo

In der Petroleumindustrie und im Kohlebergbau scheint die Hypothese zuzutreffen, nicht jedoch in der Stahlindustrie. Hier liegt das Maximum des Quotienten sowohl bei den Prozeß- als auch bei den Produktinnovationen bei Unternehmen mit einer Kapazität von einer Million Tonnen. Mit darüber hinaus steigender Unternehmensgröße nimmt der Quotient fortlaufend ab.

Die Interpretation dieser widersprüchlichen Beobachtungen ist auch hier schwierig. Die Unterschiede können sich daraus erklären, daß im einen Fall die komparativen Größenvorteile zugenommen haben (überproportional steigender Kapitalbedarf u.a.), während sich im anderen Fall "diseconomies of scale" bemerkbar machen.

Möglich ist aber auch, daß die dynamischen Unternehmen in der Petroleumindustrie und im Kohlebergbau durch internes und externes Wachstum in höhere Größenklassen aufgerückt sind, ohne daß sich am Innovationsverhalten etwas geändert hat. In der Stahlindustrie können die marktführenden Unternehmen schon zu Beginn der Beobachtungsperiode eine so starke Marktstellung gehabt haben, daß sie sich auch in den folgenden Jahren nie ernsthaft bedroht und gezwungen sahen, mögliche Größenvorteile auch auszunutzen.

Über solche Fragen können globale Regressionsanalysen keine Auskunft geben. Sie setzen geeignete, auf induktivem Wege gewonnene Verhaltenshypothesen voraus. Fallstudien weisen hier den adäquaten Weg für weitere, vertiefende Forschung.

Die bisherigen Untersuchungsergebnisse von M a n s f i e l d lassen sich wie folgt zusammenfassen:

Die größten Unternehmen eines Industriezweigs können über-, aber auch unterdurchschnittlich viel zum innovativen Output beitragen. Wenn sie einen überdurchschnittlichen Anteil an den Innovationen auf sich vereinigen, wenn ihre Bedeutung als Quelle der Innovationen im Zeitablauf zunimmt, so kann dies auf vergleichsweise hohe und zunehmende komparative Größenvorteile hinsichtlich der Innovationsmöglichkeit und -rentabilität in den betreffenden Industrien zurückführbar sein, ohne daß damit aber sichergestellt ist, daß sich diese Vorteile im konkreten Innovationsverhalten niederschlagen.

Die Studie von M a n s f i e l d ist nicht repräsentativ. Es werden nur relativ etablierte Industriezweige betrachtet, die sich bereits in der Sättigungs- bzw. Stagnationsphase befinden. Eine weitere Schwäche ist darin zu sehen, daß der Effekt unterschiedlicher Konzentrationsgrade auf die innovative Aktivität nicht untersucht wird und damit keine Überprüfung der Hypothese (5) erfolgt.

M a n s f i e l d versucht, diese Frage indirekt zu lösen. Er setzt die relative Innovationsaktivität (Zahl der Innovationen relativ zur Unternehmensgröße) in Beziehung zur Unternehmensgröße. Wenn die größeren Unternehmen auch relativ zu ihrer Größe eine höhere Innovationsaktivität zeigen, müßte unter sonst gleichen Umständen von der Unternehmenskonzentration eine positive Wirkung auf die Innovationsaktivität ausgehen. Recht grobe Schätzungen ergeben, daß die Großunternehmen in der Petroleumindustrie und im Kohlebergbau relativ zu ihrer Größe nicht mehr Innovationen hervorbringen als kleinere Unternehmen, und in der Stahlindustrie liegt die größte Innovationsaktivität bei relativ kleinen Unternehmen. Da jedoch bei einer Änderung der Größenstruktur der Unternehmen eines Sektors auch die das Innovationsverhalten determinierenden Faktoren (komparative Größenvorteile, Verteilung der Machtpotentiale, Wettbewerbsintensität u.a.) beeinflußt werden, läßt sich daraus auch nicht schließen, daß eine geringere Konzentration keine oder gar eine positive Wirkung auf die Zahl der Innovationen gehabt hätte.

O. W i l i a m s o n (1965, S. 67 - 73, 672) wählt einen anderen Ansatz. Er geht von folgender Überlegung aus: Die vier größten Unternehmen eines Indudstriezweigs tragen bereits dann mehr zu den Innovationen bei als es ihrem Markt- bzw. Kapazitätsanteil entspricht, wenn Größenvorteile im Sinne der Hypothesen (1) - (4) wirksam werden, und andere Faktoren die Innovationsaktivität nicht beeinflussen. Das Verhältnis zwischen Innovations- und Marktanteil ist dann größer als eins. Wenn aber darüber hinaus Marktmachteffekte positiv auf die Innovationsaktivität einwirken (im Sinne der Hypothese (5)), dann müßte dieses Verhältnis zwischen Innovationsanteil und Marktanteil eine wachsende Funktion des Konzentrationsgrads sein, vorausgesetzt, zwischen Marktmacht und Konzentrationsgrad besteht ein enger Zusammenhang.

W i l l i a m s o n geht von zwei alternativen Regressionsgleichungen aus:

$$R_{it} = a_o + a_1 C_{it} + u_{it} \qquad (1)$$

$$R_{it} = b_o C_{it}^{b_1} v_{it} \qquad (2)$$

Hierin bedeuten:

$R_{it} = \frac{P_{it}}{C_{it}}$, mit P_{it} = Anteil der vier größten Unternehmen der i-ten Industrie an den Innovationen der Periode t

C_{it} = Marktanteil der vier größten Unternehmen der i-ten Industrie in der Periode t (= Konzentrationsgrad)

u_{it}, v_{it} = Zufallsvariable

Positive Werte der Koeffizienten bzw. Parameter a_1, b_1 bedeuten, daß die Wirkung von relativen Größenvorteilen auf die Innovationsaktivität mit steigender Unternehmenskonzentration verstärkt wird. Negative Werte zeigen an, daß steigende Unternehmenskonzentration die Wirkung von Größenvorteilen verringert bzw. kompensiert. Die Parameter werden mittels des Datenmaterials aus M a n s f i e l d s Studie geschätzt. Als Ergebnis werden folgende spezifische Gleichungen ermittelt:

$$R_{it} = 2{,}73 - 0{,}0354C_{it} \quad (1a)$$
$$(0{,}0027)$$

$$\ln R_{it} = 2{,}77 - 0{,}809 \ln C_{it} \quad (2a)$$
$$(0{,}145)$$

Vorzeichen und Signifikanz der Schätzungen für a_1, b_1 zeigen, daß der relative Beitrag der vier größten Unternehmen zum innovativen Output mit steigendem Konzentrationsgrad (Marktanteil) abnimmt. Nach Gleichung (1a) würde der Innovationsanteil der vier größten Unternehmen ihren Marktanteil erst dann übertreffen, wenn der Konzentrationsgrad unter 50 % liegt, während nach Gleichung (2a) sogar ein Wert unterhalb von höchstens 30 % für eine überdurchschnittliche Innovationsaktivität erforderlich wäre. Die Ergebnisse von W i l l i a m s o n widersprechen also der Hypothese (5).

Der Ansatz von W i l l i a m s o n bleibt ein erster spekulativer Versuch, die Zusammenhänge zwischen Innovation und Unternehmenskonzentration empirisch zu klären. Die Schätzungen werden ermittelt aufgrund einer Stichprobe von nur sechs Beobachtungen aus drei Industrien (Petroleum, Kohle und Stahl). Solch kleine Stichproben sind nicht repräsentativ. Das empirische Resultat kommt hier durch das schlechte Abschneiden der hochkonzentrierten Stahlindustrie zustande. Die Regressionsgleichungen müßten für eine größere Zahl von Industriezweigen geschätzt werden.

C o m a n o r versucht mittels eines Regressionsmodells Aufschluß über die Bedeutung der Großunternehmen in der pharmazeutischen Industrie für die Entwicklung neuer Produkte zu gewinnen. Er setzt den mit neuen Produkten in zwei

Jahren erzielten Umsatz in Beziehung zur F & E-Beschäftigung und zur Unternehmensgröße. Die Studie umfaßt 57 amerikanische Unternehmen, die 80 % der im Beobachtungszeitraum (1955 - 1960) erzielten Umsätze auf sich vereinigen. Die Schätzungen der Parameter legen nahe, daß die Neuerungsaktivität mit steigender Unternehmensgröße fällt. Im Gegensatz zu M a n s f i e l d kommt C o m a n o r also zu einem den Hypothesen (1) - (4) widersprechenden Ergebnis. Das ist auch insofern aufschlußreich, als für die pharmazeutische Industrie vermutet wird, daß die hohen F & E-Aufwendungen der Großunternehmen oft nur für marginale Veränderungen bereits existierender Medikamente verwendet werden, ohne daß diese Produkte bessere Heilwirkungen erzielen (vergl. dazu die Ausführungen in 1.3.2.5.). Wenn das der Fall ist, so spiegeln die mit steigender Unternehmensgröße fallenden Umsatzzuwachsraten pro F & E-Input eine solche F & E-Politik und die Reaktion der amerikanischen Konsumenten wider.

Die bisherigen Studien umfassen nur eine kleine, nicht repräsentative Zahl von Industriezweigen. Globale Analysen, die fast die Hälfte aller Industriezweige überdecken, wurden von G.J. S t i g l e r (1957, S. 269 - 283, 627) und A. P h i l l i p s (1956, S. 179 - 193, 492) vorgenommen. Die beiden voneinander unabhängigen Studien beziehen sich jedoch nicht unmittelbar auf die Innovationsaktivität, vielmehr wird der Zusammenhang zwischen der Wachstumsrate der Arbeitsproduktivität und dem Konzentrationsgrad untersucht. Die empirischen Befunde sind widersprüchlich. S t i g l e r findet heraus, daß in den weniger konzentrierten Branchen die Arbeitsproduktivität schneller steigt. P h i l l i p s kommt gerade zum gegenteiligen Ergebnis, obwohl in etwa ähnliches Datenmaterial den Schätzungen zugrunde liegt. Es erübrigt sich, hier näher auf die Gründe für diese sich widersprechenden Befunde einzugehen, da sie ohnehin nur geringen Aussagewert besitzen. Mit der Arbeitsproduktivität als abhängiger Variablen wird nämlich ein sehr unvollkommenes Maß für die innovativen Aktivitäten bzw. die Rate des technologischen Fortschritts gewählt. Die Arbeitsproduktivität einer Industrie kann steigen, wenn lediglich kapitalintensiver produziert wird, besseres Produktionsmaterial verwendet oder neue, technisch verbesserte Maschinen eingesetzt werden, die an anderen Stellen entwickelt wurden. Schließlich erfaßt die Arbeitsproduktivität nicht die Produktinnovationen der betreffenden Industrien.

Die Hypothese (5), wonach mit steigender Unternehmenskonzentration auch die innovativen Aktivitäten zunehmen, wird mit der Anreizwirkung von zusätzlichen marktmachtbedingten Gewinnen begründet. Hinzu kommt das Argument, daß hohe Gewinne notwendig seien, um die hohen Entwicklungskosten für neue Produkte oder Produktionsprozesse finanzieren zu können. Diese Begründung läßt sich direkt empirisch überprüfen.

F.M. S c h e r e r (1965, S. 290 - 297, 544) findet heraus, daß eine hohe Innovationsaktivität - gemessen an der Zahl der Patente - nach einem time-lag von drei bis vier Jahren zu einem Zuwachs der Gewinne als Folge gesteigerter Umsätze führt, während die laufende Rentabilität und Liquidität keinen Einfluß auf die innovative Aktivität hat (1965, S. 1117, 545). Die Studien beziehen sich auf die 500 größten Unternehmen des Jahres 1955.

J.R. M i n a s i a n (1962, S. 118 - 122, 434) entdeckt in einer Analyse über 18 chemische Unternehmen, daß die Höhe der F & E-Ausgaben weit mehr die Rentabilität der Unternehmen erklären kann, als umgekehrt die Rentabilität die laufenden oder späteren F & E-Aufwendungen.

H.G. G r a b o w s k i (1968, S. 292 - 305, 207) hingegen kommt in seiner Studie über die chemische, pharmazeutische und Petroleumindustrie zu dem Ergebnis, daß die F & E-Intensitäten relativ streng mit den vorangegangenen cash-flow-Raten korreliert sind (bei gegebenem Diversifikationsgrad und gegebener Produktivität von Forschung und Entwicklung).

Obwohl die Zahl der Patente und die F & E-Inputs unvollkommene Maße für die faktische Innovationsaktivität darstellen, so zeigen diese Analysen doch, daß zwischen der Innovationsaktivität und entsprechenden "incentives" kein so eindeutiger Zusammenhang besteht, wie man intuitiv vermuten sollte. Folglich ist auch die Begründung der innovationsfördernden Wirkung der Unternehmenskonzentration mittels der Anreizwirkung der Gewinne nicht sehr stichhaltig. Man mag hier einwenden, daß nicht die laufenden oder früheren Gewinne die Grundlage für Innovationsentscheidungen bilden, sondern allein die Gewinnerwartungen. Solche Erwartungsgrößen werden jedoch zum großen Teil durch die Erfahrungen mit vergangenen rentablen Innovationsaktivitäten geprägt, wenn auch damit dieser Einwand nicht völlig von der Hand zu weisen ist.

Zusammenfassend läßt sich festhalten, daß ein positiver Einfluß der Unternehmensgröße und Unternehmenskonzentration auf die Innovationsaktivität wie durch die Hypothesen (1) - (5) gefordert wird, weder direkt noch indirekt durch die bisher dazu angestellten empirischen Analysen belegt werden kann. Die Beziehungen zwischen Innovationsaktivität und Unternehmensgröße bzw. Unternehmenskonzentration sind zumindest interdependent. Eine hohe Neuerungsaktivität führt zu hohen Wachstumsraten der innovativen Unternehmen. Dieser (plausible) Sachverhalt wird durch empirische Untersuchungen von F.M. S c h e r e r (1965, S. 92 ff., 544) und E. M a n s f i e l d (1968, S. 126 ff., 400) nachgewiesen. Die Wachstumsraten der innovativen Unternehmen (Zuwachsraten der Umsätze) sind bei neuerungsaktiven Unternehmen nach Einführung der Neuerung wesentlich größer als diejenigen anderer Unternehmen der gleichen Branche und mit vergleichbarer Größe.

Aufgrund dieser Interdependenz zwischen Innovationsaktivität und Unternehmensgröße ist man mit einfachen statischen Korrelations- und Regressionsanalysen nicht in der Lage, die Frage zu beantworten, ob mit steigender Unternehmensgröße die Innovationsaktivität stimuliert wird oder ob nicht - zumindest teilweise - die Innovationsaktivität zu entsprechend großen Unternehmenseinheiten geführt hat. Das ist vor allem zu bedenken, wenn die innovativen Unternehmen über externes Wachstum ihre Kapitalbasis zusätzlich vergrößern. Mit statischen Regressionsanalysen, die sich auf entsprechend große Beobachtungsperioden beziehen, gewinnt man so leicht den Eindruck, daß große Unternehmen in überdurchschnittlich hoch konzentrierten Industrien innovationsfreudiger sind als kleinere Unternehmen in vergleichsweise weniger konzentrierten Industrien. Daraus entsteht dann die Vorstellung, daß von Unternehmensgröße und Unternehmenskonzentration eine positive Wirkung auf die Innovationsaktivität ausgeht, obwohl die tatsächliche Kausalrichtung gerade umgekehrt verläuft. Diese Kritik trifft vor allem die Analyse von Mansfield (vergl. auch S. 107).

2.3.2. Unternehmensgröße, Unternehmenskonzentration und Diffusion

Für die Rate des technischen Fortschritts und die gesamtwirtschaftliche Produktivitätsentwicklung in einer Volkswirtschaft ist es sehr entscheidend, wie schnell neue Technologien von den Unternehmen übernommen werden. Länder mit geringeren nationalen F & E-Aktivitäten und geringeren inventiven und innovativen Erträgen können trotzdem hohe Wachstumsraten der Faktorproduktivitäten aufweisen, wenn die im Ausland entwickelten Innovationen mit hoher Diffusionsgeschwindigkeit in inländischen Unternehmen zur Anwendung kommen. Japan mag ein anschauliches Beispiel sein für ein Land, das hohe Wachstumsraten vor allem durch den Import ausländischer Technologien und ihre rasche und breite Diffusion erzielte.

G. R a y (1971, S. 92, 239 kommt in einer Studie über 1o Prozeßinnovationen, die das Resultat eines Forschungsprojekts von sechs Wirtschaftsforschungsinstituten aus sechs Ländern (Bundesrepublik Deutschland, Italien, Frankreich, Österreich, Schweden und Großbritannien) bildet, zu dem Ergebnis, daß die Pionierländer zu einer relativ langsamen Diffusion neigen. Dies ist u.a. damit zu erklären, daß die Pionierländer häufig "Kinderkrankheiten" überwinden müssen, während diese Anfangsschwierigkeiten der neuen Technik meist beseitigt und gelöst sind, wenn die imitierenden Länder mit der Einführung der neuen Technologie beginnen.

Nur wenige Versuche wurden unternommen, die Determinanten der Diffusionsgeschwindigkeit bzw. Diffusionsrate neuer Technologien innerhalb einer Industrie, innerhalb eines Marktes und innerhalb eines einzelnen Unternehmens theoretisch und empirisch zu bestimmen, ganz abgesehen von der besonderen Problematik der interindustriellen und regionalen Diffusion. Unter der Diffusionsrate wird dabei das Zeitintervall verstanden, das benötigt wird, damit der prozentuale Anteil an der vollständigen bzw. gleichgewichtigen Übernahme der Neuerung um einen bestimmten Betrag wächst.

Der Einfluß von Unternehmensgröße und Unternehmenskonzentration auf den Diffusionsprozeß dürfte zudem auch schwierig zu isolieren sein, da a priori eine Vielzahl von teilweise interdependenten Einflußfaktoren in Frage kommen. So können neben der Wettbewerbsintensität und den damit verknüpften marktstrukturellen und marktprozessualen Faktoren

(1) die Höhe und Struktur des Kapitalbestandes,

(2) ökonomische Vorteilhaftigkeit und Risiko der Innovation,

(3) Umfang der erforderlichen Investitionen,

(4) Charakter des Managements (Kostenbewußtsein, Risikoneigung),

(5) institutionelle Faktoren (Patentrecht eines Landes, Bildungswesen) und

(6) soziologische Faktoren (Widerstände gegen Neuerungen)

eine Rolle spielen.

Empirische Studien von Z. G r i l i c h e s (1957, S. 419 ff., 211) und E. M a n s f i e l d (1968, S. 133 ff., 4oo) legen nahe, daß der Diffusionsprozeß einem allgemeineren Entwicklungsprinzip unterliegt und sich die Determinanten der Diffusionsgeschwindigkeit auf wenige objektivierbare Faktoren reduzieren lassen.

G r i l i c h e s untersucht die Diffusion des "hybrid corn", einer bedeutenden Innovation in der Landwirtschaft. M a n s f i e l d analysiert die Verbreitung von 12 Innovationen in vier Industrien (Kohle, Stahl und Eisen, Brauerei und Eisenbahn). Beide stellen fest, daß der Diffusionskoeffizient (prozentualer Anteil der mit "hybrid corn" bebauten Nutzfläche bzw. prozentualer Anteil der Unternehmen einer Industrie, welche die Innovation bereits eingeführt haben) approximativ als logistische Funktion der Zeit darstellbar ist. Das gilt für alle betrachteten landwirtschaftlichen Regionen bzw. alle Industriezweige, unabhängig von deren besonderen strukturellen Merkmalen. Die Diffusion von Innovationen scheint damit analog zu Diffusionsprozessen zu verlaufen, die etwa in der Biologie und Medizin (Wachstum von Bakterienstämmen, Verbreitung von Infektionen) zu beobachten sind. Studien von B. R y a n und N. G r o ß (1943, 2257) über die Verbreitung des "hybrid corn" und J.S. M e t c a l f e (197o, 429) über die Diffusion von Innovationen in der Textilindustrie Großbritanniens bestätigen dies.

Wie alle diese Studien zeigen, ist die Diffusion in der Regel ein relativ lange dauernder Prozeß. Allerdings schwankt die Diffusionsrate von Fall zu Fall erheblich. Das Zeitintervall zwischen 2o % und 8o % der vollständigen Adoption des "hybrid corn" beträgt je nach Region zwischen drei und acht Jahren.

Das Zeitintervall zwischen 2o % und 8o % der vollständigen Adoption des "hybrid corn" beträgt je nach Region zwischen drei und acht Jahren. Bis die Hälfte der von M a n s f i e l d analysierten Unternehmen eine Innovation imitiert haben, vergehen je nach Innovation 1 bis 15 Jahre.

M a n s f i e l d versucht, diese unterschiedlichen Diffusionsraten mittels einer einfachen Hypothese zu erklären. Er nimmt an, daß die Wahrscheinlichkeit der Übernahme einer Innovation durch ein Unternehmen innerhalb eines (hinreichend kleinen) Zeitintervalls als eine Funktion

(1) des Anteils der Unternehmen, die bereits die Innovation nutzen,

(2) der Rentabilität und

(3) der Größe der erforderlichen Investitionsausgaben

darstellbar ist.

Sowohl die stochastische als auch die deterministische Variante des Modells halten der empirischen Überprüfung stand, wenn man von einigen Einschränkungen hinsichtlich der Genauigkeit und des Umfangs der Analyse absieht. Andere Faktoren, wie die Lebensdauer der Kapitalgüter, die Wachstumsrate des Outputs und die konjunkturelle Situation haben im übrigen keinen signifikanten Einfluß. Nahezu die gesamte Varianz der Diffusionsrate wird allein durch den Charakter der Innovation (Rentabilität und Umfang der notwendigen Investitionen) erklärt.

Welche Schlußfolgerung läßt sich hieraus im Hinblick auf unsere Fragestellung ziehen? Da das Ausmaß und die Geschwindigkeit des Diffusionsprozesses unmittelbar nur vom Charakter der Innovation bestimmt sind, können größenstrukturelle Faktoren nur indirekt (mittelbar) auf den Diffusionsprozeß einwirken. Wenn von der Unternehmensgröße und der Unternehmenskonzentration ein mittelbarer Einfluß auf die Diffusionsrate ausgeht, so müßte sich das in interindustriellen Differenzen zwischen den Diffusionsraten unterschiedlich konzentrierter Industrien zeigen. Oder man weist nach, daß die Rentabilität einer Innovation bzw. Imitation positiv mit der Unternehmensgröße und Unternehmenskonzentration korreliert ist und/oder die Übernahme bestimmter Neuerungen Investitionsausgaben in solchem Umfange notwendig macht, daß kleinere Unternehmen von einer Imitation zwangsläufig ausgeschlossen werden. M a n s f i e l d vermutet, daß in Sektoren mit vergleichsweise hoher Wettbewerbsintensität der Diffusionsprozeß schneller verläuft. Er weist aber zugleich darauf hin, daß das Datenmaterial für einen Test entsprechender Hypothesen nicht ausreicht.

Um auf direktem Wege Aufschluß über die Zusammenhänge zwischen Diffusionsgeschwindigkeit und Unternehmenskonzentration zu gewinnen, müßten Diffusionsraten innerhalb einer Industrie in Beziehung gesetzt werden zu den Diffusionsraten in anderen Industrien, die unterschiedliche Konzentrationsgrade aufweisen. Dabei müßte eine recht große Zahl von Industriezweigen und Branchen miteinander verglichen werden, damit statistisch signifikante Ergebnisse erzielt werden können. Es leuchtet ein, daß hier nur schwierig empirisches Material zu finden sein wird: Die Innovationen müßten in jeder Branche gleichermaßen ökonomisch verwertbar sein (also im besonderen vergleichbare Rentabilität und vergleichbare Höhe der erforderlichen Investitionsausgaben aufweisen). Das dürfte der Grund sein, daß u.E. bisher noch keine Versuche unternommen wurden, den Einfluß von Unternehmensgröße und Unternehmenskonzentration auf die Intensität des Diffusionsprozesses explizit empirisch zu testen.

Einen weiteren Ansatzpunkt zur Klärung der Zusammenhänge könnte die Beantwortung der Frage liefern, von welchen wesentlichen Determinanten die Reaktionsgeschwindigkeit eines einzelnen Unternehmens auf eine Innovation abhängt. Die richtungsweisende statistische Analyse hierzu stammt ebenfalls von E. M a n s f i e l d (1963, S. 290 - 311, 394). Zwei Einflußfaktoren kommen a priori in Betracht: Die Unternehmensgröße und die erwartete Rentabilität der Innovationen.

M a n s f i e l d konstruiert ein Modell, das auf drei Prämissen basiert:

(1) Die Wartezeit, gemessen vom Zeitpunkt der ersten Einführung der Innovation bis zum Zeitpunkt der ersten Nutzung durch das imitierende Unternehmen, sinkt mit steigender Unternehmensgröße, wobei sich dieser Effekt mit zunehmender Unternehmensgröße progressiv abschwächt.

(2) Steigende Rentabilität der Innovation hat eine der Prämisse (1) entsprechenden Wirkung.

(3) Der Einfluß der Unternehmensgröße ist um so geringer, je höher die Rentabilität der Innovation et vice versa.

Die erste Annahme wird gestützt durch wahrscheinlichkeitstheoretische Überlegungen, die einen einfachen Kerngedanken beinhalten. Je größer eine Unternehmung, um so größer ist die Wahrscheinlichkeit, daß innerhalb eines beliebigen Zeitintervalls Ersatzinvestitionen vorgenommen werden, und um so größer ist damit auch die Wahrscheinlichkeit, daß eine größere Unternehmung schneller eine neue Technik einführt. Entsprechende weitere Argumente lassen sich finden. So kann man vermuten, daß eine Großunternehmung aufgrund einer größeren Streuung von Produktionstechniken und einer höheren Diversifikation des Produktionsprogramms größere Chancen hinsichtlich der Anwendung und ökonomischen Nutzung von neu entwickelten Produkten und Produktionsverfahren hat. Das setzt allerdings voraus, daß Unternehmensgröße und Diversifikationsgrad positiv korreliert sind.

Diese Effekte sind wirksam, ohne daß andere Größenvorteile wie etwa die größere finanzielle Stärke, der größere absolute Gewinn einer gegebenen Innovation, größere F & E-Laboratorien usw. oder ein progressiveres Management vorausgesetzt werden müssen. Natürlich gibt es a priori Gegenargumente.

Die Reaktionsgeschwindigkeit des größeren Unternehmens kann geringer sein als bei kleineren Unternehmen, wenn Entscheidungsprozesse durch längere Informations- und Befehlswege sowohl hinsichtlich Entscheidungsfindung als auch -durchsetzung verzögert werden.

Die zweite hier nicht relevante Prämisse geht vom traditionellen Risiko-Ertrags-Vergleich aus. Das höhere Risiko einer schnellen Adoption wird das Unternehmen nur bei höheren Gewinnerwartungen auf sich nehmen.

Die dritte Annahme ist in dem gewählten Gleichungsansatz impliziert. M a n s f i e l d geht von folgender Funktion aus:

$$d_{ij} = Q_i \, H_{ij}^{a_{i2}} \, S_{ij}^{a_3} \, e^{\varepsilon_{ij}} \quad .$$

Darin sind:

d_{ij} = Zahl der Jahre, die vergehen, bis die j-te Unternehmung die i-te Innovation übernimmt.

S_{ij} = Unternehmensgröße (Kapazitäts- oder Outputgrößen),

H_{ij} = Maß für die Rentabilität der Investition (Hilfsgrößen z.B. Pay-off-Period),

ε_{ij} = Zufallsvariable,

Q_{ij} = Skalenfaktor zur Kennzeichnung der unterschiedlichen Innovationen.

Treffen die Hypothesen zu, so müssen die Parameter a_{i2}, a_3 signifikante Werte kleiner als null aufweisen. Als Datenmaterial dienen 14 Innovationen in den vier Industriezweigen (Kohle, Stahl, Brauerei und Eisenbahn), die auch der vorhergehenden Studie zugrunde lagen. 127 Beobachtungen für die Reaktionszeit, Unternehmensgröße und Rentabilität der Investition können zur Schätzung der Parameter herangezogen werden. Als Schätzwert ergibtsich für den Parameter a_3, der als die Elastizität der Reaktionszeit in bezug auf die

Unternehmensgröße interpretiert werden kann, ein Wert von -o,4, was ein zur Irrtumswahrscheinlichkeit von 5 % signifikantes Ergebnis darstellt. Die Schätzungen für die Rentabilität haben das erwartete Vorzeichen, sind aber nur teilweise statistisch signifikant.

Allerdings erklären Unternehmensgröße und Rentabilität nur knapp 5o % der Varianz der Reaktionszeit. Sieht man einmal davon ab, so könnte man vermuten, daß Großunternehmen in zweifacher Hinsicht günstige Bedingungen für eine rasche Diffusion von Innovationen darstellen. Einmal, weil sie auf Innovationen schneller reagieren und zum anderen weil dieser Effekt auch dann noch zu beobachten ist, wenn komparative Größenvorteile hinsichtlich der ökonomischen Nutzung (hier durch die Rentabilität der notwendigen Investition repräsentiert) unberücksichtigt bleiben.

Eine solche Generalisierung ist jedoch viel zu weitgehend. Es werden nur Prozeßinnovationen betrachtet, die zudem relativ hohe Investitionen erfordern (Diesellokomotive, kontinuierliches Walzen, Container usw.). Ferner bezieht sich die Studie auf relativ etablierte Industrien, so daß es fraglich ist, ob in jungen Wachstumsbranchen dasselbe gilt. Da nur relativ große Unternehmen erfaßt werden, wird der Beitrag kleinerer Pionierunternehmen vernachlässigt.

Schließlich ist die Beobachtung bemerkenswert, daß von den betrachteten Unternehmen kein bestimmtes Unternehmen bzw. keine bestimmte Unternehmensgruppe über längere Zeit technologisch führend bleibt, andererseits aber von M a n s f i e l d die naheliegende Frage offengelassen wird, ob auch entsprechende Änderungen in der Größenrangordnung der Unternehmen während des Beobachtungszeitraums stattfinden.

Der wesentliche Einwand gegen falsche Generalisierung der Untersuchungsergebnisse wird von M a n s f i e l d in einer Fußnote gestreift, in welcher er sich gegen eine Fehlinterinterpretation seiner Studie durch A d a m s und D i r l a m wendet (E. M a n s f i e l d, 1968, S. 17o, 4oo). Wenn eine größere Unternehmung im Durchschnitt Neuerungen schneller übernimmt als eine kleinere Unternehmung, so folgt daraus nicht, daß dies auch für eine Großunternehmung im Vergleich zu einer Vielzahl kleinerer Unternehmen zutrifft. Gerade das wahrscheinlichkeitstheoretische Argument M a n s f i e l d s zielt am Kernproblem vorbei. Die Wahrscheinlichkeit dafür, daß eine Anlage erneuert werden muß, ist bei einer Großunternehmung nicht größer als bei einer hinreichend großen Anzahl unabhängiger kleinerer Unternehmen. Prämissen und Resultate der Studie von M a n s f i e l d sind nicht valide im Hinblick auf das Problem einer für die Diffusion optimalen Größenstruktur.

Aufschlußreich ist in diesem Zusammenhang, daß die Erweiterung des Modells um zusätzliche Einflußfaktoren, wie Niveau und Entwicklung des Gewinns einer Unternehmung, seine Liquidität, die Wachstumsrate des Umsatzes und das Alter des Vorstands keine besseren Ergebnisse liefert. Keiner dieser Faktoren hat einen signifikanten Einfluß auf die Reaktionsgeschwindigkeit und die Wirkung geht oftmals in die falsche Richtung. Das heißt, selbst wenn zwischen Unternehmensgröße und Unternehmenskonzentration und einem dieser Faktoren eine enge Korrelation bestünde (z.B. Gewinn und Liquidität), so würde sich dies nicht systematisch auf die Reaktionszeit auswirken. Eine solche Aussage ist natürlich nur im Rahmen der betrachteten Industriezweige und mit dem Vorbehalt, daß der Bezug auf andere Zeiträume andere Ergebnisse bringen kann, möglich.

Neben diesen globalen, statistisch orientierten Arbeiten von M a n s f i e l d gibt es auch Fallstudien über die Wirkungen von Unternehmensgröße und Unternehmenskonzentration auf den Diffusionsprozeß.

In dem bereits zitierten Bericht von G. R a y (1971, S. 89 ff., 239) über die Verbreitung von 1o bedeutenden Produktionsverfahren in sechs Ländern werden drei wichtige Determinanten des Diffusionsprozesses hervorgehoben:

(1) Der ökonomische Vorteil einer Innovation (Rentabilität),

(2) die Einstellung des Managements gegenüber Neuerungen,

(3) der Zugang zu Kapital.

Die Untersuchung erbringt jedoch keinen eindeutigen Hinweis darauf, welche relative Bedeutung den Großunternehmen im Vergleich zu kleineren und mittleren Unternehmen im Diffusionsprozeß zukommt. In einigen Fällen spielen Großunternehmen bei der Anwendung und Nutzung neuer Technologien eine hervorrangende Rolle, in anderen Fällen ist es der Pioniergeist der kleineren Unternehmen, welcher den Diffusionsgrozeß vorantreibt. Aus der Studie geht auch hervor, daß in einigen Industriezweigen große Unterschiede in der Einstellung zu Innovationen zwischen großen und kleinen Unternehmen bestehen. Die wahrscheinliche Erklärung sei darin zu suchen, daß gewisse neue Technologien eine wissenschaftlich begründete Betriebsführung beanspruchen, die sich kleinere Unternehmen nicht leisten können.

Während die Studie von G. R a y keinen Hinweis auf eine bestimmte, den Diffusionsprozeß hemmende Größenstruktur ergibt, wird eine Fallstudie von W. A d a m s und J.B. D i r l a m (1966, S. 167 ff., 142) als Paradebeispiel für die schleppende Verbreitung neuer Technologien in oligopolistischen Industrien häufig zitiert. A d a m s und D i r l a m untersuchen in ihrer Studie die Einführung und Diffusion des Sauerstoffblasverfahrens der Stahlerzeugung (LD-Verfahren) in der amerikanischen Stahlindustrie. Das LD-Verfahren führt zu erheblichen Kostensenkungen gegenüber dem herkömmlichen Produktionsverfahren. Die Kostensenkungen bewegen sich je nach Jahreskapazität zwischen 27 % bis 32 %

gegenüber dem herkömmlichen Siemens-Martin-Verfahren. Die erste LD-Anlage wurde in den USA im Jahr 1954 von der McLouth-Steel Company eingeführt, zwei Jahre nach der Innovation durch Voest (Vereinigte Österreichische Eisen- und Stahlwerke). Die McLouth-Steel nahm in der Rangfolge der größten amerikanischen Stahlproduzenten den 12. Platz ein und verfügte damals über einen Marktanteil von weniger als 1 %. Die Marktführer US-Steel, Bethlehem-Steel, Republic Steel mit einem Marktanteil von rd. 52 % folgten 1o Jahre bzw. 11 Jahre später, nachdem kleinere Unternehmen, die über einen Anteil an der gesamten Stahlkapazität von 7 % verfügten, rund 5o % der gesamten LD-Kapazität installiert hatten. Die anderen 5o % entfielen auf mittlere Unternehmen mit 15 % der amerikanischen Stahlkapazität.

A d a m s und D i r l a m stellen anhand einer hypothetischen Rechnung fest, daß die von den großen Stahlproduzenten während 195o - 196o so oft beklagte schlechte Gewinnsituation entscheidend hätte verbessert werden können, wenn sie die Initiative ergriffen hätten. So ist auch das Argument, daß mögliche hohe Abschreibungsverluste die großen Stahlproduzenten von der frühzeitigen Substitution abgehalten haben, wenig wahrscheinlich. Eine Substitution hätte sich auch bei Berücksichtigung von Verlusten , die sich durch ein vorzeitiges Ausscheiden nicht voll amortisierter Anlagen ergeben hätte, gelohnt. Zudem wurden Preiserhöhungen 1958 noch mit den hohen Kosten der "Modernisierung" begründet.

Einige Indizien sprechen für eine oligopolistische Verhaltensweise der großen Stahlerzeuger. So fand in dem relevanten Zeitraum praktisch kein Preiswettbewerb statt, vielmehr lösten wiederholte gemeinsame Preiserhöhungen eine energische Intervention des damaligen Präsidenten Kennedy (1962) aus. Preiserhöhungen wurden auch dann noch vorgenommen, als die Kapazitätsauslastung relativ gering war. Sogar Kapazitätsauslastungen von etwa 35 % lagen noch jenseits der Rentabilitätsschwelle (P. O b e r e n d e r, S. 1060, 455a). Die kontinuierliche Aufwärtsbewegung der Preise führte im übrigen auch zu einer zunehmenden Diskrepanz zu den Stahlpreisen in Westeuropa und Japan. Aufschlußreich ist auch, daß ab 1964 ein erheblicher Zuwachs an LD-Kapazitäten zu beobachten war, bedingt durch das Nachziehen der drei größten Stahlproduzenten, obwohl nur 75 % der gesamten Kapazitäten ausgelastet waren.

Die Studie von W. A d a m s und J.B. D i r l a m blieb nicht unwidersprochen. A.K. M c A d a m s (1967, S. 457 f., 417) sowie G.S. M a d d a l a und P.T. K n i g h t (1967, S. 531 f., 328) versuchen unter anderem nachzuweisen, daß die amerikanische Industrie hinsichtlich der Diffusion des LD-Verfahrens im internationalen Vergleich nicht langsamer reagierte, da ihr Anteil an der Weltkapazität der LD-Verfahren etwa ihrem Anteil an der Weltstahlproduktion entsprach. Dieser Befund ist in zweifacher Hinsicht nicht valide:

(1) Es wird nicht gezeigt, daß Stahlindustrien anderer Länder, die einen geringeren Konzentrationsgrad aufweisen, ebenfalls nur mit durchschnittlichen LD-Kapazitäten produzieren.

(2) Die verzögerte Einführung des Verfahrens durch die Großunternehmen im Vergleich zu den kleineren Unternehmen wird nicht widerlegt.

Die Analyse von A d a m s und D i r l a m wird im übrigen durch die Studien von M a n s f i e l d und W i l l i a m s o n gestützt, die eine vergleichsweise geringe Innovationsaktivität der großen Stahlproduzenten feststellen. Argumente, welche Größenvorteile hinsichtlich der ökonomischen Nutzung von Neuerungen betonen, scheinen bei näherer Betrachtung der (hochkonzentrierten) amerikanischen Stahlindustrie nicht die Problematik zu treffen, besonders im Hinblick auf die schnelle Einführung und Übernahme von neuen Produktionsverfahren. Zur Erklärung der geringen Neigung der großen Stahlproduzenten, neue Produktionstechniken vorzeitig gegen die verwendete Technologie zu substituieren, bietet sich folgende plausible (traditionelle) Überlegung an: Ein neues Produktionsverfahren hat häufig neben Kostensenkungen einen Kapazitäteffekt zur Folge. Um die Kostenersparnisse der neuen Technik voll nutzen zu können, müßte ein Oligopolist seine Ausbringung erhöhen. Bei stagnierender Nachfrage ist dies nur möglich, wenn er seinen Marktanteil zu Lasten anderer Anbieter erhöht. Dieses Verhalten ist jedoch bei hoher oligopolistischer Interdependenz ökonomisch wenig sinnvoll, da das Unternehmen mit einem Nachziehen der "gleichstarken" Konkurrenten rechnen muß und der entstehende "Kampf" um die Marktanteile für alle Anbieter ein hohes Risiko in sich birgt. Unter diesen Umständen kann ein stillschweigendes "agreement", mit der Anwendung der neuen Produktionstechnik abzuwarten, die zweckmäßige Verhaltensweise sein. Es leuchtet auch ein, daß die Innovationen kleinerer Pionierunternehmen geduldet werden, solange diese Aktivitäten die Marktanteile der großen Produzenten nicht bedrohen.

Fallstudien lassen keine Generalisierungen zu. Ähnliche Studien für andere Industriezweige können andere Ergebnisse bringen. Wie aber auch die globalen Regressionsanalysen nahelegen, kann ohnehin keine Aussage getroffen werden, die für alle Sektoren gleichermaßen zutrifft. Allerdings ist kritisch anzumerken, daß A d a m s und D i r l a m eine statistische Überprüfung ihrer Untersuchungsergebnisse unterlassen haben.

Ein wichtiger Aspekt blieb bisher unberücksichtigt. Die Diffusion neuer Technologien ist nicht bereits abgeschlossen, wenn alle relevanten Unternehmen mit der ersten Nutzung einer Innovation begonnen haben. Es kommt vielmehr auch darauf an, in welchem Ausmaß und mit welcher Geschwindigkeit neue Techniken in den verschiedenen Bereichen einer einzelnen Unternehmung Anwendung finden, vor allem, wenn der Trend zu immer komplexeren Großunternehmen, deren Tätigkeitsbereiche für den einzelnen oft nicht mehr überschaubar sind, anhält.

E. Mansfield (1968, S. 173 ff., 4oo) untersucht den Substitutionsprozeß zwischen Dampf- und Diesellokomotiven für eine Reihe amerikanischer Eisenbahngesellschaften. Er beobachtet erhebliche Unterschiede zwischen den einzelnen Unternehmen in der "Intra-Firm"-Diffusionsrate. Während im Schnitt 9 Jahre benötigt werden, um den Anteil der Diesellokomotiven am gesamten Stock von 1o % auf 9o % zu erhöhen, dauert dieser Substituionsprozeß bei einigen Unternehmen nur drei Jahre, bei anderen 16 Jahre.

In einem Modell leitet Mansfield aus plausiblen Prämissen ab, daß der "Intra-Firm"-Diffusionsprozeß völlig analog zum "Inter-Firm"-Diffusionsprozeß als logistische Funktion der Zeit approximierbar ist. Als Determinanten der innerbetrieblichen Diffusionsrate werden vorausgesetzt:

(1) Die Rentabilität der Substitution,

(2) der time-lag zwischen der ersten Innovation durch das Pionierunternehmen und der ersten Adaption des imitierenden Unternehmens,

(3) die Liquidität des Unternehmens und

(4) die Unternehmensgröße.

Der Test des Modells ergibt, daß alle Faktoren einen signifikanten Einfluß auf die innerbetriebliche Diffusionsrate haben. Rund 7o % der Varianz der Diffusionsrate können durch das Modell erklärt werden. Während von der Liquidität des Unternehmens der erwartete positive Effekt auf die Diffusionsrate ausgeht, ist jedoch der Einfluß der Unternehmensgröße negativ. M a n s f i e l d zieht daraus den Schluß, daß "die kleineren Unternehmen, wenn sie einmal begonnen haben, mindestens genauso schnell wie ihre größeren Konkurrenten neue Technik gegen alte substituieren" (E. M a n s f i e l d, 1968, S. 191, 4oo).

Die Erweiterung des Modells um zusätzliche Einflußfaktoren ergibt im übrigen, daß die Diffusionsrate nicht statistisch signifikant von der Rentabilität des Unternehmens abhängt, während die Altersstruktur des Maschinenbestandes eine Rolle spielt.

2.4. Der Einfluß einer flexiblen und differenzierten Größenstruktur auf das innovatorische Potential

2.4.1. Die Bedeutung der Unternehmensgröße für den Innovationsprozeß im internationalen Vergleich

Die bisher genannten und diskutierten Analysen beziehen sich jeweils auf eine Phase des Innovationsprozesses. Es wird jeweils nur eine endogene Variable (F & E-Aktivität, inventive und innovative Outputs, Diffusionsgeschwindigkeit) betrachtet, und damit das Zusammenwirken dieser Variablen, die komplementären und synergistischen Effekte im Hinblick auf den gesamten Prozeß des technologischen Fortschritts vernachlässigt.

Ferner wird versucht, den Einfluß von Unternehmensgröße und Unternehmenskonzentration auf den Innovationsprozeß isoliert zu messen. Damit bleibt ungeklärt, welche relative Bedeutung diesen beiden Faktoren neben anderen Determinanten des Innovationsprozesses, die unabhängig von Größenordnungs- und Größenstruktureffekten wirksam sind oder nicht unmittelbar damit zusammenhängen, überhaupt zukommt. Von anderen innovationskonditionierenden Faktoren wie, um nur einige zu nennen, Bildungssystem- und -niveau, Mobilität des wissenschaftlichen und technischen Personals, Organisation, Flexibilität und Risikoverhalten des Managements, Angebot an Risikokapital, Einstellung der Nachfrager gegenüber Neuerungen, Pro-Kopf-Einkommen, Aktivität des Staates (F & E-Aufträge, Steuersystem u.a.), Größe und Spezialisierungsgrad der Inlandsmärkte, könnten einige für den Innovationserfolg eines Landes wesentlich entscheidender sein als die gerade vorhandene Unternehmensgrößenstruktur.

Hinzu kommt, daß sich die Studien vor allem auf die besondere Situation in den Vereinigten Staaten beziehen. Es ist von vornherein nicht ersichtlich, ob empirische Befunde über Unternehmensgröße und Innovationsaktivität, wie sie für die USA beobachtet werden, auch für andere, insbesondere wesentlich kleinere westliche Industriestaaten, Gültigkeit besitzen. Zumal in diesen Ländern die durchschnittlichen Unternehmensgrößen und die auf ihre Unternehmungen durchschnittlich entfallenden Mittel für Forschung und Entwicklung niedriger sind.

Eine Studie der OECD (1971, S. 143 - 151, 471), die im wesentlichen auf entsprechendes Zahlenmaterial einer zweiten Studie (OECD, 197o, S. 181 - 236, 470) zurückgreift, vermittelt einen ersten Ansatzpunkt, einige der aufgeworfenen Fragen statistisch zu klären. Zehn Länder werden betrachtet: Belgien, Frankreich, Deutschland, Großbritannien, Italien, Japan, Kanada, die Niederlande, Schweden und die Vereinigten Staaten.

Zur Messung der innovativen Leistungen eines Landes werden sechs Indikatoren gewählt:

(1) Die Herkunft von 11o wichtigen Innovationen seit dem 2. Weltkrieg,

(2) die Erlöse aus Patenten, Lizenzen und Know-How (1963 - 1964),

(3) die Quellen der von Japan importierten Technologien (1960 - 1964),

(4) die Zahl der im Ausland erworbenen Patente (1963),

(5) der Exportanteil der forschungsintensiven Industrien (1963 - 1965),

(6) der Exportanteil an forschungsintensiven Produktgruppen (1963 - 1965).

Anhand jedes einzelnen Indikators werden sechs Rangfolgen der zehn Länder ermittelt. Dabei zeigt sich eine signifikante Übereinstimmung in den Rangfolgen. Die Wahrscheinlichkeit dafür, daß dieses Ergebnis zufällig zustande kommt, liegt bei 1 %. Aus diesem Grunde wird angenommen, daß die Indikatoren - trotz ihrer konzeptionellen und statistischen Mängel - die innovativen Aktivitäten eines Landes hinreichend genau widerspiegeln.

Aus den Rangzahlen wird für jedes Land die Summe gebildet und anhand dieser Summe die endgültige Rangfolge der Länder bestimmt. Das Ergebnis zeigt Tabelle 15. Hinsichtlich der Innovationsaktivität dominieren die USA. Deutschland und Großbritannien liegen beide an zweiter Stelle, während Japan den letzten Platz einnimmt. Japan scheint Innovationen hauptsächlich zu importieren , wobei allerdings anzumerken ist, daß die Untersuchung die vergangenen neun Jahre nicht erfaßt.

Die sich aufgrund der innovativen Leistungen ergebende Rangfolge der Länder wird in Beziehung gesetzt zu weiteren Rangordnungen. Diese werden mit Hilfe von Indikatoren bestimmt, welche die Determinaten der innovativen Aktivität messen.

Tab. 15: Die Rangfolge von 1o Ländern nach ihren innovativen Leistungen

Land	Summe der Rangzahlen	(Endgültige) Rangzahlen
USA	7	1
Deutschland	21	2,5
Großbritannien	21	2,5
Niederlande	22	4
Schweden	23	5
Frankreich	39	6
Italien	44	7
Belgien	48	8
Kanada	51	9
Japan	52	1o

Quelle: OECD, 1971, S. 145 , 471 .

Tabelle 16 zeigt die Werte der berechneten Rangkorrelationskoeffizienten zwischen der Innovationsaktivität und einigen wichtigen Faktoren, von denen man a priori annehmen kann, daß sie die Innovationsaktivität beeinflussen. In der zweiten Zeile stehen die zugehörigen Signifikanzniveaus (Irrtumswahrscheinlichkeiten).

Aufschlußreich ist zunächst, daß die innovative Aktivität signifikant mit der industriellen F & E-Aktivität korreliert ist, nicht jedoch mit der staatlichen Nachfrage nach Forschung und Entwicklung. Ebenso spielen das Einkommen pro Kopf, die Größe des Inlandsmarktes und die Ausbildung der Arbeitskräfte keine bedeutsame Rolle, während das Ausmaß und die Qualität der Grundlagenforschung statistisch signifikant mit der Innovationsaktivität korreliert sind.

Tab. 16 : Rangkorrelationskoeffizienten zwischen der nationalen Innovationsaktivität in 1o Ländern und einigen für die Innovationsaktivität bedeutsamen Faktoren

Einige Faktoren, die als bedeutsam für die Innovationsaktivität angesehen werden	"Nachfrage"-Faktoren			"Angebots"-Faktoren						
	Größe d. Inlandsmarktes gemessen durch das Brutto sozialprodukt	Einkommensniveau pro Kopf	Niveau der staatl. F&E-Ausgaben	Qualität der Grundlagenforschung		Industrielle Forschung u. Entwicklung		Zahl großer Unternehmen		
Statistische Beziehung zw. diesen Faktoren und der nationalen Innovationsaktivität in 1o Ländern				Nobelpreise (1943-67) pro Kopf Arbeitsbevölk.	Wissenschaftl. Veröffentlichung. pro Kopf Arbeitsbevölk. (1961-62)	Industriel. F&E-Aktivität pro Kopf	Industriell finanzierte F&E-Aktivität pro Kopf	Mit einem Umsatzvolumen über 25o Mill. Dollar pro Kopf	Mit einem Umsatzvolumen über 5oo Mill. Dollar pro Kopf	Graduierte als Prozentsatz des Arbeitspotentials
Rangkorrelationskoeffizienten	o,18	o,45	o,59	o,92	o,62	o,87	o,79	o,65	o,87	o,12
Statistische Signifikanz (Irrtumswahrscheinlichkeit)	n.s. bei 5 %	n.s. bei 5 %	n.s. bei 5 %	1 %	5 %	1 %	1 %	5 %	1 %	n.s. bei 5 %

n.s. = nicht signifikant

Quelle: OECD, 1971, S. 54 und S. 146, 471 .

Relevant ist in unserem Zusammenhang jedoch, daß zwischen der Zahl der Großunternehmen eines Landes und seinen innovativen Aktivitäten eine statistisch signifikante Korrelation besteht. Das Signifikanzniveau wird dabei erhöht, wenn man nur die extrem großen Unternehmen mit mehr als 5oo Mill. Dollar Umsatz betrachtet. Während die auf den nationalen Rahmen beschränkten Studien die Bedeutung der extrem großen Unternehmen im Innovationsprozeß erheblich relativieren, scheint der internationale Vergleich für diese Unternehmen zu sprechen. Die Existenz von Großunternehmen scheint im internationalen Vergleich eine notwendige Bedingung für eine hohe Innovationsaktivität zu sein.

Zuverlässigkeit und Validität der Untersuchungsergebnisse sind jedoch aus mehreren Gründen beschränkt:

(1) Die Stichprobe ist sehr klein (1o Beobachtungen) und die Korrelationskoeffizienten sind sehr sensitiv bezüglich Änderungen der Rangordnungen, so daß sich Fehler im statistischen Ausgangsmaterial vergleichsweise stark auf die Untersuchungsergebnisse auswirken können.

(2) Nich alle Daten beziehen sich auf denselben Zeitraum.

(3) Korrelationsanalysen zeigen nur statistische Abhängigkeiten, nicht jedoch notwendigerweise Kausalitäten. Den Untersuchungen ist daher nur zu entnehmen, daß in einer Periode eine hohe Innovationsaktivität mit einer großen Anzahl von Großunternehmen zusammenfällt.

(4) Eine höhere Innovationsaktivität könnte genauso auch mit einer größeren Zahl kleinerer Unternehmen verbunden sein. Das heißt, auch zwischen der Zahl der kleinen Unternehmen und der Innovationsaktivität kann eine signifikante Korrelation bestehen. Ein valider Vergleich unterschiedlicher Unternehmensgrößen hätte eine Korrelationsrechnung für eine größere Zahl von Unternehmensgrößenklassen erfordert. Aus der Tatsache, daß das Signifikanzniveau abnimmt, wenn die Unternehmen

mit einem Umsatzvolumen von 250 bis 500 Mill. Dollar eingerechnet werden, läßt sich noch nicht schließen, daß dies generell für alle kleineren Unternehmensgrößenklassen gilt.

(5) Die gewählten Indikatoren messen teilweise die absoluten Innovationserfolge. Wesentlich ist jedoch die relative Innovationsaktivität eines Landes. Die Niederlande beispielsweise liegen hinsichtlich der forschungsintensiven Exporte an erster Stelle, wenn ihr Weltmarktanteil auf ihr gesamtes Exportvolumen bezogen wird. Es ist nicht allzu erstaunlich, daß das größte Land (USA) hinsichtlich der absoluten Innovationsaktivität an der Spitze liegt und zugleich die relativ größte Zahl von Großunternehmen aufweist.

2.4.2. Die Interdependenz und Interaktion zwischen innovativen Prozessen und einer sich fortlaufend wandelnden, differenzierten Größenstruktur

Auf den ersten Blick erscheinen die empirischen Befunde widersprüchlich und verwirrend. Die hohen innovativen Leistungen eines Landes - insbesondere der USA - sind einerseits mit der Existenz einer großen Zahl forschungsintensiver Großunternehmen verbunden, in deren F & E-Abteilungen meist mehr als zwei Drittel aller nationalen F & E-Ressourcen eingesetzt werden. Andererseits zeigen viele Studien, daß vor allem kleinere und mittlere Unternehmen hohe inventive und innovative Erträge auf sich vereinigen. Daraus folgt, daß keine verallgemeinernden Aussagen bezüglich der relativen Beiträge unterschiedlich großer Unternehmen zum technischen Fortschritt möglich sind.

Es kann auch keine Generalisierung im Hinblick auf eine zur Stimulierung innovativer Aktivitäten notwendigen (optimalen) Größenstruktur vorgenommen werden. Versuche, den Einfluß der absoluten und relativen Unternehmensgröße auf die F & E-Aktivität und die inventiven und innovativen Outputs zu messen, liefern diesbezüglich keine schlüssigen und generell verwertbaren Ergebnisse. Aussagen dahingehend, daß einerseits erst ab einer bestimmten Unternehmensgröße sinnvoll Forschung und Entwicklung betrieben werden kann, andererseits eine Unternehmenskonzentration über einen gewissen Maximalwert hinaus ebenso wie gigantische Größe keinen Zuwachs an innovativen Aktivitäten mehr erbringen, sind unergiebig, solange der Bereich zwischen Minimum- und Maximumschwelle in den absoluten und relativen Unternehmensgrössen nicht hinreichend genau bestimmt werden kann oder so weit gespannt ist, daß praktisch die meisten interessierenden Wirtschaftsgruppen in diesen Bereich fallen. Die von E. S c h e r e r gefundene Konzentrationsschwelle von 5o % bis 55 % wird beispielsweise nur von sechs der betrachteten 56 Wirtschaftsgruppen überschritten. Dann wird lediglich konstatiert, daß der gerade vorhandene Konzentrationsstand im Hinblick auf die Ausschöpfung des innovatorischen Potentials noch vertretbar ist. Hinzu kommt das Problem, daß die Schwellenwerte je nach betrachteter Wirtschaftsgruppe und nach Beobachtungszeitraum sehr verschieden sein können. Es ist ferner in vielen Fällen nicht ersichtlich, ob eine überdurchschnittliche Unternehmenskonzentration zu einer hohen Innovationsaktivität führt, oder ob nicht vielmehr eine hohe Neuerungsaktivität zu einem überdurchschnittlichen Konzentrationsstand geführt hat.

Angesichts der empirischen Befunde liegt die Feststellung nahe, daß größenstrukturverhaftete Ansätze der Wettbewerbstheorie ihrem Anspruch ,allgemeingültige Aussagen bezüglich des Innovationsverhaltens zu liefern, die empirisch überprüfbar und bestätigt sind, bislang nicht gerecht geworden sind. Folglich fehlt den explizit oder implizit darauf begründeten wettbewerbspolitischen Konzeptionen bislang die befriedigende theoretische und empirische Fundierung.

In Anlehnung an die Studie der OECD (1971, S. 34 - 52, 471) bietet sich ein anderer Ansatz zur Erklärung der empirischen

Befunde an: Zwischen kleinen, mittleren und großen Unternehmen besteht hinsichtlich der Funktion im Innovationsprozeß eine komplementäre, interdependente und sich dynamisch wandelnde Beziehung. Die Größenstruktur einer Industrie ändert sich fortlaufend in enger Interdependenz und Interaktion zu den innovativen Prozessen mit wechselnder, nicht vorherbestimmbarer Richtung. Diese Interpretation, die mit von H a y e k s allgemein gehaltener Konzeption im Prinzip vereinbar ist, basiert im wesentlichen auf folgenden Argumenten, die für die Situation in den USA empirisch evident sind:

(1) Zwischen Unternehmen unterschiedlicher Größe besteht im Innovationsprozeß ein hohes Maß an Arbeitsteilung. Großunternehmen tendieren dazu, eine hohe innovative Aktivität auf Gebieten zu entwickeln, die sehr große Aufwendungen hinsichtlich Technologie, Produktion und Marketing erfordern, während der innovative Beitrag der kleineren Unternehmen auf Märkten liegt, in denen sehr spezialisierte, hochentwickelte und "spitzfindige" (sophisticated) technologische Fähigkeiten nachgefragt werden und nur relativ geringe Beträge in Produktion und Marketing investiert werden müssen. Aufgrund zu geringer Stückzahlen und zu hohem Spezialisierungsgrad besteht hier für Großunternehmen kein Anreiz als Konkurrenten aufzutreten. Vielmehr ist es oft so, daß die Großunternehmen die Hauptkunden kleinerer spezialisierter Unternehmen bilden.

(2) Die innovativen Aktivitäten der großen und kleinen Unternehmen sind nicht nur aufgrund der Arbeitsteilung komplementär, sondern auch interdependent. Viele kleine "science-based"-Unternehmen werden durch Wissenschaftler und Ingenieure gegründet, die ihre Kenntnisse und Erfahrungen in den Großunternehmen erworben haben. Manchmal werden diese kleineren Unternehmen sogar ausgiebig von den Großunternehmen unterstützt, in anderen Fällen

kann eine Gründung nicht verhindert werden. Das Aufkommen und die Entwicklung von kleinen, wissenschaftlich begründeten Unternehmen fand zuerst in den USA statt und spielt dort im Vergleich zu europäischen OECD-Mitgliedsländern eine herausragende Rolle.

(3) Die Rollenverteilung zwischen kleinen und großen Unternehmen im innovativen Prozeß ist nicht stabil und fest vorgegeben, sie verändert sich fortlaufend im Zuge der technologischen Entwicklung. Zu Beginn des "Innovationszyklus" spielen Größenfaktoren häufig eine untergeordnete Rolle. Der Erfolg der Unternehmen hängt hier vor allem von ihren technologischen Fähigkeiten ab. Erst mit zunehmendem Reifegrad des neuen Produkts bzw. der neuen Technologie werden Größenfaktoren in der Produktion und im Marketing bedeutsam. Kleinere Unternehmen verschwinden vom Markt, entweder weil sie aufgekauft wurden oder weil sie aufgrund von internem Wachstum oder mittels des Zusammenschlusses mit anderen Unternehmen in größere Unternehmensgrößenklassen hineinwachsen. Gleichzeitig entstehen aber neue Technologien, die wiederum für kleinere Unternehmen eine Vielzahl neuer Bestätigungs- und Entwicklungsmöglichkeiten bieten. Die durch innovative Prozesse bewirkte, nicht vorherbestimmbare Veränderung und Substitution bestehender Technologien und Märkte erfordert eine sich dauernd anpassende Größenstruktur, wobei zwischen größeren und kleineren Unternehmen fortlaufend eine neue "Rollenverteilung" vonstatten geht.

Das Argument der Arbeitsteilung soll zeigen, daß keine Entscheidung für oder gegen große oder kleinere Unternehmen getroffen werden kann, da es hier keine Alternativen gibt. Die Funktionen der unterschiedlich großen Unternehmen im Innovationsprozeß sind komplementär. Eine Arbeitsteilung ist notwendig, da die meist spektakuläre Entwicklung von äußerst komplexen Systemen in den Bereichen Kernenergie, Flugzeug- und Raketenbau, Waffen- und Verteidigungssysteme,

Datenverarbeitung u.a. Entwicklungskosten erfordern, die häufig nicht einmal von einem Großunternehmen allein aufgebracht werden können. Daneben gibt es jedoch, wie die Diskussion über die Schwellenwerte in Forschung und Entwicklung gezeigt hat, ein weites Feld von Innovationsmöglichkeiten, die für kleinere und mittlere Unternehmen hinsichtlich der Entwicklungskosten erschwinglich sind. Typische Betätigungsbereiche für kleinere Unternehmen zeichnen sich durch kleine Produktionszahlen, hohe Spezialisierung und geringe Entwicklungs- und Marketingkosten aus. In diesen Bereichen sind Großunternehmen nicht in der Lage oder willens, Innovationen zu entwickeln. Die großen amerikanischen Stahlproduzenten zeigten beispielsweise wenig Interesse, besonders korrosionsfeste Stahlbleche zu entwickeln und zu produzieren, die von einem Unternehmen für ein spezielles Produkt benötigt wurden. Es bestand keine Aussicht auf eine größere Serienfertigung. Ein kleineres Unternehmen übernahm diese Aufgaben. In manchen Bereichen sind Großunternehmen nicht mehr in der Lage - auch wenn ökonomisches Interesse besteht - der Spezialisierung zu folgen. Eine Unternehmung mit nur 4o Beschäftigten in Massachusetts entwickelte eine entscheidende Präzisionskomponente eines Lenkungs- und Steuerungssystems für ballistische Geschosse. Das mit dem staatlichen Fertigungsauftrag betraute Großunternehmen war trotz erheblicher Anstrengungen nicht in der Lage, diese Komponente nachzubauen, so daß kleine Unternehmen die Produktion übernehmen mußten (OECD, 1971, S. 38, 471). Häufig geht auch die Entwicklung komplexer Systeme durch Großunternehmen mit der Entwicklung einzelner Komponenten durch kleinere Unternehmen einher.

Der Hinweis auf die Möglichkeit und Notwendigkeit der Arbeitsteilung reicht jedoch nicht aus, das phänomenale Wachstum von ursprünglich relativ kleinen Unternehmen zu erklären, die ihre Erfindungen selbst zur Marktreife entwickelten, wie beispielsweise Xerox, Polaroid und Texas Instruments. Die entsprechenden Erfindungen wurden vorher Großunternehmen zur Weiterentwicklung angeboten, die als sehr innovationsaktiv anzusehen sind, so etwa die Xerographie an IBM und Polaroid an Kodak. Offenbar haben hier die Großunternehmen die Entwicklungschancen nicht erkannt. Für solche Fehlentscheidungen sind - laut OECD - weniger der Konservativismus, das Gewicht etablierter Interessen, die "not invented here"-Attituden der führenden Unternehmen verantwortlich, sondern die mit einer umwälzenden Erfindung verbundenen extrem hohen Risiken, die von den auf Plan- und Kalkulierbarkeit des marktmäßigen Erfolgs einer Innovation bedachten etablierten Großunternehmen nicht eingegangen werden. Kleinere risikofreudige Unternehmen haben hier eine weitere komplementäre Funktion: Sie korrigieren solche Fehlentscheidungen und ermöglichen ein Angebot an risikoreichen Innovationen.

Die Funktionen der Großunternehmen hinsichtlich des Innovationsprozesses gewinnen erheblich an Bedeutung, wenn durch eine hohe Abwanderungsrate von Wissenschaftlern und Ingenieuren in kleine "science-based" Unternehmen ein entsprechend hoher Technologietransfer ermöglicht wird. Eine Vielzahl dieser Unternehmen wird in den USA von ehemaligen Mitarbeitern industrieller, staatlicher und universitärer F & E-Investitionen gegründet. Oftmals erfolgt dies mit ausdrücklicher Unterstützung der Großunternehmen, wenn die erschlossenen Märkte als zu klein und zu spezialisiert für eigene Aktivitäten angesehen werden. Ein F & E-Direktor von Du Pont nennt hier eine Größenordnung von etwa einer Million Dollar Jahresumsatz. R o b e r t s stellt in einer Studie über 202 neue innovative Unternehmen der Region Boston fest, daß 155 davon durch ehemalige Mitarbeiter von MIT gegründet wurden. 105 ehemalige Mitarbeiter kamen aus den MIT - Laboratorien. Die davon erfolgreichen Unternehmen sind mehr entwicklungs- als forschungsorientiert. Ihr Erfolg zeichnet sich vor allem dadurch aus, daß die Eigentümer ihre früher erworbenen Kenntnisse unmittelbar in die Praxis umsetzen und anwenden können. Die erfolgreichen Ingenieure und Wissenschaftler haben oft vor Unternehmensgründung Managementkurse besucht und die Probleme der Unternehmensführung, des Marketing und der Personalpolitik voll erkannt. R o b e r t s beobachtet auch, daß ein hohes Niveau der F & E-Aktivitäten der MIT-Instrumentation und der Lincoln-Laboratories nach etwa 4,5 bis 6 Jahren zu hohen Erlösen und zu hoher Beschäftigung der von den ehemaligen Mitarbeitern errichteten Unternehmen führt. In einer großen Zahl anderer Gebiete, die sich durch eine hohe Konzentration industrieller, staatlicher und universitärer F & E-Aktivitäten auszeichnen, entstehen ebenfalls bedeutende Ansammlungen neuer Unternehmen. So beispielsweise in den Gebieten Palo Alto, San Diego, Minneapolis, Atlanta, Miami, Pittsburg u.a. Die Universitäten bilden dabei nicht die Hauptquelle der "science-based" Unternehmensgründungen. Von 22 in der Region Stanford neu errichteten Unternehmen gehen sechs direkt aus den Universitäten hervor, der Rest aus Industrie- und nicht kommerziellen Forschungsinstituten. Die akademische Ausbildung der Unternehmer liegt im Schnitt auf der "Master"- und nicht auf der "Doktor"-Ebene.

Die Errichtung neuer Unternehmen auf wissenschaftlicher Basis bzw. mit wissenschaftlicher Ausrichtung durch ehemalige Mitarbeiter der staatlichen und industriellen F & E-Institutionen spielt in den USA im Vergleich zu den europäischen OECD-Mitgliedsländern eine herausragende Rolle. Vier Gründe sind hierfür im wesentlichen verantwortlich:

(1) Die höhere Mobilität und Risikobereitschaft der Wissenschaftler und Ingenieure in den USA.

(2) Die teilweise sehr liberale, ja sogar unterstützende Haltung der Großunternehmen wie z.B. Du Pont gegenüber Bestrebungen ihrer Mitarbeiter, sich durch Unternehmensgründungen selbständig zu machen und zur Spezialisierung des Angebots beizutragen.

(3) Ein institutionalisiertes Angebot an Risikokapital, das auch in kleinen "science-based" Unternehmen Anlage sucht, sowie das Vertrauen, die Aufgeschlossenheit und Kompetenz der Banken bei der Bewertung und Einschätzung ihrer Aktivitäten.

(4) Der sehr große Markt für öffentliche F & E-Aufträge. So verkaufen beispielsweise 39 % aller neuen Unternehmen in Elektronik und 47 % im Bereich wissenschaftlicher Instrumente mehr als zwei Drittel ihrer Produktion an den Staat.

Die Rolle der Großunternehmen im Innovationsprozeß läßt sich, wenn man die empirischen Fakten zusammenfassend bewertet, wie folgt beschreiben:

(1) Großunternehmen leisten über ihre hohen zielgerichteten F & E-Aktivitäten, vor allem im Bereich der angewandten Forschung und Entwicklung, einen hohen Beitrag zur Lösung vorwiegend komplexer Problemstellungen, die ein hohes Maß an interdisziplinären Aktivitäten, einen engen Bezug zur Grundlagenforschung und die Fähigkeit zur Organisation und Beschleunigung der Vielzahl einzelner zusammenhängender Teilprojekte erfordern.

(2) Über die Entwicklung und Kommerzialisierung von komplexen technologischen Systemen schaffen sie Nachfrage nach speziellen, technisch "virtuosen" Systemkomponenten, die wegen des hohen Spezialisierungsgrads nicht intern entwickelt und produziert werden können. Auf diesen Märkten liegt das Aktionsfeld kleinerer "sophisticated" Unternehmen.

(3) Sie vermitteln den beschäftigten Wissenschaftlern und Ingenieuren spezielle Kenntnisse, Erfahrungen und Fähigkeiten, die über die spätere Gründung eigener Unternehmen oder durch das Abwandern in kleinere spezialisierte Unternehmen, angewendet und kommerziell verwertet werden können.

Kleinere Unternehmen haben hierzu eine komplementäre Funktion, indem sie Innovationsmöglichkeiten in Bereichen aufgreifen, in denen die Großunternehmen nicht konkurrieren können oder wollen. Zusätzlich bilden sie ein notwendiges Korrektiv für die hohe "Fehlerrate" der Großunternehmen bei Inventionen und Innovationen, deren technologische und marktmäßige Entwicklungschancen sehr ungewiß sind und die sich daher einer von den Großunternehmen angestrebten längerfristigen Prognose, Planung und Kalkulation entziehen.

Das Problem, die Frage zu beantworten, welche Unternehmensgröße und Unternehmensgrößenstruktur hinsichtlich des Innovationsprozesses besonders vorteilhaft ist, erweist sich nach dieser Interpretation der empirischen Befunde als Scheinproblem. Notwendig ist eine flexible Größenstruktur, die sich den stets ändernden technologischen und ökonomischen Bedingungen anpaßt. Eine Voraussetzung hierfür ist die Sicherung der Entwicklungsmöglichkeiten für kleinere "science-based" Unternehmen, etwa durch Förderung des Angebots an Risikokapital gerade für diese Unternehmensklasse. Der Wettbewerbsprozeß, in dem auch die Unternehmensgröße und Unternehmenskonzentration als endogene Variable begriffen werden muß, kann hier zur erforderlichen Flexibilität führen. Welche Voraussetzungen erfüllt sein müssen, damit der "Wettbewerb als Entdeckungsverfahren" die notwendige Flexibilität schafft, ist jedoch theoretisch und empirisch nicht geklärt. Größenstrukturverhaftete Erklärungsansätze führen jedenfalls bislang zu keinen befriedigenden Ergebnissen.

3. Zusammenfassung: Ergebnisse und offene Fragen

Eine Zusammenfassung, die die wichtigsten Ergebnisse referieren soll, wird bei der Vielzahl der in die Literaturanalyse einbezogenen Titel notwendig zu einer Schwerpunktbildung durch Auswahl gezwungen. Über viele Einzelheiten in den zustimmenden oder ablehnenden kritischen Stellungnahmen im Text ist dabei hinwegzugehen. Das vollständige Bild der Literaturanalyse ergibt sich nur aus der Lektüre des gesamten Textes. Im Rahmen der Zusammenfassung können nur die wesentlichsten Ergebnisse und Schlußfolgerungen in Kürze wiederholt werden.

Hauptproblem der Literaturanalyse ist die Verknüpfung der strategischen Variablen"Wettbewerb als Entdeckungsverfahren" und innovatorisches Potential. In Zusammenhang damit steht die Frage, wie die Unternehmensgröße und die Unternehmenskonzentration direkt und indirekt über den Wettbewerb auf das innovatorische Potential wirken. Zur Erkundung der indirekten Wirkungen muß man analysieren, wie sich die Unternehmensgröße und die Unternehmenskonzentration auf den Wettbewerbsprozeß auswirken. Aus der Problemstellung ergibt sich der Aufbau der Literaturuntersuchung. Ausgangspunkt sind die Grundlagen der Wettbewerbstheorie. Anschließend werden die wettbewerbspolitischen Konzeptionen mit ihren unterschiedlichen Varianten des Wettbewerbs als Entdeckungsverfahren betrachtet. Das Schwergewicht liegt dann auf der Kritik der empirischen Studien zur Untersuchung des Einflusses der Unternehmensgröße und der Unternehmenskonzentration auf das innovatorische Potential. Dieser Teil der Untersuchung ist nach den Phasen des Innovationsprozesses (Forschung und Entwicklung, Invention, Innovation, Diffusion) gegliedert.

3.1. Wettbewerbstheorie und wettbewerbspolitische Konzeptionen

Dem ohne Zweifel sehr hohen Komplexitätsgrad des Phänomens Wettbewerb steht ein bisher sehr geringer Erkundungsgrad der gesetzmäßigen Zusammenhänge auf diesem Gebiet gegenüber.

Über die Dimensionen des Wettbewerbsprozesses (Verhaltensweisen, Marktphasen, Präferenzpotentialverteilungsänderungen, Intensität, Richtung, Widerstreit polypolisierender und monopolisierender Kräfte) besteht tendenzielle Übereinstimmung. In der inhaltlichen Beschreibung dieser Merkmale des Wettbewerbsprozesses gibt es allerdings erhebliche Kontroversen (vergl. dazu 1.1.). Eine ins Gewicht fallende Lücke der Wettbewerbstheorie ist das Fehlen einer in sich schlüssigen Theorie der Wettbewerbsvoraussetzungen. Das sind die hinreichenden und notwendigen Bedingungen, bei deren Vorliegen sich Wettbewerbsprozesse ergeben (vergl. dazu 1.2.). Es existiert kein Katalog von Wettbewerbsvoraussetzungen, der auf die Kriterien der Widerspruchsfreiheit und der Vollständigkeit hin überprüft worden wäre.

Auf einem der wichtigsten Gebiete ist somit das nomologische Wissen unzureichend und die wissenschaftlichen Meinungen gehen stark auseinander. Aus der Vielzahl der kritischen Punkte sei ein für die Projektfrage besonders wichtiger hervorgehoben: In der Literatur setzt sich die Auffassung zunehmend durch, daß der Wettbewerbsprozeß u.a. ein ständiger Widerstreit polypolisierender und monopolisierender Kräfte ist (vergl. 1.1.6.). Dieser Widerstreit bestimmt seinerseits als endogene Variable die Marktform. Demgegenüber verliert die Auffassung, nach der ganz bestimmte Marktformen notwendige oder/und hinreichende Vorbedingung für Wettbewerbsprozesse sind, an Boden.

Eng mit den Mängeln, Unvollkommenheiten und dem geringen Erkundungsgrad auf wettbewerbstheoretischem Gebiet hängt ein anderer Sachverhalt zusammen: Es gibt bisher keine restlos überzeugende theoretische Einordnung der horizontalen, vertikalen und konglomeralen Unternehmenskonzentration in den Wettbewerbsprozeß. Ist Konzentration eine in den Widerstreit polypolisierender und monopolisierender Kräfte einzuordnende endogene Variable? Oder vollzieht sich Unternehmenskonzentration außerhalb des eigentlichen Wettbewerbsprozesses und wirkt als exogene Variable auf die Wettbewerbsvoraussetzungen? Kriterien zur stichhaltigen Entscheidung in dieser Frage liegen bisher nicht vor.

Als Folge des noch nicht befriedigenden nomologischen Wissens auf wettbewerbstheoretischem Gebiet ergeben sich sehr kontroverse wettbewerbspolitische Konzeptionen (vergl. 1.4.). Keine von ihnen präsentiert eine gänzlich in sich geschlossene Sicht des Wettbewerbs als Entdeckungsverfahren in dem Sinne, daß Unternehmensgröße und Unternehmenskonzentration in den Erklärungszusammenhang mit einbezogen und diejenigen Faktoren, die die Wirtschaftssubjekte zu Innovationen veranlassen, ausführlich und vollständig erforscht und ausdrücklich aufgeführt würden. Ohne auf die Kritik im einzelnen hier noch einmal einzugehen (vergl. dazu 1.4.1. - 1.4.5.), ist als verschiedene Konzeptionen gleichzeitig betreffende Kritik festzustellen:
Das Konzept der vollständigen Konkurrenz der Freiburger Schule, die Anti-Wettbewerbskonzeption der gegengewichtigen Marktmacht von J.K. Galbraith und das Konzept des weiten Oligopols von E. Kantzenbach weisen vor allem zwei wesentliche Mängel auf: Diese Konzeptionen sind erstens einzelmarktlich orientiert, d.h. sie betrachten den Wettbewerbsprozeß als einen Vorgang auf Einzelmärkten unter Vernachlässigung der Beziehungen zwischen den verschiedenen Märkten in einer Volkswirtschaft. Zweitens sind diese Konzeptionen marktstrukturverhaftet. Sie gehen jeweils von einer bestimmten Marktstruktur als Voraussetzung für Wettbewerb aus. Das Konzept der Wettbewerbsfreiheit von E. Hoppmann ist ebenfalls noch stark einzelmarktlich orientiert. Jedoch dominiert in diesem Konzept der Wettbewerbsprozeß die Marktstruktur. F.A. von Hayeks Konzeption des Wettbewerbs als Entdeckungsverfahren vermeidet beide aufgezeigten Schwächen. In dieser Konzeption werden die Innovationsvorteile einer wettbewerblich geordneten Volkswirtschaft am eindrucksvollsten herausgearbeitet. Weniger überzeugend ist A. von Hayeks Auffassung, daß seine Theorie gerade aufgrund der Eigenschaften des Wettbewerbs nicht empirisch überprüfbar sei. Bei allem Fortschritt in der Diskussion der wettbewerbspolitischen Konzeptionen in den vergangenen Jahren bleibt ferner festzustellen, daß in keiner dieser Konzeptionen die vielschichtigen Zusammenhänge zwischen Wettbewerb, innovatorischem Potential, Unternehmensgröße und Unternehmenskonzentration zu einer statistisch testbaren Hypothese des Wettbewerbs als Entdeckungsverfahren formuliert werden.

3.2. Empirische Befunde zum Einfluß der Unternehmensgröße und der Unternehmenskonzentration auf das innovatorische Potential

Das Bild der empirischen Untersuchungen ist zunächst einmal geprägt durch offenkundig erhebliche Schwierigkeiten, für die jeweilige Fragestellung geeignetes statistisches Material zu erschließen. Hinzu kommt, wie erwähnt, daß von Seiten der Wettbewerbstheorie noch nicht die für empirische Untersuchungen notwendigen, genügend eindeutigen und damit überprüfbaren Hypothesen über die Innovationswirksamkeit des Wettbewerbs - und damit im Zusammenhang über die Einflüsse der Unternehmensgröße und der Unternehmenskonzentration - geliefert werden. So gibt es eine Vielzahl von Einzelarbeiten, die sich meist auf einzelne Phasen des Innovationsprozesses (Forschung und Entwicklung, Invention, Innovation, Diffusion) beziehen. In einer Reihe von Fällen (vergl. 2.1. - 2.4.) sind die aus dem statistischen Material gezogenen Schlüsse problematisch: Es ist fraglich, ob die gezogenen Schlüsse sich zwingend aus dem Zahlenmaterial ergeben. Oder aber es ist zweifelhaft, ob die anhand der Zahlen gegebenen Antworten überhaupt Antworten zu derjenigen Frage sind, zu der sie eine Antwort geben wollen. Gegen die Zuverlässigkeit des Zahlenmaterials, die Zulässigkeit der gezogenen Schlüsse und die Gültigkeit der gegebenen Antworten sind oft Bedenken anzumelden.

3.2.1. Einfluß von Unternehmensgröße und Unternehmenskonzentration auf die F & E-Aktivität

Drei Hypothesen werden in der Literaturanalyse überprüft:

(1) Die Neo-Schumpeter-Hypothese I: Unternehmensgröße und F & E-Aktivität sind positiv korreliert,

(2) die Neo-Schumpeter-Hypothese II: Unternehmenskonzentration und F & E-Aktivität sind positiv korreliert,

(3) die Nelson-Hypothese: Konglomerale Unternehmenskonzentration und F & E-Aktivität sind positiv korreliert.

3.2.1.1. Zur Neo-Schumpeter-Hypothese I: Unternehmensgröße und F & E-Aktivität sind positiv korreliert

Zur Frage des Zusammenhangs zwischen Unternehmensgröße und absoluter F & E-Aktivität lassen sich die im Text vorgetragenen Ergebnisse wie folgt zusammenfassen und bewerten: Es zeigt sich deutlich eine Konzentration der F & E-Ausgaben auf die Unternehmen mit mehr als 5 000 bzw. 10 000 Beschäftigten. Das gilt vor allem, wenn man die Zahlen für die USA zugrunde legt. Zweifelhaft ist, ob für eine hohe F & E-Aktivität tatsächlich derart enorme Unternehmensgrößen erforderlich sind, wie sie von den Industrieunternehmen in den USA in vielen Branchen erreicht werden. Die Studien von D. Hamberg und F.M. Scherer zeigen: Es ist fraglich, ob selbst in bezug auf das rohe Maß der absoluten F & E-Aktivität die extrem großen Unternehmen den kleineren Großunternehmen überlegen sind.

In der Bundesrepublik Deutschland zeigt sich für die Klasse der 1 237 größten Unternehmen ein vergleichsweise enger Zusammenhang zwischen Unternehmensgröße und Höhe der F & E-Aufwendungen. Das gilt, solange man sich mit branchenunspezifischen Zahlen begnügt. Eine nach Wirtschaftszweigen differenzierte Korrelationsanalyse kann durchaus andere Ergebnisse bringen. Die Abweichung gegenüber den USA mag darin begründet liegen, daß die Firmen in der Bundesrepublik Deutschland längst noch nicht die Größe der amerikanischen Industriegiganten erreicht haben. Die erwähnten Studien von D. Hamberg und F.M. Scherer legen nahe, das amerikanische Beispiel der extremen Unternehmensgrößen keineswegs nachzuahmen.

Die absolute F & E-Aktivität sagt nur etwas über die Höhe der im Innovationsprozeß eingesetzten Mittel aus. Sie gibt keine Auskunft über Qualität und Effizienz der F & E-Ausgaben und auch nicht über die Verwendungsrichtung.

Eine großzügigere Ausstattung der F & E-Abteilungen kann den Forschungsvorhaben förderlich sein. Das ist aber nicht notwendig so. Nach A. Cooper (Hearings) wächst mit zunehmender Unternehmensgröße die Wahrscheinlichkeit für eine geringere Effizienz der F & E-Aufwendungen. Allerdings ist diese Tendenz vor allem bei der Durchführung kleinerer F & E-Projekte zu beobachten, nicht jedoch bei der Entwicklung komplexer Systeme (vergl. 2.1.1.1.). In bezug auf die Verwendungsrichtung der F & E-Ausgaben weist D. N o v i c k (Hearings) darauf hin, daß der weitaus größte Teil der industriellen F & E-Aktivität auf die Verbesserung und Veränderung bereits existierender Produkte gerichtet ist. Eine Umfrage der McGraw Hill Publishing Company ergab, daß ungefähr 47 % der befragten Unternehmen den Hauptzweck ihrer F & E-Aktivität in der Entwicklung neuer Produkte sehen, 4o % der befragten Unternehmen geben die Verbesserung existierender Produkte als Hauptzweck an und 13 % der befragten Unternehmen stellen hauptsächlich auf die Entwicklung neuer Produktionsverfahren ab. Nach Branchen unterschieden ergibt sich folgendes: Das Ziel, neue Produkte zu entwickeln, scheint in der chemischen, elektrotechnischen und metallverarbeitenden Industrie vorzuherrschen. Produktverbesserungen spielen in Industriezweigen Maschinenbau, Auto- und Stahlherstellung, Transport und anderen eine erhebliche Rolle. Prozeßinnovationen haben das Übergewicht beispielsweise in der Petroleum- und der Gummiindustrie.

Mit solchen Daten ist allerdings nicht allzu viel gewonnen. Es müßte untersucht werden, ob die Verwendungsrichtung der Forschung und Entwicklung systematisch mit der Unternehmensgröße variiert. Zu erkunden wäre in diesem Zusammenhang beispielsweise, ob Großunternehmen vergleichsweise mehr für marginale Verbesserungen von Produkten aufwenden als kleinere Unternehmen. Sehr interessante Ansätze sind hierzu die Untersuchungsergebnisse von E. K a u f e r über die amerikanische pharmazeutische Industrie und die Automobilindustrie (vergl. 1.3.2.5.), wonach mit wachsender Unternehmensgröße eingefahrene Standardorganisationen sich herausbilden können, in denen an die Stelle von Basisinnovationen marginale "Verbesserungen" der verkauften Produkte treten.

Eine Überlegenheit der Großunternehmen in bezug auf die F & E-Aktivität wäre jedoch erst dann bewiesen, wenn die großen Unternehmen auch relativ zu ihrem Umsatz oder zur Beschäftigtenzahl mehr für Forschung und Entwicklung aufwenden würden als die kleineren und mittleren Unternehmen. Diese relative F & E-Aktivität, die F & E-Intensität, müßte eine wachsende Funktion der Unternehmensgröße sein.

Trotz des beschränkten Aussagewerts von Kennzahlen der F & E-Intensität gibt es gerade über den Zusammenhang zwischen F & E-Intensität und Unternehmensgröße eine große Zahl vor allem angloamerikanischer Untersuchungen. Sie stammen insbesondere von D. Hamberg, E. Mansfield, F.M. Scherer und W.S. Comanor. Als statistisches Ausgangsmaterial wurden vor allem die von der Zeitschrift Fortune veröffentlichten Zahlen über die 500 größten Unternehmen der USA verwendet. Das schwächt die Gültigkeit der Ergebnisse von vornherein ab. Man erhält keine Antwort zu der Frage, ob große Unternehmen relativ mehr forschen als kleinere und mittlere Unternehmen. Beantwortet wird vielmehr, ob die ganz großen Unternehmen mehr oder weniger forschen als die nicht so ganz großen Unternehmen.

Das statistisch-methodische Vorgehen soll in dieser Zusammenfassung nicht im einzelnen beschrieben und kritisiert werden (vergl. dazu 2.1.1.2.). D. Hamberg zieht aus seinen Untersuchungen den Schluß, daß das empirische Material keine überzeugende statistische Fundierung der Neo-Schumpeter-Hypothese I zuläßt. Mit dieser Ausdrucksweise wird Hamberg dem tatsächlichen Sachverhalt nicht voll gerecht: Nur in zwei Fällen ist das Risiko, bei Ablehnung der Hypothese "die Elastizität (Verhältnis zwischen der prozentualen Veränderung der F & E-Aktivität und der sie bewirkenden prozentualen Veränderung der Unternehmensgröße) ist kleiner als eins" zugunsten der Neo-Schumpeter-Hypothese I eine falsche Entscheidung zu treffen, vertretbar klein. F.M. Scherer (1965) weist zudem nach, daß die Schätzungen der F & E-Elastizitäten entscheidend davon abhängen, ob Unternehmen, die keine Forschung und Entwicklung betreiben, eingerechnet werden. Bei Berücksichtigung dieser "Fehlmeldungen" wachsen die F & E-Elastizitäten an. Es kann dabei nicht festgestellt werden, ob und in welchem Ausmaß die Nichtberücksichtigung der Fehlmeldungen zu einer Verzerrung der Schätzungen zu Lasten der größeren Unternehmen führt. Die Schätzungen der F & E-Elastizitäten hängen vor allem von der Methode der Einrechnung von Fehlmeldungen ab.

Die entgegengesetzte These "je kleiner die Unternehmensgröße, um so höher die F & E-Intensität" entspricht besser dem aus dem statistischen Material zu gewinnenden Gesamteindruck. Im Zusammenhang damit könnte man der Ansicht sein, die höhere F & E-Intensität sei auf eine geringere Effizienz in Forschung und Entwicklung bei kleineren Unternehmen zurückzuführen. Diese Annahme wird aber durch die empirischen Untersuchungen zum Einfluß der Unternehmensgröße auf die Anzahl und Qualität der Inventionen sowie zur Frage der economies of scale in Forschung und Entwicklung (vergl. dazu 2.2.) weitgehend widerlegt.

Für die Bundesrepublik Deutschland hat L. Hildebrand (1969) das vom Stifterverband für die Deutsche Wissenschaft für das Jahr 1965 veröffentlichte Zahlenmaterial systematisch ausgewertet. Er kommt zu folgenden Ergebnissen: Bei Messung der F & E-Intensität an den F & E-Ausgaben pro Beschäftigten wächst die F & E-Intensität in zwei Wirtschaftsgruppen mit der Unternehmensgröße an (Stahl-, Maschinen- und Fahrzeugbau, Elektrotechnik, Feinmechanik und Optik). Besonders ausgeprägt ist dieser Zusammenhang im Stahl-, Maschinen- und Fahrzeugbau. In den beiden anderen Wirtschaftsgruppen (Steine, Erden und Glas, Eisen- und NE-Metallerzeugung) ist kein hinreichend stringenter Zusammenhang festzustellen. Kleine und mittlere Unternehmen liegen hier mit der F & E-Intensität an der Spitze. Im Bereich Steine, Erden und Glas ist es die mittlere Unternehmensgrößenklasse mit einem Umsatzvolumen zwischen 25 und 5o Mill. DM und im Bereich der Eisen- und NE-Metallerzeugung die zweit(kleinste) Unternehmensgrößenklasse mit einem Umsatzvolumen zwischen 5 und 1o Mill. DM, die die höchsten F & E-Ausgaben pro Beschäftigten aufweisen.

Zieht man die F & E-Ausgaben pro Umsatzeinheit zur Messung der F & E-Intensität heran, dann wird der Einfluß der Unternehmensgröße auf die F & E-Intensität in den Bereichen Stahl-, Maschinen- und Fahrzeugbau sowie Elektrotechnik, Feinmechanik und Optik wesentlich geringer. In den Wirtschaftsgruppen Steine, Erden und Glas sowie Eisen- und NE-Metallerzeugung sprechen jetzt die Zahlen eher dafür, daß eine inverse Beziehung zwischen F & E-Intensität und Unternehmensgröße besteht. In beiden Wirtschaftsgruppen hat die zweit(kleinste) Unternehmensgröße die höchste F & E-Intensität. Im Bereich Steine, Erden und Glas liegt die größte Unternehmensgrößenklasse mit einem Umsatzvolumen von mindestens 25o Mill. DM an letzter Stelle.

Bei Messung der F & E-Intensität durch das F & E-Personal pro Beschäftigten wird im wesentlichen der Eindruck bestätigt, daß in den Wirtschaftsgruppen Stahl-, Maschinen- und Fahrzeugbau sowie Elektrotechnik, Feinmechanik und Optik eine schwache positive Beziehung zwischen F & E-Intensität und Unternehmensgröße besteht. In den Wirtschaftsgruppen Steine, Erden und Glas, Eisen- und NE-Metallerzeugung sprechen jedoch die Zahlen für eine schwache negative Beziehung.

H i l d e b r a n d kommt aufgrund seiner Interpretation des Zahlenmaterials zu dem Ergebnis, daß kein Hinweis für eine mit der Unternehmensgröße zunehmende relative F & E-Aktivität besteht. Gegenüber den angloamerikanischen Untersuchungen ist allerdings H i l d e b r a n d s Aufbereitung des Zahlenmaterials zu undifferenziert. Es fehlt eine statistisch gesicherte Korrelationsrechnung. Aus diesem Grund gelangt der Leser je nach Interpretation der Daten zu anderen Ergebnissen.

Zusammenfassend läßt sich festhalten, daß die angloamerikanischen Untersuchungen stärker gegen die Neo-Schumpeter-Hypothese I durchschlagen als das Material H i l d e b r a n d s. In der Vielzahl der untersuchten Industriezweige der USA findet sich streng genommen nur ein einziger Ausnahmefall, für den die engere Variante der Neo-Schumpeter-Hypothese I in mehreren voneinander unabhängigen empirischen Studien statistisch hinreichend belegt wird. Von den vier betrachteten Wirtschaftsgruppen in der BRD sprechen zwei Wirtschaftsgruppen für eine höhere Intensität der größeren Unternehmen, ohne daß diese Aussage jedoch statistisch gesichert ist. Versucht man, sämtliche Ergebnisse "auf einen Nenner zu bringen", so läßt sich feststellen, daß die Neo-Schumpeter-Hypothese I einer statistischen Überprüfung nicht generell standhält. Es ist nicht einmal allgemein und durchgängig festzustellen, daß Unternehmensgröße und <u>absolute</u> F & E-Aktivität positiv korreliert sind. In keinem Falle bewiesen ist, daß mit wachsender Unternehmensgröße die F & E-Intensität steigt. Allerdings differieren die Ergebnisse von Industriezweig zu Industriezweig, wobei lediglich in der chemischen Industrie ein eindeutig positiver Zusammenhang zwischen Unternehmensgröße und F & E-Aktivität vorliegt.

3.2.1.2. Die Neo-Schumpeter-Hypothese II: Unternehmenskonzentration und F & E-Aktivität sind positiv korreliert

Bezüglich einer stimulierenden Wirkung der Unternehmenskonzentration auf die F & E-Aktivität werden verschiedene Argumente vorgetragen:

(1) Für ein hohes und steigendes Niveau der F & E- Aktivität seien Großunternehmen wegen komparativer Größenvorteile in bezug auf Finanzierung, Risikoverteilung, Absatz und andere Gesichtspunkte erforderlich. Die erforderlichen Größen könnten nicht durch internes Wachstum erreicht werden. Deshalb seien Konzentrationsprozesse notwendig.

(2) Mit zunehmender Unternehmenskonzentration wachse die Marktmacht der führenden Unternehmen; dieser Marktmachteffekt schaffe die für die Durchführung von Forschung und Entwicklung notwendigen Anreize.

(3) Gewisse oligopolistische Marktstrukturen mit bestimmten optimalen Konzentrationsgraden seien die optimale Mischung aus Konkurrenzdruck sowie Möglichkeiten und Neigungen zur Durchführung von Forschung und Entwicklung. Zur Erzeugung dieser oligopolistischen Marktstrukturen seien Konzentrationsprozesse notwendig.

Hervorzuheben ist, daß es im Zusammenhang mit der Frage des Einflusses der Unternehmenskonzentration auf das innovatorische Potential sehr schwierig ist, ein Konzentrationsmaß zu finden, das theoretisch befriedigend und zugleich operational für empirische Arbeiten ist. In der Literatur verwendet man in der Regel die "concentration ratio". Sie mißt den Marktanteil der vier, sechs, acht, usw. größten Unternehmen eines Industriezweiges. Meist wird die sog. "four-firm concentration ratio" verwendet. Gegen diesen methodischen Ansatz gibt es wesentliche Einwände (vergl. 2.1.2.).

Die empirischen Befunde zur Neo-Schumpeter-Hypothese II sind widersprüchlich. D. H a m b e r g (1964) setzt die F & E-Ausgaben in Beziehung zu einem gewogenen Vier-Firmen-Konzentrationsmaß. Die Hypothese, daß die F & E-Aktivität und die industrielle Unternehmenskonzentration voneinander unabhängig oder negativ korreliert sind, kann zwar mit einer Irrtumswahrscheinlichkeit von 5 % abgelehnt werden. Doch ist die positive Beziehung zwischen Unternehmenskonzentration und F & E-Aktivität außerordentlich schwach. Sofern stimulierende Wirkungen der Unternehmenskonzentration auf die industrielle F & E-Aktivität also überhaupt vorhanden sind, können sie nur von sehr geringer Intensität sein.

F.M. S c h e r e r (1967) testet den Einfluß der Unternehmenskonzentration auf die absolute und relative F & E-Aktivität mittels zweier multivariabler Regressionsmodelle. Als abhängige Variable fungieren alternativ die Anzahl der in einer Industrie beschäftigten Wissenschaftler, die Anzahl der Wissenschaftler plus Ingenieure und schließlich die Zahl derjenigen Ingenieure und Naturwissenschaftler,die durchschnittlich in Forschung und Entwicklung beschäftigt sind und deren Beschäftigung unternehmensintern finanziert wird. S c h e r e r findet einen Schwellenwert der "concentration ratio"von etwa 5o - 55 %, von dem ab eine weitere Konzentration zu sinkender Beschäftigung von technischem und wissenschaftlichem Personal führt. Er findet ferner einen Wert von ca. 1o - 14 % für die "concentration ratio", von dem ab überhaupt erst eine Beschäftigung von Personal für Forschung und Entwicklung stattfindet. Innerhalb des durch diese beiden Werte begrenzten Intervalls steigt mit zunehmender Unternehmenskonzentration die F & E-Aktivität an. S c h e r e r wirft dazu die Frage auf, wie diese Beobachtung ökonomisch zu interpretieren ist. Sind die fortschrittlichen Industrien so progressiv, weil sie einen hohen Konzentrationsgrad aufweisen? Oder ist die Unternehmenskonzentration gerade die Folge der technologischen Entwicklung in der Vergangenheit? Dieses Problem ist mit dem verwendeten (statischen) Regressionsmodell statistisch nicht entscheidbar. S c h e r e r ist der Meinung, daß in vielen der betrachteten chemischen und elektrotechnischen Industrien (Kunstfaser, organische Chemie, Plastik, elektrische Lampen, Telefonausrüstung, Computer u.a.) die hohe Konzentration auf Patent- und Knowhow-Barrieren zurückzuführen ist. Die innovativen Unternehmen konnten ihren Marktanteil aufgrund dieser Marktzugangsbeschränkungen rasch ausdehnen.Ihre hohe Neuerungsaktivität, verbunden mit einer Vielzahl von Innovationsmöglichkeiten, führte - geschützt durch die Marktzugangsbeschränkungen - zu einer überdurchschnittlichen Konzentration. Die Möglichkeit, daß die Kausalrichtung gerade umgekehrt verläuft, als es das statistische Modell unterstellt, kann so nicht ausgeschlossen werden.

Nach Untersuchungen von W.I. A d a m s für die empirischen Daten aus Frankreich für das Jahr 1963 ist der Einfluß der Unternehmenskonzentration auf die F & E-Intensität nicht statistisch signifikant. Vielmehr sind die "technological opportunities" eindeutig die bestimmenden Determinanten der F & E-Intensität. Bei einem Vergleich der F & E-Intensitäten und der Umsatzkonzentration von 15 Industriezweigen der USA und in Frankreich stellt A d a m s im Widerspruch zu S c h e r e r s Untersuchungen fest: Gerade in den technologisch hochentwickelten Industriezweigen geht eine hohe F & E-Intensität mit niedrigen Konzentrationsraten einher. In den technologisch weniger fortschrittlichen Industrien ist es umgekeht.

Die Notwendigkeit der Unternehmenskonzentration wird auch mit technologischen und marktmäßigen Schwellenwerten bezüglich der Höhe der je Projekt mindestens notwendigen Ausgaben zur sinnvollen Nutzung und Durchführung von Forschung und Entwicklung begründet. Kleine Unternehmen seien nicht in der Lage, diese Schwellenwerte zu erreichen und könnten deshalb keine systematische Forschung und Entwicklung betreiben und deshalb auch keine wesentlichen innovativen Beiträge leisten. Die empirische Überprüfung dieser Schwellen-Hypothese hat die Fragen nach der Häufigkeitsverteilung der Entwicklungskosten einzelner Projekte und nach der Verschiebung dieser Verteilung im Zeitverlauf zu beantworten. Im einzelnen sei dazu auf die Ausführungen in 2.1.2.2. verwiesen. Grob gesprochen kann man sagen, daß zwar einige Entwicklungsprogramme - auf deren spektakuläre F & E-Beträge sich das Augenmerk der Öffentlichkeit überwiegend richtet - extrem große Ausgaben für Forschung und Entwicklung erfordern. Demgegenüber scheint die Mehrzahl der F & E-Projekte auch für kleine und mittelgroße Unternehmen erschwinglich, auch wenn man berücksichtigt, daß der je Forschungsprojekt durchschnittlich notwendige Ausgabenbetrag im Zeitablauf zunimmt.

Versucht man ein zusammenfassendes Urteil auch zur Neo-Schumpeter-Hypothese II, so kann es lauten: Die empirischen Untersuchungen lassen weitgehend unerforscht, wie sich direkt im dynamischen Vollzug von Konzentrationsprozessen unmittelbar damit verknüpft das innovatorische Potential einer Volkswirtschaft quantitativ und qualitativ verändert. Erforscht wird vielmehr, in welchem Umfang hochkonzentrierte und weniger stark konzentrierte Industriezweige Forschung und Entwicklung betreiben, wenn sie bereits einen bestimmten Konzentrationsgrad aufweisen. Die so formulierte Neo-Schumpeter-Hypothese II wird durch die statistischen Zahlen sehr widersprüchlich belegt. Als Aussage mit dem Anspruch auf Allgemeingültigkeit ist sie widerlegt.

3.2.1.3. Die Nelson-Hypothese: Konglomerale Unternehmenskonzentration und F & E-Aktivität sind positiv korreliert

Nach R. Nelson (1959) wächst die F & E-Aktivität mit der konglomeralen Unternehmenskonzentration. Nelson argumentiert, daß Forschung und Entwicklung eine Aktivität mit ungewissem Ausgang sei und so Inventionen auf nicht erwarteten Gebieten erbringe. Wegen ihres breiteren Produktionsprogrammes hätten durch konglomerale Unternehmenskonzentration entstandene Wirtschaftseinheiten größere Chancen zur Verwertung dieser unerwartet anfallenden Erdindungen. Dadurch wiederum würden höhere Gewinne seitens dieser Unternehmen erzielt, was dann weiter auf die Gewinnerwartungen durchschlage. Da diese Gewinnerwartungen endlich den entscheidenden Anreiz für Investitionen in Forschung und Entwicklung bildeten, wirke sich die konglomerale Unternehmenskonzentration förderlich in bezug auf die F & E-Anstrengungen aus.

Die Nelson-Hypothese wird durch die empirischen Daten nicht bestätigt. Der Plausibilitätsgrad dieser Hypothese ist von vornherein nicht sehr groß. Denn konglomerale Konzentration zwecks Verwertung unerwarteter Forschungsergebnisse kann auch dann noch rechtzeitig stattfinden, wenn sie von einer nicht diversifizierten Unternehmung hervorgebracht worden sind.

Die Federal Trade Comission (FTC) untersucht das externe Wachstum von neun amerikanischen Großunternehmen, die als repräsentative Beispiele für konglomerale Konzentrationsprozesse angesehen werden. Sie gelangt zu folgenden Ergebnissen:

(1) Die aufgekauften Unternehmen behielten während des Beobachtungszeitraumes ihre organisatorische und funktionale Selbständigkeit bei. Funktionen, die unmittelbar den ökonomischen Erfolg bestimmen, wie insbesondere Forschung und Entwicklung, wurden weiterhin dezentralisiert von den einzelnen Einheiten der konglomeral konzentrierten Unternehmung betrieben.

(2) Ein vollständiger Wechsel des Top-Managements wurde nur in 3 % aller Fälle vorgenommen. In 79 % der Fälle behielt das Top-Management seine Leitungsfunktion. Von 294 Führungskräften aus 1oo Unternehmungen behielten 51 % ihre Funktionen bei, 39 % wurden innerhalb von drei Jahren ausgewechselt. Nur 1o % mußten ihre Position bei Eingliederung des Unternehmens in den Konzern verlassen.

(3) Eine eindeutige signifikante Veränderung des Umfangs von Forschung und Entwicklung im Zuge der konglomeralen Konzentration konnte nicht festgestellt werden.

3.2.2. Einfluß von Unternehmensgröße und Unternehmenskonzentration auf Anzahl und Qualität der Inventionen

In den empirischen Studien über den Zusammenhang zwischen Unternehmensgröße, Unternehmenskonzentration und inventiver Aktivität der Unternehmen findet man die folgenden Argumente:

(1) Die meisten billigen Erfindungen seien bereits gemacht. Deshalb trete mehr und mehr an die Stelle des Einzelerfinders das mit kostspieligen Ausrüstungen arbeitende Forscherteam aus hochspezialisierten Naturwissenschaftlern und Ingenieuren. Die dabei anfallenden Ausgabenbeträge könnten nur die Großunternehmen aufbringen (J.K. G a l b r a i t h, D. L i l i e n t h a l).

(2) Große Unternehmen besitzen "economies of scale" bei der Durchführung von Forschungsprogrammen. Diese ergeben sich aufgrund von besseren Laborausrüstungen, Spezialeinrichtungen zur Durchführung von Experimenten, größerer und schnellerer Verfügbarkeit von technologischem Wissen, größerer Zahl spezialisierter Wissenschaftler und Ingenieure, der Möglichkeit zu interdisziplinärer Forschung usw.

(3) In Oligopolen werde Preiswettbewerb durch verstärkte Forschungs- und Entwicklungskonkurrenz ersetzt.

Um diese drei Argumente zu überprüfen, beschreiten die empirischen Untersuchungen zwei verschiedene Wege. Fallstudien versuchen nachzuweisen, daß die Galbraith-Lilienthal-Hypothese nicht zutrifft, sofern man Quellen von Basiserfindungen untersucht. Globale Regressionsanalysen versuchen, einen Zusammenhang zwischen der Anzahl und der Qualität der Inventionen (gemessen beispielsweise durch die Anzahl der Patente) und der Unternehmensgröße bzw. der Unternehmenskonzentration nachzuweisen.

Ein naheliegender Einwand gegen die Fallstudien besteht darin, daß kein objektives Kriterium verfügbar ist, um die ökonomische und gesellschaftliche Bedeutung von Inventionen zu beurteilen. Trotz der verfügbaren Hilfskriterien - bei Prozeßinventionen z.B. die Nettokostenersparnisse - bleibt letzten Endes die Auswahl der "bedeutenden" Inventionen dem subjektiven Urteil der Autoren überlassen. Immerhin zieht D. H a m b e r g (1964) aus den Studien von J. J e w k e s u.a., M. P e c k, W. M u e l l e r, O. E n o s und aus eigenen Arbeiten den Schluß, daß immer noch weniger als 30 % der "bedeutenden" Inventionen aus den Forschungslaboratorien der großen Unternehmen stammen, ganz gleich, welches Kriterium zur Bewertung einer Invention man verwendet.

Um zu testen, ob Größenersparnisse bei der Durchführung von Forschung und Entwicklung existieren, stellt man den inventiven Ertrag einzelner Unternehmensgrößenklassen ihren F & E-Aufwendungen gegenüber. Ein häufig verwendeter Indikator für die Erträge aus Forschung und Entwicklung ist die Anzahl der in der betrachteten Periode erzielten Patente. Dieser Indikator ist nur ein unvollkommenes Maß für das Ergebnis der F & E-Aktivität (vergl. 2.2.2.). Die vorliegenden Ergebnisse zeigen, daß mit der Ausnahme der chemischen Industrie die Unternehmen mit mehr als 5 ooo Beschäftigten erheblich mehr pro Patent aufwenden als die Unternehmen der kleineren Größenklassen. Der hohe Anteil der Großunternehmen erscheint also vom Ergebnis der F & E-Anstrengungen her gesehen in einem anderen Licht. Allerdings läßt sich aus diesem Befund nicht ohne weiteres ableiten, daß die Produktivität in Forschung und Entwicklung bei den Großunternehmen geringer ist. Drei andere Interpretationsmöglichkeiten sind zu berücksichtigen:

(1) Die Patentneigung der Großunternehmen kann geringer sein.

(2) Es könnte sein, daß Großunternehmen qualitativ bessere und kostspieligere Erfindungen produzieren.

(3) Die Zahl der Patente reflektiert nicht allein den Output der in Forschung und Entwicklung Beschäftigten. Es könnte sein, daß die relativen Beiträge der in der laufenden Produktion oder im Verkauf beschäftigten Ingenieure und Techniker sowie der nur teilweise mit F & E-Aufgaben betrauten Personen mit sinkender Unternehmensgröße ansteigen.

Die drei Argumente halten einer empirischen Überprüfung nicht stand (vergl. dazu 2.2.2.).

Die methodisch und inhaltlich sehr beachtliche Studie von E. M a n s f i e l d (vergl. 2.2.2.) kommt zu folgenden, nach Branchen differenzierten Ergebnissen:

(1) In zwei von drei Industrien (Stahl, Petroleum) können keine economies of scale hinsichtlich des Umfangs der F & E -Aktivitäten festgestellt werden: Da nur relativ große

F & E-Programme (einige 1oo ooo Dollar und mehr) betrachtet werden, gilt diese Aussage nur für den Vergleich sehr großer mit größeren und mittleren F & E-Programmen. Die chemische Industrie bildet die Ausnahme. Der inventive Output wächst in der Industrie bei gegebener Unternehmensgröße mit steigenden F & E-Ausgaben überproportional an.

(2) In zwei von drei Industriezweigen (Chemie und Stahl) hat die Unternehmensgröße einen negativen Einfluß auf die durchschnittliche F & E-Produktivität. In der Petroleumindustrie besteht kein signifikanter Zusammenhang. Die für die chemische Industrie beobachteten Größenersparnisse der "largest-scale" Forschung und Entwicklung wirken sich um so weniger aus, je größer das betrachtete Unternehmen ist.

3.2.3. Einfluß von Unternehmensgröße und Unternehmenskonzentration auf die Innovationsaktivität

Mit folgenden Argumenten wird die Überlegenheit der großen Unternehmen in der Phase der Innovation, d.h. der erstmaligen ökonomischen Verwendung einer Erfindung, begründet (u.a. von J.K. G a l b r a i t h, D. L i l i e n t h a l und H.H. V i l l a r d):

(1) Die Kosten für die Entwicklung einer Erfindung bis zum marktreifen neuen Produkt oder neuen Produktionsverfahren seien heutzutage für kleinere und mittlere Unternehmen in vielen Fällen zu hoch.

(2) Es bestehen beachtliche Größenvorteile hinsichtlich der Risikoverteilung; denn oft werden mehrere Projekte gleichzeitig verfolgt, so daß sich Fehlschläge und Erfolge auf verschiedenen Forschungsgebieten ausgleichen.

(3) Aufgrund der Möglichkeit von Parallelforschung können Fehlentwicklungen von großen Unternehmen frühzeitiger erkannt und die erfolgsversprechenden Alternativen ausgewählt werden.

(4) Es bestehen Vorteile bei der ökonomischen Nutzung von Innovationen. Je größer beispielsweise der Marktanteil eines Unternehmens, um so größer ist der absolute Gewinn, der durch eine kostensparende Innovation erzielt wird.

Empirisch untersucht wird der Einfluß von Unternehmensgröße und Unternehmenskonzentration auf die Innovationsaktivität insbesondere von E. Mansfield (1968), O. Williamson (1965) und W.S. Comanor (1965). Im einzelnen sei auf die Ausführungen in 2.3.1. verwiesen. Mansfield untersucht die wichtigsten Produkt- und Prozeßinnovationen seit 1919 in drei Grundstoffindustrien (Eisen und Stahl, Petroleum, Steinkohlenbergbau), indem er jeweils den Marktanteil und den Innovationsanteil der vier größten Unternehmen im jeweiligen Industriezweig vergleicht. Die Daten zeigen kein einheitliches Bild. In der Petroleumindustrie und im Steinkohlebergbau liegt der Innovationsanteil der vier größten Unternehmen beträchtlich über ihrem Marktanteil. In der Stahlindustrie liegt er erheblich darunter. Mansfield geht den Gründen für die interindustriellen Differenzen in den innovativen Beiträgen der vier größten Unternehmen mit Hilfe eines statistischen Modells nach. Er findet heraus, daß die größten Unternehmen eines Industriezweiges unter folgenden Voraussetzungen überproportional zu den Innovationen beitragen:

(1) Die zur Einführung einer Innovation notwendigen Investitionsausgaben sind relativ hoch in bezug auf die Unternehmensgröße der potentiellen Innovatoren.

(2) Die zur rentablen Nutzung erforderliche Unternehmensgröße weist relativ große Schwellenwerte auf, so daß von vornherein eine größere Zahl kleinerer Unternehmen aus dem Kreis der potentiellen Innovatoren ausgeschlossen ist.

(3) Die durchschnittliche Unternehmensgröße der vier größten Unternehmen ist wesentlich größer als die durchschnittliche Unternehmensgröße aller potentiellen Innovatoren.

Das in seinen Aussagen freilich nicht gerade sehr falsifikationsfreundliche Modell hielt dem empirischen Test stand.

Der im Ansatz neue Forschungsweg von O. W i l l i a m s o n (vergl. 2.3.1.) bleibt ein erster, noch spekulativer Versuch, die miteinander verknüpften Auswirkungen von Unternehmensgröße und Unternehmenskonzentration auf die Innovationsaktivität empirisch zu testen. Die Schätzungen werden allerdings ermittelt aufgrund einer Stichprobe von nur sechs Beobachtungen aus drei Industriezweigen (Petroleum, Kohle und Stahl). Die Ergebnisse aus derart kleinen Stichproben sind nicht repräsentativ. Das empirische Resultat des mit wachsender Konzentrationsrate abnehmenden Innovationsanteils kommt maßgeblich auch durch das schlechte Abschneiden der hochkonzentrierten Stahlindustrie zustande. Die Regressionsgleichungen müßten für eine größere Zahl von Industriezweigen geschätzt werden.

Die Untersuchungsergebnisse lassen sich wie folgt zusammenfassen: Die größten Unternehmen eines Industriezweigs tragen von Branche zu Branche verschieden viel zum innovativen Ertrag bei. Wenn die großen Unternehmen einen überdurchschnittlichen Anteil an den Innovationen erzielen und wenn ihre Bedeutung als Quelle von Innovationen im Zeitablauf zunimmt, so kann diese Entwicklung auf vergleichsweise hohe und zunehmende komparative Größenvorteile hinsichtlich der Innovationsmöglichkeiten und der Innovationsrentabilität in den betreffenden Industrien zurückführbar sein. Damit ist aber nicht gleichzeitig sichergestellt, daß sich diese Vorteile (voll und ganz) im konkreten Innovationsverhalten niederschlagen: Fähigkeit und Neigung zur Innovation sind nicht dasselbe. Auch über die Kausal<u>richtung</u> bleiben Fragen offen und strittig: J. M i n a s i a n entdeckte in einer Analyse über 18 chemische Unternehmen, daß die Höhe der F & E-Ausgaben weit mehr die Rentabilität der Unternehmen erklären konnte, als umgekehrt die Rentabilität die laufenden oder späteren F & E-Aufwendungen. H. G r a b o w s k i hingegen kommt in der Studie über die chemische und die pharmazeutische Industrie sowie die Petroleumindustrie zu dem Ergebnis: Die F & E-Intensitäten sind relativ streng mit den vorangegangenen Cash-flow-Raten korreliert (bei gegebenem Diversifikationsgrad und gegebener Produktivität vorangegangener Forschung und Entwicklung).

3.2.4. Einfluß von Unternehmensgröße und Unternehmenskonzentration auf den Diffusionsprozeß

Es gibt nur wenige Versuche der Messung und der Bestimmung der Determinanten der Diffusionsgeschwindigkeit innerhalb einer Industrie, innerhalb eines Marktes und innerhalb eines einzelnen Unternehmens. Auch die besondere Problematik der interindustriellen und der regionalen Diffusion von Innovationen erhält, gemessen an der Bedeutung eines schnellen Diffusionsprozesses für die Volkswirtschaft, in der Literatur zu wenig Raum.

Empirische Arbeiten von Z. G r i l i c h e s (1957) und E. M a n s f i e l d (1968) legen nahe, daß der marktwirtschaftliche Diffusionsprozeß allgemeineren Entwicklungsprinzipien unterliegt und daß sich die Bestimmungsgründe der Diffusionsgeschwindigkeit auf wenige ojektivierbare Faktoren reduzieren lassen (vergl. 2.3.2.). Z. G r i l i c h e s untersucht die Diffusion des "Hybrid Corn", einer bedeutenden Innovation in der Landwirtschaft. E. M a n s f i e l d analysiert die Verbreitung von zwölf Innovationen in vier Industrien(Kohle, Stahl und Eisen, Brauereien und Eisenbahn).

Beide Autoren stellen übereinstimmend fest, daß der Diffusionskoeffizient, d.h. prozentuale Anteil der mit Hybrid Corn bebauten Nutzfläche bzw. der prozentuale Anteil der Unternehmen einer Industrie, welche die Innovation bereits eingeführt haben, approximativ als logistische Funktion der Zeit darstellbar ist. Das gilt für alle betrachteten landwirtschaftlichen Regionen und für alle Industriezweige, unabhängig von ihren besonderen strukturellen Merkmalen. Die Diffusion von ökonomischen Innovationen scheint damit analog zu Diffusionsprozessen zu verlaufen, wie sie etwa in der Biologie und Medizin (Wachstum von Bakterienstämmen, Verbreitung von Infektionen) zu beobachten sind.

Einige Schlußfolgerungen im Hinblick auf Fragestellung und offene Probleme des Projekts sind möglich: Wenn von der Unternehmenskonzentration ein Einfluß auf die Diffusionsgeschwindigkeit ausgeht, so müßte sich das in interindustriellen Differenzen der Diffusionsraten unterschiedlich stark konzentrierter Industrien zeigen. E. Mansfield betont, daß das verfügbare Datenmaterial für einen statistischen Test dieser Hypothesen nicht ausreicht. Immerhin zeigt die Analyse, daß Ausmaß und Geschwindigkeit des Diffusionsprozesses unmittelbar nur vom Charakter der Innovation bestimmt sind, während marktstrukturelle Faktoren nur indirekt wirksam sein können. Um mehr Aufschluß über diese Zusammenhänge zu gewinnen, müßten Diffusionsprozesse verschiedener Industrien miteinander verglichen werden. Dabei müßten die betrachteten Industriezweige unterschiedliche Konzentrationsgrade aufweisen. Zudem wäre eine möglichst große Zahl von Industrien und Branchen miteinander zu vergleichen, um zu statistisch signifikanten Ergebnissen zu gelangen. Es leuchtet ein: Auf diesem Gebiet wird der Zugang zu geeignetem empirischen Material schwierig sein. Das dürfte einer der Gründe sein, warum bisher unseres Erachtens noch nicht umfassend versucht wurde, den Einfluß von Unternehmenskonzentration und Wettbewerbsintensität auf den Diffusionsprozeß empirisch zu testen.

Von welchen Bestimmungsgründen hängt die Reaktionsgeschwindigkeit eines einzelnen Unternehmens auf eine Innovation ab? Auch hierzu stammt die richtungsweisende Analyse von E. Mansfield (1963), der zwei Einflußfaktoren in Betracht zieht: Die Unternehmensgröße und die von der Imitation erwartete Rentabilität. Das von Mansfield konstruierte Modell beruht auf drei Prämissen:

(1) Die Wartezeit, gemessen vom Zeitpunkt der ersten Einführung der Innovation bis zum Zeitpunkt der ersten Nutzung durch das imitierende Unternehmen, sinkt mit steigender Unternehmensgröße, wobei sich dieser Effekt mit zunehmender Unternehmensgröße progressiv abschwächt.

(2) Steigende Rentabilität der Innovation hat eine der Prämisse (1) entsprechende Wirkung.

(3) Der Einfluß der Unternehmensgröße ist um so geringer, je höher die Rentabilität der Innovation ist.

Die erste Annahme - nur auf sie sei an dieser Stelle eingegangen, im übrigen vergl. 2.3.2. - wird gestützt durch wahrscheinlichkeitstheoretische Überlegungen. Diese enthalten einen einfachen, jedoch unzutreffenden Kerngedanken: Je größer eine Unternehmung,um so größer ist die Wahrscheinlichkeit, daß innerhalb eines beliebigen Zeitintervalls Ersatzinvestitionen vorgenommen werden müssen, die eine willkommene Gelegenheit zur Einführung einer neuen Technik bieten. Entsprechende Argumente dafür lassen sich finden. So kann man vermuten, daß ein Großunternehmen aufgrund einer größeren Streuung von Produktionstechniken und einer höheren Diversifikation des Produktionsprogramms größere Chancen hinsichtlich der Anwendung und ökonomischen Nutzung neuentwickelter Produkte und Produktionsverfahren hat. Diese Effekte sind wirksam, ohne daß andere Größenvorteile (größere finanzielle Stärke, höherer absoluter Gewinn einer gegebenen Innovation, bessere F & E-Laboratorien u.a. mehr) oder ein progressiveres Management vorausgesetzt werden müssen. Natürlich gibt es auch Gegenargumente. Die Reaktionsgeschwindigkeit des größeren Unternehmens kann geringer sein als bei kleineren Unternehmen, wenn Entscheidungsprozesse durch längere Instanzenwege an irgendeiner Stelle blockiert werden. Die Überprüfung des Modells von E. M a n s f i e l d ergibt: Die Reaktionszeit auf Innovationen nimmt mit wachsender Unternehmensgröße ab.

Der wesentliche Einwand gegen eine Generalisierung dieses Untersuchungsergebnisses wird von M a n s f i e l d selbst (in einer Fußnote) erwähnt. Er wendet sich darin gegen Fehlinterpretationen seiner Arbeit durch W. A d a m s und J. D i r l a m. Es mag sein, daß <u>eine</u> größere Unternehmung im Durchschnitt Neuerungen schneller adoptiert als <u>eine</u> kleinere Unternehmung. Daraus folgt jedoch nicht, daß diese schnellere Reaktion auch beim Vergleich einer Großunternehmung mit einer (umsatz- oder kapazitätsmäßig) äquivalenten Vielzahl kleinerer Unternehmen gültig ist. Das wahrscheinlichkeitstheoretische Argument von M a n s f i e l d zielt deshalb am Kernproblem vorbei. Denn die Wahrscheinlichkeit dafür, daß in einem bestimmten Zeitpunkt eine Anlage erneuert werden muß, ist bei einer Großunternehmung nicht größer als bei einer hinreichend großen Anzahl unabhängiger kleiner Unternehmen. Prämissen und Resultate der Studie von M a n s f i e l d sind nicht gültig (valide) im Hinblick auf das Problem einer für die Diffusion optimalen Größenstruktur.

Unbeantwortet bleibt weiterhin die Frage, von welchen Faktoren der Diffusionsprozeß in hochkonzentrierten Industriezweigen abhängt. Größenvorteilsargumente in bezug auf die ökonomische Nutzung von Innovationen treffen bei genauerer Betrachtung nicht das eigentliche Problem. Das gilt insbesondere für die Frage der Schnelligkeit der Adoption von Prozeßinnovationen. Ein neues Produktionsverfahren hat häufig einen Kostensenkungs- und einen Kapazitätseffekt. Will ein Oligopolist den Kostensenkungseffekt voll zur Auswirkung bringen, so müßte er seine Ausbringung erhöhen. Das ist bei stagnierender Gesamtnachfrage nur zu Lasten anderer Anbieter möglich. Bei hoher oligopolistischer Interdependenz kann ein solches Verhalten strategisch wenig sinnvoll sein. Das vorpreschende Unternehmen muß mit einem Nachziehen der gleichstarken Konkurrenten rechnen. Der mögliche Kampf um die Marktanteile - für alle Unternehmen mit erheblichen Risiken verbunden - kann die Unternehmen zu einem stillschweigenden "agreement not to innovate bzw. not to imitate" veranlassen. Adaptives Wettbewerbsverhalten kleinerer Firmen wird man dulden, solange diese die Marktanteile der großen Unternehmen nicht bedrohen. Ansätze zur Klärung dieser Fragen sind die in 2.3.1. beschriebenen Fallstudien.

3.3. Gesamtwürdigung

Die These von der Wirksamkeit des Wettbewerbs als Entdeckungsverfahren ist nicht zu verwerfen. Aufgrund des vorliegenden theoretischen und statistischen Materials etwa die "Nullhypothese":"Der Wettbewerb ist nach wie vor das beste Entdeckungsverfahren" abzulehnen, wäre mit einer zu hohen "Irrtumswahrscheinlichkeit" behaftet. Allerdings zeichnen sich in Auswertung der theoretischen und empirischen Forschungsergebnisse eine Reihe von Anhaltspunkten ab, inwieweit die These vom Wettbewerb als optimalem Entdeckungsverfahren modifiziert werden muß, wenn man diese These derart auffaßt, daß der gegenwärtig praktisch stattfindende Wettbewerb (etwa in der Bundesrepublik Deutschland oder in den USA) von ihr überdeckt sein bzw. mit ihr gerechtfertigt werden soll. Faßt man die These der Innovationsoptimalität des Wettbewerbs <u>so</u> auf, dann gestattet das vorliegende Forschungsmaterial zwar noch nicht die Ableitung ganz konkreter Modifikationsnotwendigkeiten dieser These für die Volkswirtschaft insgesamt und für einzelne Industriezweige. Jedoch ist die Ableitung einer ganzen Reihe von mehr oder weniger offenen Problemen möglich, deren Erforschung in Zusammenarbeit von Theorie und Praxis und in interdisziplinärem Vorgehen in Angriff genommen werden sollte. Die Grobstruktur der Gesamtproblematik sei mit Hilfe des folgenden "morphologischen Kastens" erläutert.

WETTBEWERB ALS ENTDECKUNGSVERFAHREN / ABHÄNGIGE VARIABLE		W_2 WETTBEWERBSVORRAUSSETZUNGEN: ANBIETER – Möglichkeit: Markttransparenz, Angebotsfreiheit, Anpassungsfähigkeit	ANBIETER – Neigung zu wettbewerblichem Verhalten: Stärke des Erfolgsstrebens, Erfolgschancen, Bedrohungsgrad, Fehlen von Ausweichmöglichkeiten	NACHFRAGER – Möglichkeit: Markttransparenz, Nachfragefreiheit, Fähigkeit zum Nachfragetransfer	NACHFRAGER – Neigung zu wettbewerblichem Verhalten: Stärke des Nutzenstrebens, Nutzensteigerungschancen, Fehlen personeller Bindungen	I INNOVATORISCHES POTENTIAL: STUFEN – FE-Aktivität, Invention, Innovation, Diffusion	REALISATIONSFORMEN – Managementinnovation, Organisationsinnovation, Produktinnovation, Produktionsverfahrensinnovation	AKTIVIERUNGSGRAD – Latent, Manifest	VERKNÜPFUNGSART – Synergie, Komplementarität, Unabhängigkeit	ALLOKATIONSRICHTUNG	UNGEWISSHEITSGRAD – Technologisch, Marktmäßig
W_1 WETTBEWERBSPROZESS	VERHALTEN										
	MARKTPHASEN										
	PRÄFERENZPOTENTIAL-VERTEILUNGSÄNDERUNGEN										
	INTENSITÄT										
	WIDERSTREIT POLYPOLISIERENDER UND MONOPOLISIERENDER KRÄFTE										
U_2 UNTERNEHMENSKONZENTRATION	MOTIVATION										
	RICHTUNG										
	SACHBEREICH										
	FORMEN										
U_1 ABSOLUTE UNTERNEHMENSGRÖSSE											

Das Tableau enthält auf der vertikalen Achse die Variablen Wettbewerbsprozeß (W_1), Unternehmenskonzentration (U_2) und Unternehmensgröße (U_1). Die Unternehmenskonzentration ist als Teildimension einer der Dimensionen des Wettbewerbsprozesses (Widerstreit polypolisierender und monopolisierender Kräfte) eingezeichnet. Auf der horizontalen Achse stehen die, gemessen an der Projektfrage "abhängigen" Variablen: Das sind einmal die durch den Wettbewerbsprozeß sowie durch Unternehmensgröße und Unternehmenskonzentration beeinflußten Wettbewerbsvoraussetzungen. Und zum anderen ist es das vom Wettbewerbsprozeß sowie von Unternehmensgröße und Unternehmenskonzentration beeinflußte innovatorische Potential (I) mit seinen Dimensionen: Stufen, Realisationsformen, Aktivierungsgrad, Verknüpfungsart, Allokationsrichtung und Ungewißheitsgrad.

Aus dem Tableau lassen sich die folgenden Fragen bzw. Aufgaben ablesen:

(1) Entwicklung einer in sich schlüssigen und vollständigen Theorie des Wettbewerbs einschließlich der Analyse der Verknüpfung seiner Dimensionen.

(2) Herstellung eines in sich widerspruchsfreien und vollständigen Katalogs von Wettbewerbsvoraussetzungen.

(3) Entwicklung von Hypothesen und empirische Überprüfung der Hypothesen bezüglich der Auswirkungen der Unternehmenskonzentration auf die Wettbewerbsvoraussetzungen.

(4) Empirische Untersuchungen über den Einfluß der Unternehmensgröße auf das kreative und adaptive Wettbewerbsverhalten.

(5) Entwicklung von Hypothesen zur Frage des Einflusses der Wettbewerbsintensität auf das innovatorische Potential.

(6) Direkte Einflüsse der Unternehmensgröße und der Unternehmenskonzentration auf die einzelnen Dimensionen des innovatorischen Potentials.

In weiter gehenderer Untergliederung des Punktes sechs interessieren vor allem Klärungen der noch weitgehend offenen Fragen:

(6.1.) Wie wirken sich Unternehmensgröße und Unternehmenskonzentration (isoliert und in wechselseitiger Beeinflussung) auf den einzelnen Stufen der Realisierung des innovatorischen Potentials und in bezug auf die Gesamtheit der Stufenfolge aus?

(6.2.) Wie wirken der Wettbewerbsprozeß, die Unternehmenskonzentration und die absolute Unternehmensgröße (in wechselseitiger Verflechtung) auf die Realisationsformen des innovatorischen Potentials (Managementinnovationen, Organisationsinnovationen, Produktinnovationen und Produktionsverfahrensinnovationen)?

(6.3.) In welcher Richtung beeinflußt die Intensität des Wettbewerbsprozesses (und damit in Zusammenhang die absolute Unternehmensgröße und der Grad der Unternehmenskonzentration) den Aktivierungsgrad des innovatorischen Potentials?

(6.4.) In welcher Weise wirken die drei unabhängigen Variablen Wettbewerbsprozeß, Unternehmensgröße und Unternehmenskonzentration auf die Art der Verknüpfung der Elemente des innovatorischen Potentials? Unter welchen Voraussetzungen darf man synergistische und komplementäre Effekte der Innovationsaktivität von Unternehmen ganz unterschiedlicher Größenklassen erwarten?

(6.5.) Wie wirkt der Wettbewerb und wie wirkt die Unternehmenskonzentration auf die Verwendungsrichtung der von den Unternehmen im Innovationsprozeß eingesetzten volkswirtschaftlichen Ressourcen (Allokationsrichtung)?

(6.6.) Lassen sich signifikante Einflüsse der Unternehmenskonzentration und der absoluten Unternehmensgröße auf den Grad der Risikofreudigkeit im Innovationsverhalten (Ungewißheitsgrad von Innovationen in technologischer und marktmäßiger Sicht) nachweisen?

(6.7.) Ableitung von Kriterien für die Vergabe staatlicher Forschungszuschüsse nach Branchen und Unternehmensgrößen, anhand der empirischen Ergebnisse zu (1) bis (6) und (6.1.) bis (6.6.). Empirische Fallstudien.

Gegenüber dem Ansatzpunkt und der Art der Fragestellung des Projekts ist abschließend festzustellen: Das überzeugendste Ergebnis der Literaturanalyse lautet, daß hinsichtlich des Beitrags zur Schaffung, Ausweitung und Anwendung des innovatorischen Potentials einer Volkswirtschaft small und big business weitgehend dependent, komplementär und variant im Zeitablauf sind. Dieser in 2.4. ausführlich beschriebene Sachverhalt sei deshalb ausdrücklich Bestandteil dieser Zusammenfassung der Ergebnisse der Literaturanalyse. Die dort beschriebenen und zum Teil statistisch belegten neueren Forschungsergebnisse verlagern den bisherigen Forschungsschwerpunkt weg von Untersuchungen der Art "wieviel innovatorisches Potential wurde wann und wo in Unternehmen und Industriezweigen welcher Größe und welchen Konzentrationsgrades entwickelt und genutzt?" zu der Problemstellung: Welches sind die kreativitätsfördernden Umwelt- und Mitweltbedingungen, und wie kann man diese Bedingungen in Betrieben und Unternehmen aller Größenordnungen möglichst weitgehend herstellen? So angefaßte Untersuchungen können eine Überschätzung des Einflusses von Unternehmensgröße und Unternehmenskonzentration auf das innovatorische Potential schon vom Ansatz her vermeiden.

4. LITERATURVERZEICHNIS⁺

(1) Abbot,L., Qualität und Wettbewerb, Ein Beitrag zur Wirtschaftstheorie,München - Berlin 1958.

(2) Adams,W., Competition, monopoly and countervailing power. In:Quaterly Journal of Economics,Bd.67 (1951), S.915 ff.

(3) -- The aluminium case: Legal victory - Economic defeat.In:The American Economic Review,Bd.41 (1951),S.915 ff.

(4) Adams,W./Dirlam,J.B.,Big steel, invention and innovation. In:Quaterly Journal of Economics,Bd.80 (1966), S.67 - 189 und Bd.81 (1967),S.475 - 482.

(5) Adams,W.J.,Firm size and research activity: France and the United States.In:Quaterly Journal of Economics,Bd.84 (1970),S.386 - 409.

(6) Adelman,M.A.,The large firm and its suppliers.In:Review of Economics and Statistics,Bd.31 (1949),S.113 - 118.

(7) -- The measurement of industrial concentration.In: Review of Economics and Statistics,Bd.33 (1951),S.269 ff.

(8) -- A note on corporate concentration statistics.In: American Economic Review,Bd.44 (1954),S.392 ff.

(9) -- Differential rates and changes in concentration. In:Review of Econonomics and Statistics,Bd.41 (1959),S.68 ff.

(10) Adelmark,M.A., Round table Gespräch über Messung der industriellen Konzentration.In:Neumark,F. (Hrsg.), Die Konzentration in der Wirtschaft,Berlin 1961, S.369 ff.

(11) Aigrain,P.,Some factors inhibiting technological innovation in France.Paper presented at a meeting of the National Academy of Sciences,Washington 1968.

(12) Albach,H.,Der Einfluß von Forschung und Entwicklung auf das Unternehmenswachstum.In:The Journal of Business Economics of the Finish School of Business Administration Helsinki,Bd.14 (1965),S.111 ff.

(13) Albert,H.,Marktsoziologie und Entscheidungslogik,Neuwied 1967.

(14) Albrecht,H.,Die theoretischen Ansätze der amerikanischen adoption-Forschung.Sonderdruck aus:Probleme der Beratung,Stuttgart 1964.

⁺ Das Literaturverzeichnis, das in der Erstfassung mehr als 3000 Titel enthält, wurde auf Wunsch der Kommission gekürzt.

(15) Albrecht,K.,Innovation als volkswirtschaftliche und betriebswirtschaftliche Forschungsaufgabe.In:Fortschrittliche Betriebsführung,Bd.20 (1971),S.67 ff.

(16) Alderson,W./Terpstra,W./Shapiro,S.J.(Hrsg.),Patents and progress, the surce and impact of advancing technology,Homewood 1965.

(17) Allen,G.C.,A note on monopoly and economic progress. In:Economica,Bd.20 (1953),S.359 ff.

(18) Allen,B.T.,Concentration and economic progress: Note. In:American Economic Review,Bd.59 (1969),S.600 ff.

(19) Allvine,F.C.,Diffusion of a competive innovation.In:King, R.L.(Hrsg.),Proceedings of the 1968 fall conference of the AMA,Chicago 1968,S.341 ff.

(20) Ames,E., Research, invention, development and innovation. In:American Economic Review,Jun 1961.

(21) Ames,E./Rosenburg,N.,Changing technological leadership and industrian growth.In:Economoc Journal, Bd.73 (1963).

(22) Anderson,C.A./Bowman,M.J.(Hrsg.),Education and economic development,Chicago 1965.

(23) Arditti,F.D.,A word on optimal patent life,Rand Study Nr.P-3369,Mai 1966.

(24) Argyris,C.,Organization and innovation,Homewood 1965.

(25) Arndt,H.(Hrsg.),Die Konzentration in der Wirtschaft,Bd.1-3, Schriften des Vereins für Socialpolitik,Bd.20/1-3,Berlin 1960.

(26) -- Aktuelle Probleme der Konzentration.In:Die Aussprache,H.7 (1965),S.211 ff.

(27) -- Macht, Konkurrenz und Demokratie.In:Grosser,D. (Hrsg.),Konzentration ohne Kontrolle,Kritik 2, köln-Opladen 1969,S.23 ff.

(28) -- Grundfragen der Konzentrationspolitik.In:Zeitschrift für die gesamte Staatswissenschaft,Bd.127 (1971),S.311 ff.

(29) Arndt,H./Ollenburg,G.,Begriff und Arten der Konzentration. In:Arndt,H.(Hrsg.),Die Konzentration in der Wirtschaft,Bd.1,Berlin 1960,S.3 ff.

(30) Baare,G.,Ausmaß und Ursachen der Unternehmenskonzentration in der deutschen Stahlindustrie im Rahmen der Montanunion,(Diss.),Tübingen 1965.

(31) Backman,P.,Ist Werbung Verschwendung?.In:Wirtschaftsdienst,H.11 (1968),S.664 ff.

(32) Bain,J.S.,Barriers to new competition, their character and consequences in manufacturing industries, Cambridge Mass. 1956.

(33) -- Economies of scale, concentration and the condition of entry in twenty manufacturing industries.In:American Economic Review,Bd.44 (1954),S.15 ff.

(34) -- The theory of monopolistic competition after thirty years, the impact on industrial organization.In:American Economic Review,Bd.54 (1964) S.28 ff.

(35) -- Changes in concentration in manufaturing industries in the United States, 1954-1966: Trends and relationship to the levels of 1954 concentration.In:Review of Economics and Statistics, Bd.52 (1970),S.411 ff.

(36) Baker,N.R./Pound,W.H.,R & D project selaction: Where we stand.In:IEEE transaction on Engineering Management,Dez.1964.

(37) Baldwin,W.L.,Contracted research and the case for big business.In:Journal of Political Economics,Bd.70 (1962),S.294 ff.

(38) Baldwin,W.L./Childs,G.L.,The fast second and rivalry in research and development.In:Southern Economic Journal,Bd.35 (1969),S.18 ff.

(39) Baranson,J.,Technology transfer through the international firm.In:American Economic Review,Bd.60 (1970), S.435 ff.

(40) Barnes,I.R.,Competive mores and legal tests in merger cases: The Du Pont - General Motors decision.In: Georgetown Law Review,Bd.46 (1958),S.564 ff.

(41) Barnett,H.G.,Innovation, the basis of cutural change, New York 1953.

(42) Barr,J.L.,/Knight,K.E.,Technological change and learning in the computer industry.In:Management Science, Bd.14 (1968),S.661 ff.

(43) Bartling,H.,Wirtschaftliche Macht unter wettbewerbspolitischem Aspekt,(Diss.),Kiel 1970,siehe auch: Voigt,F.(Hrsg.),Schriftenreihe zur Industrie- und Entwicklungspolitik,Bd.8,Berlin 1971.

(44) Bauer,R.A.,Risk handling in drug adoption: The role of company preference.In:Public Opinion Quaterly, Bd.25 (1961),S.546 ff.

(45) Baumol,W.J.,Business behavior, value and growth,New York 1959.

(46) -- On the theory of expansio of the firm.In: American Economic Review,Bd.52 (1962),S.1078 ff.

(47) Bayer,H., Wirtschaftsdynamik und unternehmungszusammenschlüsse.In:Zeitschrif für die gesamte Staatswissenschaft,Bd.111 (1955).

(48) Bechert,R.,Der Lizenzvertrag, Rosenheim 1949.

(49) Ben-David,J.,Roles and innovations in medicine.In: American Journ$_a$l of Sociology,Bd.65 (1960),S.557 .

(50) -- Fundamental research and the universities,OECD, Paris 1968.

(51) Bendixen,P./Kemmler,H.W.,Innovative Planung,o.O. 1970.

(52) Bennis,W.G.,Changing organization,New York 1966.

(53) Bennis,W.G./Benne,K.D./Chin,R.(Hrsg.),The planning of change,New York 1966.

(54) Berg,F.,Nachteile einer nationalen Fusionskontrolle für die deutsche Industrie.In:Wirtschaft und Wettbewerb, (1971),S.1o ff.

(55) Berg,H.,Unternehmensgröße und Wettbewerbsfähigkeit.In: Wirtschaftsdienst, (1973),S.44.

(56) Berglas,E.,Investment and technological change.In:Journal of Political Economy,April 1965.

(57) Bergmann,U.H.,Unternehmensgröße und technischer Fortschritt, Schriften zur Mittelstandsforschung,Bd.59, Köln 1972.

(58) Bernhard,R.C.,Unternehmensgröße und Monopol in den Vereinigten Staaten.In:Ordo,Bd.11 (1959),S.217 ff.

(59) -- Wettbewerb, Monopole und öffentliches Interesse, Stuttgart 1963.

(60) Berthold,K.,Die Grundlagenforschung industrieller Großunternehmen in der BRD,(Diss.)Mannheim 1968,Berlin 1969

(61) Biedenkopf,K.H.,Freiheitliche Ordnung durch Kartellverbot - Vom Sinn eines Gesetzes gegen Wettbewerbsbeschränkungen.In:Aktuelle Grundfragen des Kartellrechts,Heidelberg 1957,S.11 ff.

(62) Biedenkopf,K.H.,Vertragliche Wettbewerbsbeschränkung und Wirtschaftsverfassung. Die Ausschließlichkeitsbindung als Beispiel,Heidelberg 1958.

(63) -- Wettbewerbspolitik zwischen Freiheitsidee und Pragmatismus.In:Wirtschaft und Wettbewerb, (1968),S.8 f.

(64) Blair,J.M.,Technology and size.In:American Economic Review, Bd.38 (1948),S.121 - 152.

(65) -- The measurement of industrial concentration : A reply.In:Review of Economics and Statistics,Bd. 34 (1952),S.343 ff.

(66) -- The conglomerate merger in economics and law. In:Georgetown Law Journal,Bd.46 (1958),S. 672 ff.

(67) -- On the causes of concentration.In:Arndt,H.(Hrsg.), Die Konzentration in der Wirtschaft,Bd.2, 1.Auflage,Berlin 1960,S.815 ff.

(68) -- Round table Gespräch über Messung der industriellen Konzentration.In:Neumark,F.(Hrsg.),Die Konzentration in der Wirtschaft,Berlin 1961,S.371

(69) -- Production techniques and plant company concentration.In:Arndt,H.(Hrsg.),Die Konzentration in der Wirtschaft,

(70) -- Production techniques and plant company concentration.In:Arndt,H.(Hrsg.),Die Konzentration in der Wirtschaft,Bd.1,2.Auflage,Berlin 1960,S.815 ff

(71) -- Economic concentration,New York 1972.

(72) Blake,S.P.,Forschung, Entwicklung und Management,München 1969.

(73) Blohm,H., Innovation als betriebswirtschaftliche Aufgabe. In:KRP,(1972),S.227.

(74) Blondel,D.,Transmission internationale des innovations et dévelopment entrainé.In:Revue Economique,Bd.17 (1966),S.434 ff.

(75) Bock,B., Concentration ratios: Mechanics and meaning.In: Bus.Rec.,Bd.14 (1957),S.510 ff.

(73) -- Mergers and markets - An economic analysis of the first fifteen years under the Merger Act of 1950, 5.Auflage,New York 1966.

(74) -- Antitrust issues in conglomerate acquisitions-tracking a moving target,New York 1966.

(75) Böddeker,G.,Mut zur Größe.Die europäische Industrie im Feuer des Wettbewerbs.Oldenburg-Hamburg 1966.

(76) Bombach,G.,Technischer Fortschritt und Konzentration.In: Salin,E./Stohler,J./Pawlowsky,P.(Hrsg.),Notwendigkeit und Gefahr der wirtschaftlichen Konzentration in nationaler und internationaler Sicht. Frankfurter Gespräche der List Gesellschaft vom 10.-12. März 1969,Gutachten und Protokolle. Basel-Tübingen 1969,S.64 ff.

(77) Bollert,G.,Patente, Konzentration und Konzentrationspolitik,(Diss.),Berlin 1968.

(78) Böning,D.-J.,Bestimmungsfaktoren der industriellen Forschung und Entwicklung,Göttingen 1969.

(79) Borchardt,K./Fikentscher,W.,Wettbewerb,Wettbewerbsbeschränkung,Marktbeherrschung, Abhandlungen aus dem gesamten Handelsrecht,Bürgerliches Recht und Konkorsrecht,H.24,Stuttgart 1957.

(80) Borchardt,K.,Konzentration - Tatsachen und Begriffe.In: Monatsblätter für freiheitliche Wirtschaftspolitik,Jg.5 (1959),S.338 ff.

(81) Borchert,M.,Konglomeration und Konzentration.In: Zeitschrift für die gesamte Staatswissenschaft, (1970),S.634 ff.

(82) -- Wettbewerbspolitische Kriterien von diversifizierten Unternehmenszusammenschlüssen.In:Wirtschaft und Wettbewerb,(1970),S.257 ff.

(83) Bork,R.H.,Antitrust and Monopoly - The goals of antitrust policy.In:American Economic Review,Papers and Proceedings,Bd.57 (1967),S.242 ff.

(84) Borschberg,E.,Die Diversifikation als Wachstumsfaktor der industriellen Unternehmung, (Diss.),Basel 1968.

(85) Bortis,H.,Produktionstechnischer Fortschritt und Profite.Eine makroökonomische Darstellung,Berlin 1971

(86) Boulding,K.E.,Ökonomie als Moralwissenschaft.In:Vogt,W. (Hrsg.),Seminar: Politische Ökonomie, Frankfurt a.M. 1973,S.103 ff.

(87) Bowley,M.,Innovations in building materials,London 1960.

(88) Brandenburg,R.,Research and development project selection, (Diss.),Ithaca,N.Y.1964.

(89) Brandt,K.,Round table Gespräch über Messung der industriellen Konzentration.In:Neumark,F.(Hrsg.),Die Konzentration in der Wirtschaft,Berlin 1961, S.374 ff.

(90) Breitenacher,M.,Innovation und Imitation fördern den technischen Fortschritt.In:Wirtschaftskonjunktur, Jg.21 (1969),H.3.

(91) Bright,J.R.,Research,development and technological innovation,Homewood 1964.

(92) Brockhoff,K.,Forschungsaufwendungen industrieller Unternehmen.In:Zeitschrift für Betriebswirtschaft,Jg.34 (1964),S.327 ff.

(93) -- Ein Ansatz zur Abschätzung des Forschungserfolges. In:Zeitschrift für betriebswirtschaftliche Forschung,(1972),S.709 ff.

(94) -- Forschungsplanung im Unternehmen,Wiesbaden 1969,

(95) Brooks,H.,Can science be planned?.In:Problems of Science Policy,OECD Paris 1968.

(96) Broude,H.W.,Steel decisions and the national economy.In: Yale University Press,(1963).

(97) Brown,L.A.,Diffusion of innovation: A macroview.In:Economic Development and Cultural Change,Jan.1969, S.189 ff.

(98) Brown,M., On the theory and measurement of technological change,Cambridge 1966.

(99) Brown,M./Rosenberg,N.,Patents,research and technology in the machine tool industry.In:Journal of Research and Education,(1961),S.1 ff.

(100) Brown,R., The transistor sa an industrial research episode. In:Scientific Monthly,Jan.1955,S.44 ff.

(101) Brozen,Y.,Invention,innovation and imitation.In:American Economic Association,Papers,Mai 1951.

(102) -- Determinants of the direction of technologocal change.In:American Economic Review,Bd.43 (1953) S.288 ff.

(103) -- Trends in industrial research and development.In: Journal od Business,Juli 1960.

(104) -- R & D differences among industries.In:Tybout,R.A. (Hrsg.),Economics of research and development, o.O. 1965.

(105) -- Bain's concentration and rates of return revisited In:Journal of Law and Economics,Bd.14 (1971), S.351 ff.

(106) Bruns,T./Stalker,G.M.,The management of innovation,2.Auflage,London 1966.

(1o7) Buckley,W.(Hrsg.),Modern system research for the behaviorel scientist,Chicago 1968.

(108) Bund,K.,Die Parallelarbeit in Rahmen industrieller Forschungs- und Entwicklungstätigkeit,(Diss.), Berlin 1962.

(109) Bundesminister für Wirtschaft,Unternehmensgröße und Wettbewerb,Köln 1970.

(110) Burgess,R.E.,The impact of R & D in the chemical industry. In:National Science Foundation(Hrsg.),Proceedings of a conference on academic and industrial basic research,Washington D.C. 1961,S.55 ff

(111) Cadwallader,M.L.,The cybernetic analysis of change in complex social organizations.In:American Journal of Sociology,Bd.65 (1959/60),S.154 ff.

(112) Carter,C./Williams,B.,Industra and technical progress: Factors governing the speed of application of science,London 1957.

(113) -- Investment in innovation,London 1958.

(114) Caves,R., American Industry: Structure, conduct, performance,2.Auflage,Englewood Cliffs 1967.

(115) Chamberlin,E.H.,Measuring the degree of monopoly and competition.In:Chamberlin,E.H.(Hrsg.),Monopoly and competition and their regulation,London-New York 1954,S.255 ff.

(116) Chazeau,M.G.de/Kahn,A.E.,Integration und competition in the petroleum industry,Naw Haven 1959.

(117) Chmielewicz,K.,Forschungskozeption der Wirtschaftswissenschaft,Stuttgart 1970.

(118) Chorafas,D.N.,Die Aufgabe der Forschung in der modernen Unternehmung,München-Wien 1963.

(119) Clark,C.,The conditions of economic progress,London 1940.

(120) Clark,J.M.,Toward a concept of workable competitio.In: American Economic Review,Bd.30 (1940),S.241 ff.

(121) -- Competition: Static models and dynamic aspects. In:American Economic Review,Bd.45 (1955),S.450 ff.

(122) -- Competition as a dynamic process,Washington 1961.

(123) Clauss,F.J.,Forschungsaufwand,technischer Fortschritt und Produktivitätsfortschritt im internationalen Vergleich.In:IFO-Schnelldienst,J.20 (1967),S.4 ff.

(124) Clodius,G.,Die Mißbrauchsbestimmungen des GWB als Schutzgesetze,Göttingen 1968.

(125) Cockcroft,J.(Hrsg.),The organization of research establishments,Cambridge 1965.

(126) Coleman,J./Katz,E./Menzel,H.,Medical innovation: A diffusion study,Indianapolis 1966.

(127) Collins,N.R./Preston,L.E.,The size structure of the largest firms.In:American Economic Review,Bd.51 (1961), S.986 ff.

(128) -- Price-cost margins and industry structure.In: Review of Economics and Statistics,Bd.51 (1969) S.271 ff.

(129) Collinson,H.A.,Industrielle Forschung und Entwicklung richtig organisieren,München 1966.

(130) Comanor,W.S., Research and competitive product differentiation in the pharmeceutical industry in the USA.In:Econometrica,Bd.31 (1964),S.372 ff.

(131) -- Research and technical change in the pharmaceutical industry.In:Review of Economics and Statistics,Bd.47 (1965),S.182 ff.

(132) -- The drug industry and medical research: The economics of the Kefauver Committee investigatiion In:Journal of Business,Bd.39 (1966),S.12 ff.

(133) -- Market structure, product differentiation and industrial research.In:Quaterly Journal of Economics,Bd.81 (1967),S.637 ff.

(134) Comanor,W.S./Scherer,F.M.,Patent statistica as a measure of technical change.In:Journal of Political Economy, Bd.77 (1969),S.392 ff.

(135) Comanor,W.S./Wilson,T.A.,Advertising, market structure and performance.In:Review of Economics and Statistics, Bd.49 (1967),S.423 ff.

(136) Congleton,W.,Invention and innovation: The american experience.In:Technology and Society,Mai 1969.

(137) Cooper,M.H.,Prices and profits in the pharmaceutical industry,London 1966.

(138) Costello,P.M.,The tetracycline conspiracy: Structure, conduct and performance in the drug industry.In: Antitrust Law and Economic Review,Bd.1 (1968), S.13 ff.

(139) Cottrell,A.H.,Science and economic growth.In:New Scientist,(8.9.1966).

(140) -- Technological Thresholds, lecture given to the National Academy of Engeneering Sciences, Washington 24.4.1968.

(141) Dirlam,J.B./Kahn,A.E.,Fair competition: The law and economics of antitrust policy,Ithaca N.Y. 1954.

(142) Dirlam,J.B.,Big steel,invention and innovation.In:Quaterly Journal of Economics,(1966),S.167 ff.

(143) Disman,S.,Selecting R & D projects for profit.In:Chemical Engengeering,Dez.1962,S.87 ff.

(144) Domar,E.D.,On the measurement of technological change.In: Economic Journal,Dez.1961.

(145) Dormanns,A.,Die neueren amerikanischen Versuche zur Erfassung industrieller Konzentrationsprozesse, (Diss.),Köln 1964.

(146) Duesenberry,J.S.,Innovation and growth.In:American Economic Association,Papers,Mai 1956.

(147) Dürrhammer,W.,Über die Bestimmung eines Konzentrationsgrades In:Wirtschaft und Wettbewerb,Jg.9 (1959),S.806 ff.

(148) Echterhoff-Severitt,H.,Wissenschaftsaufwendungen in der Bundesrepublik Deutschland,1-7,1967/1968.

(149) -- Forschung und Entwicklung in der Wirtschaft 1971, Essen 1974.

(150) Economic Concentration, Hearings before the subcommittee on antitrust and monopoly of the Committee on the Judiciary United Senate
Part1:Overall and Conglomerate Aspects,Washington 1964
Part2:Mergers and other factors affecting industry concentration,Washington 1965.
Part3:Concentration,invention,and innovation, Washington 1965.
Part4:Concentration and Efficiency,Washington 1965
Part5: Concentration and divisional reporting, Washington 1966.
Part6:Concentration and new technologies, Washington 1967
Part7:Concentration outside the United States, Washington 1968
Part7A:(appendix to part7):Washington 1969.
Part8:The conglomerate merger problem,Washington 1970
Part8A:(appendix to part8):Staff report of the Federal Trade Commission,Economic report on corporate mergers,Washington 1969.

(151) Edwards,C.D.,Big business and the policy of competition, Cleveland 1956.

(152) Elkmann,G.H.,Möglichkeiten und Grenzen der Konzentration in der Eisen- und Stahlindustrie,(Diss.), St.Gallen 1970.

(153) Enderle,N.,Entwicklung und Messung der wirtschaftlichen Konzentration,(Diss.),Basel 1970.

(154) Engel,S./Inglis,A.,Patents,inventions and economic progress. In:Economic Research,Bd.42 (1966),S.572 ff.

(155) Enos,J.L.,A measure of the rate of technological progress in the petroleum refining industry.In:Journal of Industrial Economics,Bd.6 (1958),S.18o ff.

(156) Enos,J.L.,Invention and innovation in the petroleum refining industry.In:National Bureau of Economic Research (Hrsg.),The rate and direction of inventive activity,Princeton 1962,S.299 ff.

(157) Epstein,R.C., Industrial invention.Heroic or systematic.In: Quaterly Journal of Economics,(1926),S.232 ff.

(158) Etienne,W./Kaupen,W.,Die Verbreitung von Neuerungen,Köln 1971.

(159) Eucken,W.,Technik,Konzentration und Ordnung der Wirtschaft. In:Ordo,Bd.3 (1950),S.3 ff.

(160) -- Grundsätze der Wirtschaftspoltik,4.Auflage, Tübingen-Zürich 1968.

(161) Europäische Kommission,Forschung und Entwicklung, Die industrielle Auftragsforschung und -entwicklung in den sechs Ländern der Europäischen Gemeinschaft, Nr.6,1973.

(162) -- Studio sull'evoluzione della concentrazione in alcuni settori dell'industria chimica in Italia
- Farmaceutico (N.I.C.E.313.1)
- Fotografico (N.I.C.E.313.2)
- Produtti di manutenzione (N.I.C.E.313.1)

(163) -- Untersuchungen der Konzentrationsentwicklung in verschiedenen Bereichen der chemischen Industrie in Deutschland
- Pharmazeutische Industrie (N.I.C.E.313.1)
- Photochemische Industrie (N.I.C.E.313.2)

(164) -- Untersuchung zur Konzentrationsentwicklung in verschiedenen Untersektoren der elektotechnischen Industrie in Deutschland
- Rundfunk-,Fernseh- und Phonogeräte (N.I.C.E.375)
- Elektohaushaltsgeräte (N.C.I.E.376)

(165) Fabian,F.,Produktionstechnischer Fortschritt.Mindestbetriebs göße und Konzentration in der Textilindustrie - Untersuchung a, Beispiel der westdeutschen Baumwollspinnereien,(Diss.),Münster 1969.

(166) Fabricant,S.,Is monopoly increasing?.In:Journal of Economic History,Bd.13 (1953),S.89 ff.

(167) Federal Trade Commission,Conglomerate merger performance: An empirical analysis of nine corporations, Washington 1973.

(168) Fellner,W.J.,The influence of structure on technological progress.In:Quaterly Journal of Economics,Nov. 1951.

(169) -- Competition among the few oligopoly and similar market structures,New York 1960.

(170) Fellner,W.J.,Trends in the activities generating technological progress.In:American Economic Review, März 1970.

(171) Ferguson,C.E.,A macroeconomic Theory of workable competition,Durham N.C. 1964.

(172) Fertsch-Röver,D.,Hat der kleine und mittlere Betrieb noch eine Chance im großen Markt?.In:Die Aussprache, (1967),S.28 ff.

(173) Fettel,J.,Die Betriebsgröße, Versuche sie zu messen - Faktoren, die sie beeinflussen.In:Linhardt,H. (Hrsg.),Betriebsgröße und Unternehmungskonzentration,Nürnberger Abhandlungen zu den Wirtschafts- und Sozialwissenschaften,H.10,Berlin 1959,S.61 ff.

(174) Fischer,R.,Wachstum,Effizienz und Marktverhalten konglomeraler Unternehmen.In:Wirtschaft und Wettbewerb, Jg.23 (1973),H.4.

(175) Fleck,H.,Untersuchung zur ökonomischen Theorie vom technischen Fortschritt,Freiburg(Schweiz) 1957.

(176) Fleck,F., Die Messung des technischen Fortschritts im Rahmen des gesamtwirtschaftlichen Wachstumsprozesses,Wien-New York 1966.

(177) Flegel,F.C./Kivlin,J.E.,Attributes of innovations as factors in diffusion.In:American Journal of Sociology,Bd.72 (1966),S.235 ff.

(178) Florence,P.S.,New measure of the growth of firms.In: Economic Journal,Bd.67 (1957),S.244.

(179) Fox,H.G., Monopolies and patents,Toronto 1947.

(180) Freeman,C.,Research and development: A comparison between British and American industry.In:National Institute Economic Review,Mai 1962.

(181) -- The plastics industry: A comparative study of reseyrch and innovation.In:National Institute Economic Review,Nov.1963.

(182) -- Research and development in ekectronic capital goods.In:National Institute Economic Review, Nov. 1965.

(183) -- Chemical process plant: Innovation and the world market.In:National Institute Economic Review, Aug.1968.

(184) Freeman,C.u.a.,Science, Economic growth and government policy,OECD Paris 1963.

(185) Freeman,C./Young,A.,The research and development effort: An experimental international comparison of research expenditure and manpower in 1962,OECD Paris 1965.

(186) Freeman,C.,Science and economy at the national leve.In: OECD,Problems of science policy,Paris 1968.

(187) Freudemann,H.,Planung neuer Produkte,Stuttgart 1965.

(188) Freund,E.,Forschung der dritte Faktor. Eine Analyse mit Zahlen und Vergleichen ,Mainz 1966.

(189) Frey,B.S./Meißner,W.(Hrsg.),Zwei Ansätze der politischen Öhonomie - Marxismus und ökonomische Theorie der Politik,Frankfurt a.M. 1974.

(190) Friedman,M.N.,The research and development factor in mergers and acquisitions,Study of the Subcommittee on Patents,trademarks and copyright of the Committee on the Judiciary,Us Senate 85th Cong. 2nd. Sess.Pursuant to S.Res.167,Study No.2, Washington 1957,S.15 ff.

(191) Fritsch,B.,Forschung,Innovation und technischer Fortschritt als Gegenstand ökonomischer Analyse.In:Zeitschrift für die gesamte Staatswissenschaft,Bd.124 (1968),H.2.

(192) Frohn,J./Krengel,R./Kuhbier,P./Oppenländer,K.H./Uhlmann,L., Der technische Fortschritt in der Industrie, Volkswirtschaftliche Schriften Bd.207,Berlin 1973.

(193) Fuchs,V., Integration, concentration and profits in manufacturing industries.In:Quaterly Journal of Economics,Bd.75 (1961),S.278 ff.

(194) Fuhrberg,W.,Die Entstehung von Unternehmenskonzentration, Wien 1971.

(195) Gabriel,S.L.,Mißbrauch wirtschaftlicher Macht: Kriterien, Verfahren,Maßnahmen.In:Wirtschaft und Wettbewerb, Jg.18 (1968),S.581 ff.

(196) -- Überlegungen zu einer Theorie der Organisation des Marktes.In:Wirtschaft und Wettbewerb,Jg.11/12 (1971),S.802 ff.

(197) Galbraith,J.K.,American capitalism - The concept of countervailing power,Boston 1952.

(198) -- Americanischer Kapitalismus im Gleichgewicht der Wirtschaftskräfte,Stuttgart-Wien-Zürich 1956.

(199) -- Die moderne Industriegesellschaft,München-Zürich 1968.

(200) Gallo,N.A.,Patent interchanges: An analysis of their effects on competition.In:Journal for Planning and Organization,(1966),S.669 ff.

(201) Gellman,A.,A model of the innovative process.In:National Science Foundation,Proceedings of a conference on technology transfer and industrial innovation, Washington 1967.

(202) Gilfillan,S.,The sociology of invention,Chicago 1935.

(203) Gilmore,J.S.,u.a.,The channels of technology acquisition in commercial firms and the NASA dissemination program,Washington 1967.

(204) Goldsmith,M.,Technological innovation and the economy, London 1970.

(205) Görgens,E.,Wettbewerb und Wirtschaftswachstum,Freiburg i.Br. 1969.

(206) Gotthold, Kritische Anmerkungen zum heutigen neoliberalen Konzept von Wettbewerbsfreiheit und Fusionskontrolle.In:Wettbewerb in Recht und Praxis,Nr.11 (1974) S.602 ff.

(207) Grabowski,H.G.,The determinants of industrial research and development: A study of the chemical, drug, and petroleum industries.In:Journal od Political Economy,Bd.76 (1968),S.292 ff.

(208) Graue,E.,Inventions and production.In:Review of Economics and Statistics,Nov.1943.

(209) Griesbach,B.,Kozentrationswelle 1968/69.In:Die Aussprache (1969),S.274 ff.

(210) -- Wettbewerbspolitik ohne neues Leitbild.In:Marktwirtschaftliche Reihe,H.1,München 1970.

(211) Griliches,Z.,Hybrid corn: An exploration in the economics of technological change.In:Econometrica,Okt.1957.

(212) -- Research costs and social returns: Hybrid corn and related innovations.In:Journal of Political Economy,Okt.1958.

(213) Grimm,J., Wachstumsprozesse industrieller Unternehmungen, Berlin 1966.

(214) Grossfield,K.,Inventions as business.In:Economic Journal, Bd.72 (1972),S.12 ff.

(215) Groß,H./Meier,J.,Größe und Größenstruktur der Unternehmen, Köln-Berlin-Bonn-München 1964.

(216) Großmann,A.,Nutzung wissenschaftlicher Erkenntnisse in der industriellen Praxis.In:Rationalisierung,Jg.20 (1969),S.3o3 ff.

(217) Grote,F.W.,Unternehmensgröße und Konzentration in der Stahlindustrie.In:Salin,E.u.a.(Hrsg.),Notwendigkeit und Gefahr der wirtschaftlichen Konzentration aus nationaler und internationaler Sicht,Basel-Tübingen 1969,S.4 ff.

(218) Grotkopp,W./Schmacke,E.,Die großen 500.Deutschlands führende Unternehmen und ihr Management, Düsseldorf 1970.

(219) Gruber,W.H./Marquis,D.G.(Hrsg.),Factors in the transfer of technology,Cambridge Mass.-London 1969.

(220) Gruber,W./Mehta,D./Vernon,R.,The R & D factor in international investment of United States industries. In:Journal of Political Economy,Feb.1967.

(221) Grüter,H.,Konzentration und technischer Fortschritt.In: Die Aussprache, (1968),S.126 ff.

(222) Günther,E.,Relevanter Markt im Recht der Wettbewerbsbeschränkungen,Karlsruhe 1960.

(223) -- Konzentration in entwickelten Volkswirtschaften. In:Schmollers Jahrbuch,Jg.84 (1964),S.175 ff.

(224) -- Brauchen wir eine neue Wettbewerbspolitik?.In: Wirtschaft und Wettbewerb, (1967),S.91 ff.

(225) -- Die Bedeutung der Konzentration für den technischen Fortschritt und die internationale Wettbewerbsfähigkeit.In:Salin,E.u.a. (Hrsg),Notwendigkeit und Gefahr der wirtschaftlichen Konzentration aus nationaler und internationaler sicht,Basel-Tübingen 1969,S.57 ff.

(226) Hägerstrand,T.,Innovation diffusion as a spatial process, Chicago 1967.

(227) -- Diffusion 2: The diffusion of innovations.In: International Encyclopaedia of the Social Sciences,Bd.4,London 1968,S.174 ff.

(228) Hale,G.E./Hale,R.D.,Market power. Size and shape under the Sherman Act,Boston-Toronto 1958.

(229) Hamberg,D.,Invention in the industrial research laboratory. In:Journal of Political Economy,Bd.71 (1963), S. 95 ff.

(230) -- Size of firm, oligopoly, and research: The evidence.In:Canadian Journal of Economics and Political Science,Bd.30 (1964),S.62 ff.

(231) -- R & D: Essays on the economics of research and development,New York 1966.

(232) Hanisch,G.,Einige Bemerkungen zur Messung der Konzentration in der Wirtschaft.In:Allgemeines statistisches Archiev,Bd.45 (1961),S.33 ff.

(233) Harrmann,A.,Forschungs- und Entwicklungskosten in betriebswirtschaftlicher Sicht.In:Neue Betriebswirtschaft,H.8 (1971),S.15 ff.

(234) Hart,P.E.,Business Concentration in the United Kingdom. In:Journal od the Royal Statistical Society, Bd.123 (1960),S.5o ff.

(235) -- Concentration and its measurement in the United Kingdom.In:Arndt,H.(Hrsg.),Die Konzentration in der Wirtschaft,Berlin 1961,S.653 ff.

(236) -- The size and growth of firms.In:Econometrica, Bd.29 (1962),S.29 ff.

(237) Hartley,K.,The learning curve and its application to the aircraft industry.In:Journal of Industrial Economics,März 1965.

(238) Hässler,G.,Die Ökonomie der industriellen Forschung und Entwicklung.In:Steigerung der Wettbewerbsfähigkeit,Vorträge des 15.Deutschen Betriebswirtschaftlertages,Berlin 1962.

(239) Hatzhold,O.,Innovation in der Wirtschaft,Referate und Diskussionsbeiträge der Tagung vom 17.-19.März 1970, veranstaltet vom Institut für Wirtschaftsforschung in München,München 1970.

(240) Havelock,R.G.,Planning for innovation through dissemination and utilisation of knowledge,Ann Arbor 1971.

(241) Hax,K., Betriebswirtschaftliche Probleme der Konzentration.In:Neumark,F.(Hrsg.),Die Konzentration in der Wirtschaft,Bd.22,Berlin 1961,S.61 ff.

(241) -- Industrielle Entwicklung, gesamtwirtschaftliches Wachstum und Unternehmenswachstum.In:Zeitschrift für betriebswirtschaftliche Forschung,Jg.16 (1964),S.202 ff.

(242) -- Optimale Unternehmensgrößen in einer sich wandelnden Wirtschaft.In:Zeitschrift für betriebswirtschaftliche Forschung,Jg.17 (1965),S.418 ff.

(243) -- Kapitalbeteiligungsgesellschaften zur Finanzierung kleinerer und mittlerer Unternehmungen Köln-Opladen 1969.

(244) Hayek,F.A.v.,Individualismus und wirtschaftliche Ordnung, Erlangen-Zürich 1952.

(245) -- Wettbewerb als Entdeckungsverfahren,Kieler Vorträge Nr.56,Kiel 1968.

(246) -- Freiburger Studien,Tübingen 1969.

(247) Hearle,J.S.,How research has paid off.In:New Scientist, (2.2.1967).

(248) Heflebower,R.B.,Economics of size.In:Journal of Business, Bd.24 (1951).

(249) Heflebower,R.B.,Corporate Mergers,Policy and Economic analysis.In:Quaterly Journal of Economics,Bd.77 (1963),S.537 ff.

(250) -- The theory and effects of nonprice competition. In:Kuenne,R.E.(Hrsg.),Monopolistic competition theory,o.O. 1966,S.177 ff.

(251) Hennipman,P.,Monopoly: Impediment or stimulans to economic progrss?.In:Chamberlin,E.H.(Hrsg.),Monopoly and competitio and their regulation,New York 1954.

(252) Herdczina,E.,Oligopolistische Interdependenz, funktionsfähiger Wettbewerb und Wettbewerbsvoraussetzungen. In:Jahrbuch für Sozialwissenschaft,Bd.24 (1973) S.85 ff.

(253) Heuss,E., Allgemeine Markttheorie.In:St.Galler wirtschaftswissenschaftliche Forschungen,Be.21,Tübingen-Zürich 1965.

(254) -- Wettbewerbs- und Wachstumsproblematik des Oligopols.In:Schneider,H.K.(Hrsg.),Grundlagen der Wettbewerbspolitik, Berlin 1968,S.50 ff.

(255) Hildebrand,L.A.,Einfluß der Unternehmensgrößen auf den technischen Fortschritt (Diss.),Würzburg 1968.

(256) Hilhorst,J.G.M.,Monopolistic competition, technical progress and income distribution,2.Auflage, Rotterdam 1968.

(257) Hill,H./Harbison,F.,Manpower and innovation in american industry,Princeton 1959.

(258) Hirsch,H.,Patentrecht und Wettbewerbsordnung.In:Wirtschaft und Wettbewerb,Bd.20 (1970),S.99 ff.

(259) Hirschmann,A.O.,The strategy of economic development, New Haven 1958.

(260) Hoffmeyer,E.,Die amerikanische Herausforderung und die Theorie der Forschungsintensität,Tübingen 1969.

(261) Hogarth,R.,Problems in the marketing of innovations.In: European Business,Jan.1969.

(262) Holden,P.,Innovation and the establishment.In:New Scientist, (21.8.1969).

(263) Hollander,S.,The sources of increased efficiency: A case study of Du Pont Rayon-Manufakturin Plants, Cambridge Mass.1965.

(264) Hoorn,J.v.,Tax treatment of research and development,OECD Paris 1962.

(265) Hoppmann,E.,Das Konzept der optimalen Wettbewerbsintensität.In:Jahrbücher für Nationalökonomie und Statistik,Bd.179 (1966),S.287 ff.

(267) -- Workable Competition.In:Zeitschrift des Bernischen Juristenvereins,Bd.102 (1966),S.249 ff.

(268) -- Die Funktionsfähigkeit des Wettbewerbs.In:Jahrbücher für Nationalökonomie und Statistik,Bd.181 (1967),S.251 ff.

(269) -- Wettbewerb als Norm der Wettbewerbspolitik.In: Ordo,Bd.18 (1967),S.77 ff.

(270) -- Preismeldestellen und Wettbewerb.In:Wirtschaft und Wettbewerb,Bd.16 (1966),S.97 ff.

(271) -- Workable Competition als wettbewerbspolitisches Konzept.In:Besters,H.(Hrsg.),Theoretische und instutitionelle Grundlagen der Wirtschaftspolitik. Theodor Wessels zum 65.Geburtstag,Berlin 1967, S.145 ff.

(272) -- Zum Schutzobjekt des GWB.In:Wirtschaft als Aufgabe,Bad Homburg v.d.H. 1968,S.61 ff.

(273) -- Zum Problem einer wirtschaftspolitisch praktikablen Definition des Wettbewerbs.In:Schneider,H.K. (Hrsg.),Grundlagen der Wirtschaftspolitik, Berlin 1968,S.9 ff.

(274) -- Wettbewerbspolitik in der BRD heute.In:Frisch,H.,. Grundprobleme moderner Wirtschaftsordnungen, Frankfurt 1969.

(275) Herowitz,I.,Firm size and research activity.In:Southern Economic Journal,Jan.1962.

(276) Huffschmid,J.,Die Politik des Kapitals, konzentration und Wirtschafts politik in der Bundesrepublik, Frankfurt a.M. 1969.

(277) Huppert,W. Monopol und Konzentration.In:Jahrbücher für Sozialwissenschaften,Bd.1 (1950),S.245 ff.

(278) Hymer,S./Pashigian,P.,Firm size and rate of growth.In:Journal of Political Economy,Bd.70 (1952),S.556 ff.

(279) Ihlau,T./Rall,L.,Die Messung des technischen Fortschritts, Tübingen 1970.

(280) Institut für Wirtschaftsforschung, Die Verbreitung neuer technologien, Eine Studie über zehn Verfahren in neun Industriezweigen,Berlin-München 1970.

(281) Jackson,R.,Market structure and the rewards for patented inventions.In:Antitrust-Bulletin,Bd.17 (1972), Nr.3,S.911 ff.

(282) Jewkes,J./Sawers,D./Stillerman,R.,The sources of invention,2.Auflage,Edinburgh 1969.

(283) Johnston,R.E.,Technical progress and innovation.In:Oxford Economic Papers,Bd.18 (1966),S.158 ff.

(284) Jöhr,W.A.,Die Konzentration als Problem der Theorie der Wirtschaftspolitik.In:Arndt,H.(Hrsg.),Die Konzentration in der Wirtschaft,Bd.2,Berlin 1960, S.1289.

(285) Jürgensen,H./Berg,H.,Konzentration und Wettbewerb im gemeinsamen Markt - Das Beispiel der Automobilindustrie,Göttingen 1968.

(286) Jüttner,Kramny,L.,Zur Bedeutung der Unternehmensgröße für den technischen Fortschritt.In:FIW-Schriftenreihe, H.53 (1960).

(287) -- Zusammenfassende Analyse der US-Hearings über die Konzentration in der Wirtschaft.In:Der Betrieb, Jg.22 (1969),S.1517 ff.

(288) Kahn,A.E.,The chemical industry.In:Adams,W.(Hrsg.),The structure of american industy,New York 1961, S.232 ff.

(289) -- The role of patents.In:Miller,J.P.(Hrsg.),Competition,cartels and their regulation,Amsterdam 1962.

(290) Kahn,H./Wiener,A.J.,Ihr werdet es erleben,Wien-München-Zürich 1968.

(291) Kantzenbach,E.,Das Konzept der optimalen Wettbewerbsintensität.Eine Erwiderung auf den gleichnamigen Besprechungsaufsatz von E.Hoppmann.In:Jahrbücher für Nationalökonomie und Statistik,Bd.181 (1967),S.193 ff.

(292) -- Die Funktionsfähigkeit des Wettbewerbs,Wirtschaftliche Studien,H.1,2.Auflage,Göttingen 1967.

(293) -- Innovation und Unternehmensgröße.In:IFO-Institut (Hrsg.),Innovation in der Wirtschaft,München 1970,S.220 ff.

(294) -- Konzentration als Problem der Konkurrenzwirtschaft.In:Arndt,H.(Hrsg.),Die Konzentration in der Wirtschaft,2.Auflage,Berlin 1971,S.159 ff.

(295) Kaplan,A.D.H.,Big Enterprise is a competive system, Washington 1954.

(296) Kartte,W.,Ein neues Leitbild für die Wettbewerbspolitik, Köln 1969.

(297) -- Die deutsche Fusionskontrolle - Ein Modell fü Europa.In:europäische gemeinschaft,(1970),S

(298) Kartte,W.,Erhaltung des Wettbewerbs oder neuer Dirigismus? Diskussion über die Kartellnovelle.In:Die Aussprache,(1970),S.217 ff.

(299) Katz,E., The social itinerary of technical change:Two studies on the diffusion of innovation.In: Human Organization,Bd.20 (1961),S.70 ff.

(300) -- Die Verbreitung neuer Ideen und Praktiken.In: Schramm,W.(Hrsg.),Grundfragen der Kommunikationsforschung,2.Auflage,München 1970,S.99 ff.

(301) Katz,E./Levin,M.L./Hamilton,H.,Traditions of research on the diffusion of innovation.In:American Sosiological Review,Bd.28 (1963),H.2,S.237 ff.

(302) Kaufer,E.,Kantzenbachs Konzept des funktionsfähigen Wettbewerbs.Ein Kommentar.In:Jahrbücher für Nationalökonomie und Statistik,Bd.179 (1966),S.481 ff.

(303) -- Nochmals: Von der Preistheorie zur Wettbewerbstheorie.In:Ordo (1967),S.95 ff.

(304) -- Das Konzept der optimalen Wettbewerbsintensität - Eine Replik.In:Jahrbücher für Nationalökonomie und Statistik,Bd.181 (1967),S.242 ff.

(305) -- Die Bestimmung von Marktmacht.In:Berner Beiträge zur Nationalökonomie Nr.5,Bern 1967.

(306) -- Die Ökonomie von Forschung und Entwicklung.In: Wettbewerb als Aufgabe - Nach 10 Jahren Gesetz gegen Wettbewerbsbeschränkungen, Bad Homberg - Berlin-Zürich 1968.

(307) -- Patente,Wettbewerb und technischer Fortschritt, (Habilitationsschrift),Freiburg i.Br.1970.

(308) -- Patentrecht und Konzentration.In:Arndt,H.(Hrsg.), Die Konzentration in der Wirtschaft,Bd.1, 2.Auflage,Berlin 1971,S.711 ff.

(309) -- Wettbewerbspolitik und Wirtschaftswachstum.In: Hoppmann,E.(Hrsg.),Konzertierte Aktion, Frankfurt a.M. 1971,S.315 ff.

(310) -- Marktmacht und Innovation.In:Schneider,H.K./ Watrin,C.,Macht und ökonomisches Gesetz,I.HBd. Berlin 1973.

(311) Kaysen,C.,US versus United Shoe Machinery Corporation - An economic analysis of antitrust case,Cambridge Mass. 1956.

(312) Kaysen,C./Turner,D.F.,Antitrust policy - An economic and legal analysis,Cambridge Mass. 1959.

(313) Keezer,D.M.,The outlook for expenditures on R & D during the next decade.In:American Economic Review, Bd.50 (1960),S.355 ff.

(314) Kellerer,H.,Zur statistischen Messung der Konzetration.In: Arndt,H.(Hrsg.),Die Konzentration in der Wirtschaft,Bd.1,Berlin 1960,S.41.ff.

(315) Kennedy,C.,Technical progress and investment.In:Economic Journal,Jun.1961.

(316) -- The character of improvement and technical progress.In:Economic Journal,Dez.1962.

(317) Kennedy,C./Thirwall,C.,Technical progress: A Survey.In: Economic Journal,Bd.82 (1972),S. 11 ff.

(318) Kennedy,J.B.,Patent and antitrust policy: The search for a unitary theory.In:George Washington Law Review,Bd.35 (1967),S.512 ff.

(319) Kessler,F./Stern,R.H.,Competition, contract, and vertical integration.In:Yale Law Journal,Bd.69 (1959),S.1

(320) Kiefer,K.,Die Diffusion von Neuerungen,Tübingen 1967.

(321) Kieser,A.,Unternehmenswachstum und Produktinnovation, Berlin 1970.

(322) Kilpatrick,R.W.,Stigler on the relationship between industry profit rates and market concentration.In: Journal of Political Economy,Bd.76 (1968),S.476

(323) King,A., Unternehmensgröße und technischer Fortschritt.In: BMWI (Hrsg.),Unternehmensgröße und Wettbewerb, BMWI Texte,Bonn 1970.

(324) King,C.W./Summers,J.O.,Technology, innovation and consumer decision making,Chicago 1967.

(325) Klaue,S./Lampe,H.v./Markert,K./Petry,H./Reiniger,K.,Zur Problematik der Fusionskontrolle,Frankfurt 1971.

(326) Klein,B.H.,The decision making problem in development.In: National Bureau of Economic Research,The rate and direction of inventive activity: Economic and social factors,2.Auflage,Princeton 1964,S.477 ff.

(327) Klug,O., Konzentration in der Wirtschaft.In:Zeitschrift für Nationalökonomie,Bd.23 (1963/64),S.253 ff.

(328) Knight,K.E.,A descriptive model of the intrafirm innovation process.In:Journal of Business,Bd.40 (1967), S.478 ff.

(329) Knoppe,H.,Die Besteuerung der Lizenz- und Know-how-Verträge,Köln 1964.

(330) König,H.,Konzentration und Wachstum.Eine empirische Untersuchung der Konzentration in der Nachkriegszeit. In:Zeitschrift für die gesamte Staatswissenschaft, Bd.115 (1959),S.229 ff.

(331) Kortzfleisch,G.v.,Forschungen über die Forschung und Entwicklung.In:Zeitschrift für betriebswirtschaftliche Forschung,H.9 (1972),S.558 ff.

(332) Krengel,R.,Sind Großunternehmen wirklich stark Überlegen? In:Vierteljahresheft Wirtschaftsforschung,Jg. 1959,S.309 ff.

(333) Kruber,K.P.,Bemerkungen zu einigen Wettbewerbswirkungen des konglomeraten externen Unternehmenswachstum.In: Wirtschaft und Wettbewerb,H.4 (1971),S.221 ff.

(334) -- Unternehmensgröße und Wettbewerb af wachsenden Märkten,Baden-Baden 1973.

(335) Krüger,G.,Forschung und Entwicklung.In:Handwörterbuch der Betriebswirtschaft,Bd.2,3.Auflage,Sp.2002.

(336) Krusche,D.,Marktverhalten und Wettbewerb.Eine Untersuchung zum Gesetz gegen Wettbewerbsbeschränkungen.In: Beiträge zur Verhaltensforschung,H.3,Berlin 1961.

(337) Kühne,K., Funktionsfähige Konkurrenz,Monopolistische Restriktionen und Wettbewerbsprobleme in der modernen Wirtschaft,Berlin 1958.

(338) -- Konzentration - Meßbarkeit und Maßstäbe.In: Wirtschaftsdienst,Jg.41 (1961),S.309 ff.

(339) Kuhnke,H.-H.,Zähmung der konzentrieten Konzernen?.In:Abs, H.J.u.a.(Hrsg.),Vom Sinn der Konzentration,Volkmar Muthesius zum 65.Geburtstag am 19.März 1965, Frankfurt a.M. 1965,S.65 ff.

(340) Küng,E., Wettbewerb bei Überbeschäftigung und technische Revolution.In:Schweizer Zeitschrift für Volkswirtschaft und Statistik,Jg.101(1965),S.233 ff.

(341) Kznets,S.S.,Inventive activity: Problems of definition and measurement.In:National Bureau of Economic Research,The rate and direction of inventive activity,Princeton 1962.

(342) Lachmann,L.,Marktwirtschaft und Modellkonstruktionen.In: Ordo,Bd.17 (1966),S.261 ff.

(343) Ladd,D.L.,Business aggression under the patent system.In: University of Chicago Law Review,Bd.26 (1959), S.353 ff.

(344) Langrish,J.,Innovation in industry: Some results of the Queen's award study.In:Department of Liberal Studies in Science,University of Manchester, Research Report No.15,Manchester 1969.

(345) Larsen,O.N.,Innovators and early adopters of television.In: Sociological Inquiry,Bd.32 (1962),S.16 ff.

(346) Lave,L.B.,Technological change: Its conception and measurement,Prentice Hall N.J. 1966.

(347) Layton,C.,Technologischer Fortschritt für Europa, ein Integrationsprogramm,Köln 1969.

(348) Lecourt,R.,Concentrations et fusions,facteurs d'intégration. In:Coopération,concentration,fusions d'entreprises dans la CEE,Revue du Marché Commun,Nr. 109,Jan./Feb. 1968,S.6 ff.

(349) Lenel,H.O.,Ursachen der Konzentration unter besonderer Berücksichtigung der deutschen Verhältnisse, Tübingen 1962.

(350) -- Wachstum der Wirtschaft und Wachstum der Unternehmungen.In:Ordo,Bd.15/16 (1965),S.141 ff.

(351) -- Ausschließlichkeitsbindungen, Wettbewerb und Konzentration.In:Müller-Armack,A.u.a.(Hrsg.), Beiträge zur Wirtschafts und Sozialpolitik - Festgabe für Fritz W. Meyer,Köln 1967,S.93 ff.

(352) -- Externes Unternehmenswachstum als Problem der Wettbewerbspolitik.In:Mestmäcker,E.-J.(Hrsg.), Wettbewerb als Aufgabe - Nach zehn Jahren GWB, Bad Homberg v.d.H.-Berlin-Zürich 1968,S.489 ff.

(353) -- Kartelle und externes Unternehmenswachstum als Mittel für Produktionsforschung und Wettbewerbsbeschränkungen.In:Mestmäcker,E.-J.(Hrsg.),Wettbewerb als Aufgabe - Nach zehn Jahren GWB,Bad Homberg v.d.H.-Berlin-Zürich 1968.

(354) -- Die Bedeutung der großen Unternehmen für den technischen Fortschritt,Tübingen 1968.

(355) -- Unternehmensgröße und internationale Wettbewerbsfähigkeit.Über eine Untersuchung der Prognos AG mit dem gleichen Titel.In:Ordo,Bd.21 (1970),S.145.

(356) -- Unternehmensverflechtungen in der EWG,Frankfurt 1972.

(357) Leonard,W.N.,Research and development in industrial grwth. In:Journal of Political Economy,Bd.79 (1971), S,232 ff.

(358) Levin,H.J.,Measurement of insustrial concentration.In: Levin,H.J.(Hrsg.),Business organization and public policy,A book of readings,New York 1958,S.37

(359) Lilienthal,D.E.,Big business- A new era,New York 1952.

(360) -- Big business,Ausblick auf eine neue Ära der amerikanischen Großunternehmen,Berlin-Neuwied 1954

(361) Lindblom,C.E.,Economic development, research and development policy making: Some converging views.In:Behavioral Science,Bd.7 (1962),S.211 ff.

(362) Linhardt,H.,Konzentration und Marktfinanzierung.In:Arndt, H.(Hrsg.),Die Konzentration in der Wirtschaft,Bd.3 Berlin 1960,S.1559 ff.

(363) Lintner,J./Butters,J.K.,Effects of mergers on industrial concentration, 1940 - 1947.In:Review of Economics and Statistics,Bd.32 (1950),S.30 ff.

(364) Lionberger,H.F.,Adoption of new ideas and practices, 5.Auflage,Ames Iowa 1968.

(365) Lipp,W., Innovationsprozesse im industriellen Großbetrieb, Technologischer Wandel und sozialer Konflikt.In: Die Unternehmung,H.4 (1971),S.313 ff.

(367) Little,A.D.,Patters and problems of technical innovation in american industry,Washington D.C. 1963.

(368) Lorsch,J.W.,Product innovation and organization,New York 1965.

(369) Lorenz,P.,Statistische Maße der Konzentration zur Beurteilung der Wettbewerbslage.In:Deutsche Gesellschaft für Betriebswirtschaft (Hrsg.),Kooperation und Konzentration der Unternehmungen im Wettbewerb,Berlin 1964,S.72 ff.

(370) Lücke,W., Betriebs- und Unternehmensgröße,Stuttgart 1967.

(371) Lutz,C.,Die technische Lücke zwischen den USA und Europa, Zürich 1968.

(372) Lutz,F.A.,Bemerkungen zum Monopolproblem.In:Ordo,Bd.8 (1956),S.19 ff.

(373) Lynn,F., An investigation of the rate of development and diffusion of technology in our modern industrial society.In:National Commission on Technology, Automation and economic progress,Washington, 1966.

(374) Machlup,M.,The characteristica and classification of oligopoly.In:Kyklos,Bd.5 (1951/52),S.145 ff.

(375) -- The economics of Seller's Competition,Baltimore 1952.

(376) -- The political economic of monopoly,Baltimore 1952.

(377) -- Die Finanzierung des technischen Fortschritts.In: Ordo,Bd.11 (1959),S.117 ff.

(378) -- The supply of inventors and inventions.In:Weltwirtschaftliches Archiv,Bd.85 (1960),S.210 ff.

(379) -- Erfindung und technische Forschung.In:Handwörterbuch der Sozialwissenschaften,Bd.3,Stuttgart-Tübingen-Göttingen 1961,S.280 ff.

(380) -- Die wirtschaftlichen Grundlagen des Patentrechts, Weinheim 1962.

(381) -- The production and distribution of knowledge in the United States,2.Auflage,Princeton 1964.

(382) -- Wettbewerb(III) Wirtschaftstheoretische Betrachtung.In:Handwörterbuch der Sozialwissensc aften, Bd.12,Stuttgart-Tübingen-Göttingen 1965,S.36 ff.

(383) MacLaurin,W.R.,Invention and innovation in the radio industry,New York 1949.

(384) -- The process of technological innovation: The launchung of a new scientific industry.In:American Economic Review,März 1950.

(385) -- The sequence from invention to innovation and its relation to economic growth.In:Quaterly journal of Economics,Feb.1953.

(386) -- Technological progress in dome american industries In:American Economic Association,Papers,Mai 1954.

(387) Maddala,G.S./Knight,P.T.,International diffusion of technical change - A case study of the oxygen steel making process.In:Economic Journal,Bd.77 (1967), S.531 ff.

(388) Majer,H.,Die technologische Lücke zwischen der Bundesrepublik Deutschland und den Vereinigten Staaten von Amerika,Tübingen 1973.

(389) Malliga,H.,Die Theorie des funktionsfähigen Wettbewerbs als wettbewerbspolitisches Konzept,(Diss.), Wien 1972.

(390) Mann,H.G.,Seller concentration, barriers to entry, and rates of return in thirty industries 1950-60.In:Review of Economics and Statistics,Bd.48 (1966),S.296 ff.

(391) Mansfield,E./Hensley,C.,The logistic process: Tables of the stochastic epidemic curve and applications.In: Journal of the Royal Statistical Society,Serie B, Bd.22 (1960),S.332 ff.

(392) Mansfield,E.,Entry, Gibrat's law, innovation and the growth of firms.In:American Economic Review,Bd.52 (1962), S.1023 ff.

(393) -- Size of firm,market structure, and innovation.In: Journal of Political Economy,Bd.71 (1963),S.556

(394) -- The speed of response of firms to new techniques. In:Quaterly Journal of Economics,Bd.77 (1963), S,290 ff.

(395) -- Intrafirm rate of diffusion of an innovation.In: Review of Economics and Statistics,Bd.45 (1963), S.348 ff.

(396) -- Industrial research and development expenditures: Determinants,prospects, and relation to size of firm and inventive output.In:Journal of Political Economy,Bd.72 (1964),S.319 ff.

(397) -- Rates of return from industrial research and development.In:American Economic Association, Papers,Mai 1965.

(398) Mansfield,E.,Industrial research and development: Charateristics,costs,and diffusion of result.In:American Economic Review,Bd.59 (1969),S.65 ff.

(399) Mansfield,E./Brandenburg,R.,The allocation,characteristic aud outcome of the firm's research and development portfolio: A case study.In:Journal of Business,Bd.39 (1966),S.447 ff.

(400) Mansfield,E.,Industrial research and technological innovation,New York 1968.

(401) -- The sconomics of technological change,New York 1968.

(402) -- Defense,science and public policy,New York 1968.

(403) -- The riskiness of research and development performed by large firms.In:PTC Journal of Research and Education,Bd.7 (1963/64),S.461 ff.

(404) Marbach,F.,Zur Frage der wirtschaftlichen Macht.In:Abs,H.J. u.a. (Hrsg.),Vomm Sinn der Konzentration,Frankfurt a.M. 1965,S.19 ff.

(405) -- Die Wirtschaftskonzentration,Düsseldorf-Wien 1964.

(406) Markert,K.,Die USA-Hearings über die Konzentration in der Wirtschaft.In:Der Betrieb,Jg.22 (1969),S.449 ff.

(407) Markham,J.W.,Economic inventives and progress in the drug industry,Baltimore 1964.

(408) -- Market structure, business conduct and innovation.In:American Economic Review,Bd.65 (1965), S.323 ff.

(409) Marschak,T.A.,Models,rules of thumb, and development decisions.In:Dean,B.V.(Hrsg.),Operation research in research and development,New York 1963,S.247 ff.

(410) -- Strategy for R & D: Studies in the microeconomics of development,Berlin-Heidelberg-New York 1967.

(411) Marshall,A.W./Meckling,W.H.,Predictability of the costs, time,and success of development.In:National Bureau of Economic Research (Hrsg.),The rate and direction if inventive activity,Princeton 1962, S,461 ff.

(412) Mason,E.S.,Market power and business conduct: Some Comments. In:American Economic Review,Bd.46 (1956),S.471 ff.

(413) -- Economic concentration and the monopoly problem, Cambridge Mass. 1957.

(414) Mason,R.G.,The use of information sources by influentials in the adoption process.In:Public Opinion Quaterly,Bd.27 (1963),S.455 ff.

(415) Massell,B., Investment,innovation and growth.In:Econometrica, April 1962.

(416) Maurer,A.,Die Gemeinschaftsunternehmen im amerikanischen Antitrustrecht.In:Steindorff,E.(Hrsg.),Münchener Universitätsschriften - Abhandlungen des Instituts für europäisches und internationales Wirtschaftsrecht,Bd.3,Stuttgart 1969.

(417) McAdams,A.K.,Big steel, invention and innovation, reconsidered.In:Quaterly Journal of Economics,Bd.81 (1967),S.457 ff.

(418) McConnel,C.R./Peterson,W.C.,Research and development: Some evidence for small firms.In:Southern Economic Journal,Bd.31 (1964),S.356 ff.

(419) McGee,J.S.,In defense of concentration,New York 1971.

(420) Meier,J., Industrielle Gemeinschaftsforschung - Grundlagen, Erscheinungsformen und Entwicklungstendenzen - aufgezeigt an den Verhältnissen in der Bundesrepublik Deutschland,Kiel 1961.

(421) Mellerowicz,K.,Forschungs- und Entwicklungstätigkeit als betriebswirtschaftliche Probleme,Freiburg i.Br. 1958.

(422) Mensch,G.,Basisinnovationen und Verbesserungsinnovationen. In:Zeitschrift für Betriebswirtschaft,H.4 (1972), S.291 ff.

(423) Merrit,T.P.,Industrial R & D - 1980.In:SRI Long Planning Service,Report Nr.338,Menlo Park,Dez.1967.

(424) Mertens,D.,Zum Stand der Konzentrationsdebatte.In:Konjunkturpolitik,Jg.6 (1960),S.297 ff.

(425) Mestmäcker,E.-J.,Die Beurteilung von Unternehmenszusammenschüssen nach Art.86 des Vertrages über die Europäisch Wirtschaftsgemeinschaft.In:Caemmerer,E.v., Probleme des Europäischen Rechts - Festschrift für Walter Hallstein zu seinem 65.Geburtstag, Frankfurt a.M. 1966.

(426) -- Die Unternehmenskonzentration im ausländischen Recht.In:Arndt,H.(Hrsg.),Die Konzentration in der Wirtschaft,Bd.2,Berlin 1960,S.989 ff.

(427) -- Der Mißbrauch marktbeherrschender Stellungen im deutschen,italienischen und europäischen Recht. Verhandlungen des 2.Deutsch-Italienischen Juristenkongresses vom 26.-28. September 1968 in Berlin.In:Hefte der Vereinigung für den Gedankenaustausch zwischen deutschen und italienischen Juristen e,V.,H.5,Karlsruhe 1969.

(428) -- Wettbewerbspolitik in der Industriegesellschaft. In:Zeitschrift für die gesamte Staatswissenschaft, Bd.129/1.

(429) Metcalfe,J.S.,Diffusion of innovation in the Lancshire textile industry.In:Manchester School,Jun.1970.

(430) Meyer,F.W./Gröner,H.,Internationale Konzentration.In: Arndt,H.(Hrsg.),Die Konzentration in der Wirtschaft,Bd.1,Berlin 1960,S.753 ff.

(431) Michael,M.,Produktideen und "Ideenproduktion",Wiesbaden 1973.

(432) Miller,J.P.,Measures of monopoly power and concentration: Their Economic signifiance.In:National Bureau of Economic Research,Business concentration and price policy,Princeton 1955,S.119 ff.

(433) Miller,R.A.,Marginal concentration ratios and industrial profit rates.In:Southern Economic Journal,Bd.34 (1967/68),S.259 ff.

(434) Minasian,J.R.,The economic research and development.In: Natioanl Bureau of Economic Research,The rate and direction of inventive activity,Princeton 1962.

(435) -- Research and development, production functions and rates of return.In:American Economic Association,Papers,Mai 1969.

(436) Molitor,B.,Der Patentschutz als volkswirtschaftliches Problem.In:Wirtschaftsdienst,Jg.44 (1964),S.519 ff.

(437) Molsberger,J.,Patentschutz und Konzentration,Bonn 1960.

(438) -- Zwang zur Größe? Zur These von der Zwangsläufigkeit der wirtschaftlichen Konzentration,Köln-Opladen 1967.

(439) Mottley,C.M./Newton,R.D.,The selection of projects for industrial research.In:Operation Research,Bd.7 (1959),S.740 ff.

(440) Mueller,D.C.,Patents, research and development,and the measurement of inventive activity.In:Journal of Industrial Economics,Nov.1966.

(441) Mueller,W.F.,The origins of the basic inventions under lying Du Pont's major product and process innovations to 1950.In:Natioanl Bureau of Economic Research,The rate and direction of inventive activity,Princeton 1962.

(442) Müller,J.H.,Konzentration und Wettbewerb.In:Neumark,F. (Hrsg.),Die Konzentration in der Wirtschaft,Bd. 22,Berlin 1961,S.117 ff.

(443) Müller,W.F.,A case study of product discovery and innovation costs.In:Southern Economic Journal,Bd.24 (1957),S.80 ff.

(444) Müller-Armack,A.,Soziale Marktwirtschaft.In:Handwörterbuch der Sozialwissenschaften,Bd.9,Stuttgart-Tübingen-Göttingen 1956,S.190 ff.

(445) Münzner,H.,Probleme der Konzentrationsmessung.In:Allgemeines statistisches Archiv,Bd.47,o.O.,S.1 ff.

(446) Myers,S.,Technology transfer and industrial innovation. In:National Sience Foundation,Successful industrial innovations,Washington 1969.

(447) National Science Foundation,Patterns and problems of technological innovation in american industry, 1963.

(448) -- Industrial R & D fund in relation to other economic variables,Washington 1964.

(449) -- Basic research, applied research, and development in industry 1965,Washington 1967.

(450) -- Federal funds for research, development and other scientific activities,Washington 1967.

(451) -- Proceedings of a conference on technology transfer and innovation,Washington 1967.

(452) -- Research and Development in industry 1969, Washington 1970.

(453) Nelson,R.L.,Concentration in the manufacturing industry of the United States,Economic census studies,Bd.2, New Haven-London 1963.

(454) Nelson,R.R.,The economics of invention: A survey of literature.In:Journal of Business,Bd.32 (1969),S.101

(455) -- The simple economics of basic scientific research. In:Journal of political Economy,Bd.67 (1959), S.297 ff.

(456) -- Uncertainty,learning and the economics of parallel research and development effort.In:Review of Economics and Statistics,Bd.43 (1961),S.351 ff.

(457) -- The rate and direction of inventive activity: Economic and social factors,Princeton 1962.

(458) Nelson,R.R./Phelps,E.S.,Investment in human, technological diffusion and economic growth.In:American Economic Association,Papers,Mai 1966.

(459) Nelson,R.R./Peck,M.J./Kalaclok,E.D.,Technology, economic growth and public policy,Washington 1967.

(460) Neuhauser,G.,Wettbewerbspolitik und technischer Fortschritt im Gemeinsamen Markt.Bemerkungen über eine Stellungnahme zum Problem der Wettbewerbspolitik im Gemeinsamen Markt.In:Zeitschrift für Nationalökonomie,Bd.23 (1964),S.368 ff.

(461) Neumark,F.(Hrsg.),Die Konzentration in der Wirtschaft, Verhandlungen auf der Tagung des Vereins für Socialpolitik in Bad Kissingen 1960,Schriften des Vereins für Socialpolitik,Bd.22,Berlin 1961.

(462) Niehans,J.,Das ökonomische Problem des technischen Fortschritts.In:Schweizerische Zeitung für Volkswirtschaft und Statistik,Jg.90 (1954),S.145 ff.

(463) -- Round table Gespräch über Messung der industriellen Konzentration.In:Neumark,F.(Hrsg.),Die Konzentration in der Wirtschaft,Berlin 1961,S.367 ff, S.387 ff,S.384 ff.

(464) Nold,K., Technischer Fortschritt und Monopolisierungsgrad, (Diss.)Münster 1954.

(465) Novick,D.,What do we mean by "Research and development"? In:Bright,J.R.(Hrsg.),Research, development and technological innovation,Homewood Ill. 1964,S.21

(466) Nutter,G.W.,Monopoly,bigness and progress.In:Journal of Political Economy,Bd.64 (1956),S.520 ff.

(467) Oberender,P.,Industrielle Forschung und Entwicklung,o.O. 1973.

(468) OECD, A study of resources devoted to R & D in OECD member countries in 1963/64,Bd.1,Paris 1967.

(469) -- Government anf technical innovation,Paris 1968.

(470) -- Gaps in technology, Analytical report, comparisons between member countries in education, research and development, technological innovations, international exchanges,Paris 1970.

(471) -- The conditions for success in technological innovation,Paris 1971.

(472) Oehler,H.,Wettbewerbsregeln als Instrument der Wettbewerbspolitik,Marburg 1966.

(473) Oelschläger,K.,Chancen der Beteiligungsfinanzierung bei kleinen und mittleren Industriebetrieben.In: Die Aussprache,H.9 (1970),S.258 ff.

(474) Ollenburg,G.,Round table Gespräch über die Messung der industriellen Konzentration.In:Neumark,F.(Hrsg.), Die Konzentration in der Wirtschaft,Berlin 1961, S.388 ff.

(475) Oppenländer,K.,Wachstum und technischer Fortschritt.In: Der Volkswirt, Nr.31 (1965).

(476) Oppenländer,K.-H.,Zusammenfassung der Ergebnisse und Ausbick auf künftige Aufgaben der Innovationsforschung.In:IFO (Hrsg.),Innovation in der Wirtschaft,München 1970,S.341 ff.

(477) Osborn,R.C.,Efficiency and profitability in relation to size.In:Harvard Business Review,Nr.2 (1951), S.82 ff.

(478) Ott,A.E., Artikel: Technischer Fortschritt.In:Handwörterbuch der Sozialwissenschaft,Bd.10,Stuttgart-Tübingen-Göttingen 1959,S.302 ff.

(479) -- Marktform und Verhaltensweise,Stuttgart 1959.

(480) Ozanne,U.B./Churchill,G.A.,Adoption and diffusion research. A potential tool for improving technology transfer,Bloomington 1967.

(481) Pavitt,K./Wald,S.,The conditions for success in technological innovation,OECD,Paris 1971.

(482) Pawlowsky,P.,Konzentration als Voraussetzung wirtschaftlichen Wachstums.In:Salin,E.u.a. (Hrsg.),Notwendigkeit und Gefahr der wirtschaftlichen Konzentration in nationaler und internationaler Sicht,Basel-Tübingen 1969,S.221 ff.

(483) Peck,M.J.,Inventions in the Post-war American Aluminium industry.In:National Bureau of Economic Research, The rate and direction of inventive activity: Economic and social factors,Princeton 1962.

(484) Peck,M.J./Scherer,F.M.,The weapons acquisition process: An economic analysis,Boston 1962.

(485) Pelz,D./Andrews,F.,Scientists in organizations: Productive climates for research and development,New York 1966.

(486) Penrose,E.T.,Limits to the growth and size of firms.In: American Economic Review,Bd.45 (1955),S.531 ff.

(487) -- The theory of the growth of firm,Oxford 1959.

(488) Pessemier,E.A.,New product decisions,New York 1966.

(489) Peter,K.,Erwünschte - unerwünschte Wirtschaftskonzentration. In:Betriebswirtschaftliche Forschung,Jg.11 (1959), S.486 ff.

(490) Petry,H., Technischer Fortschritt, integration, internationale Wettbewerbsfähigkeit und Unternehmensgröße. In:Jahrbücher für Nationalökonomie und Statistik, Bd.183 (1969),S.271 ff.

(491) -- Konglomerale Fusion und Wettbewerb.In:Schmollers Jahrbuch,Jg.90 (1970),S.547 ff.

(492) Phillips,A.,Concentration, scale and technological change in selected manufacturing industries 1899-1939. In:Journal od Industrial Economics,Bd.4 (1955/56), S.179 ff.

(493) -- Market structure,organization and perforemance, Cambridge Mass. 1962.

(494) Phillips,A.,Patents,potential competition and technical progress.In:American Economic Association, Papers,Mai 1966.

(495) Piganiol,P.,Industrial competition and R & D.In:European Business,Jan.1968.

(496) Pöhl,K.O.,Wirtschaftliche und soziale Aspekte des technischen Fortschritts in der USA,Göttingen 1967.

(497) Pohmer,D.,Betrieb und Unternehmung als Merkmalsträger von Konzentrationserscheinungen.In:Fettel,J./Linhardt,H.(Hrsg.),Der Betrieb in der Unternehmung, Festschrift für W.Rieger,Stuttgart 1963,S.102 ff.

(498) Prahl,K.,Patentschutz und Wettbewerb,Göttingen 1969.

(499) Prais,S.J.,Size, growth and concentration.In:Tew,B./Henderson,R.F.,Studies in company finance,Cambridge 1959,S.108 ff.

(500) Pratten,C.F.,Economies of scale in manufacturing industry , Cambridge 1971.

(501) Pretsch,J.,Zusammenarbeit zwischen Staat und Industrie in Forschung und Entwicklung.In:Mitteilungen des Bundesverbandes der Deutschen Industrie,Jg.16 (1968),Nr.7 A.

(502) Prognos AG,Unternehmensgröße und internationale Wettbewerbsfähigkeit,Basel 1968.

(503) -- Unternehmensgröße und internationales Wachstum. Eine Untersuchung über die Wettbewerbsposition der westdeutschen Industrie,Basel 1968.

(504) Prosi,G.,Technischer Fortschritt als mikroökonomisches Problem.In:Berner Beiträge zur Nationalökonomie, Bd.4,Bern-Stuttgart 1966.

(505), Purdy,H.L./Lindahl,M.L./Carter,W.A.,Corporate concentration and public policy,2.Auflage,Naw York 1950.

(506) Pütz,T., Marktmechanismus, wirtschaftliche Macht und Wirtschaftsordnung.In:Jahrbuch für Sozialwissenschaft,Bd.2 (1951),S.1 ff.

(507) Quinn,J.B.,Technological competition: Europe verus USA.In: Harvard Business Review,Jul./Aug.1966.

(508) Ray,G., The diffusion of new technology: A study of ten processes in nine industries.In:National Institute Economic Review,Mai 1969.

(509) -- The rate of technologycal diffusion.In:National Institute Economic Review,Nr.48,Mai 1969.

(510) Reddaway,W.B./Smith,A.B.,Progress in british manufacturing industries in the period 1948-1954.In:Economic Journal,März 1960.

(511) Reuter,A.L.,Konzentration und Wirtschaftswachstum,Bonn-Köln-Opladen 1967.

(512) Richter,R.u.a.,Technischer Fortschritt und die industrielle Gesellschaft,Frankfurt a.M. 1972.

(513) Robert,E.,Technical process and innovation.In:Oxford Economic Papers, Bd.18 (1966),Nr.2.

(514) Roberts,E.,The mythos of research management.In:Science and Technology,April 1968.

(515) -- Entrpreneurship and technology.In:Science Journal,Dez 1968.

(516) Robertson,T.S.,Determinants of innovative behavior,(Diss.), Northwestern University 1966.

(517) -- The process of innovation and the diffusion of innovation.In:Journal of Marketing,Bd.31 (1967), S.14 ff.

(518) Robinson,A.,The problem of management and the size of the firms.In:Economic Journal,Bd.44 (1934),S.242 ff.

(519) Robinson,E.A.G.,The structure of conpetitive industry, Chicago 1958.

(520) Robinson,J.,Imperfect competition revisited.In:Economic Journal,Bd.63 (1953),S.579 ff.

(521) -- The economics of imperfect competition,London 1959.

(522) Rogers,E.M.,Diffusion of innovations,New York-London 1962.

(523) Rogers,E.M./Beal,G.M.,The importance of personal influence in the adoption of technological changes.In: Social Forces,Bd.36 (1958),S.329 ff.

(524) Rogers,E.M./Shoemaker,F.F.,Diffusion of innovation: A cross-cultural approach,New York 1968.

(526) Rogers,E.M./Stanfield,J.D.,Adoption and diffusion of new products:Emerging generalizations and hypotheses. In:Bass,F.M./King,C.W./Pessemier,E.A.(Hrsg.), Application of the science in marketing management,New York 1968,S.227 ff.

(527) Röper,B., Ansätze zu einer wirklichkeitsnahen und dynamischen Theorie der Monopole und Oligapole.In: Weltwirtschaftliches Archiv,Bd.67 (1951),S.218 ff.

(528) Röpke,W., Wettbewerb (II),Ideengeschichte und ordnungspolitische Stellung.In:Handwörterbuch der Sozialwissenschaften,Bd.12,Stuttgart-Tübingen-Göttingen 1965,S.29 ff.

(529) -- Primitive Wirtschaft, Kulturwandel und die Diffusion von Neuerungen,Tübingen 1970.

(530) Rosenbluth,G.,Round table Gespräch über Messung der industriellen Konzentration.In:Neumark,F.(Hrsg.), Die Konzentration in der Wirtschaft,Berlin 1961, S.391 ff.

(531) Rubenstein,A.W./Brewer,D.E.,Research and development in the Chicago area electronics industry,Evanston 1962.

(532) Ruttan,V.W.,Usher und Schumpeter on invention, innovation, and technical change.In:Quaterly Journal of Economics,(1959),S.596 ff.

(533) Ryan,B./Gross,N.C.,The diffusion of hybrid seed corn in two Iowa communities.In:Rural Sociology,Bd.8 (1943),S.15 ff.

(534) Salin,E., Kartellverbot und Konzentration.In:Kyklos,Bd.16 (1963),S.177 ff.

(535) Salin,E./Stohler,J./Pawlowsky,P.(Hrsg.),Notwendigkeit und Gefahr der wirtschaftlichen Konzentration in nationaler und internationaler Sicht,Basel-Tübingen 1969.

(536) Samuels,J.M.,Size and growth of firm.In:Review of Economic Studies,Bd.32 (1965),S.105 ff.

(537) Sanders,B.S.,Some difficulties in measuring inventive activity.In:National Bureau of Economic Research, The rate and direction of inventive activity, Princeton 1962,S.53 ff.

(538) -- Patterns of commercial exploitation of patented inventions by large and small companies.In:Idea, Bd.8 (1964),S.51 ff.

(539) Saving,T.R.,Concentration ratios and the degree of monopoly. In:International Economic Review,Bd.11(1970), S.139 ff.

(540) Schätzle,G.,Forschung und Entwicklung als unternehmerische Aufgabe.In:Gutenberg,E.u.a. (Hrsg.),Beiträge zur betriebswirtschaftlichen Forschung,Bd.22, Köln-Opladen 1965.

(541) -- Unternehmensgröße und Forschungsintensität.In: Zeitschrift für betriebswirtschaftliche Forschung, H.9 (1972),S.607 ff.

(542) Scheer, Das deutsche Patentgesetz.Der komplette Komentar zu den neuen Gesetzen vom2.1.1968,Köln 1968.

(543) Scherer,F.M.,Patents and the corporation,Boston 1959.

(544) -- Corporate inventive output,profits and growth. In:Journal of Political Economy,Jun.1965.

(545) -- Firm size,market structure,opportunity,and the output of patented inventions.In:American Economic Review,Bd.55 (1965),S.10 97 ff.

(546) Scherer,F.M.,Size of firm,oligopoly.and research: A comment In:Canadian Journal of Economics and Political Science,Bd.31 (1965).

(547) -- Corporate inventive output, profit and growth. In:Journal of Political Economy,Bd.73 (1965), S.290 ff.

(548) -- Market structure and the employment of scientists and engineers.In:American Economic Review, (1967),S.524 ff.

(549) -- Research and development resource allocation under rivalry.In:Quaterly Journal of Economy, (1967),S.359 ff.

(550) -- Market structure,marketing proficiency, and international technology flows.In:Proceedings of the American Marketing Association,Nr.26 (1968), S.105 ff.

(551) -- Unternehmensgröße und technischer Fortschritt. In:Die Aussprache,H.7 (1969),S.169 ff.

(552) -- Marktstruktur,Know-how für das Marketing und die technologische Lücke.In:Ordo,Bd.19 (1968),S.159 ff

(553) -- Market structure and the stability of investment. In:American Economic Review,Papers and Proceedings,Bd.59 (1969),S.72 ff.

(554) -- Industrial market structure and economic performance,Chicago 1970.

(555) -- The determinants of industrial plant size in six nations.In:Review of Economics and Statistics, Bd.55 (1973),S.135 ff.

(556) Schlecht,O.,Die Aufgabe der Wettbewerbspolitik bei der Sicherung der gesamtwirtschaftlichen Ziele.In: Stackelberg,K.G.v.(Hrsg.),Wirtschaft im Wandel, Düsseldorf-Wien 1967,S.31 ff.

(557) Schlegel,J.,Technischer Fortschritt und " Weites Oligopol". In:Schmollers Jahrbuch,Bd.87 (1967),S.45 ff.

(558) Schmidt,I.,Neuere Entwicklungen in der Wettbewerbstheorie unter Berücksichtigung wachstumspolitischer Zielsetzungen.In:Wirtschaft und Wettbewerb,Jg.16 (1966) ,S.699 ff.

(559) -- Markttransparenz als Voraussetzung von Wettbewerbsbeschränkungen.In:Wirtschaft und Wettbewerb,Bd. 13 (1963),S.97 ff.

(560) -- Obsoleszenz und Mißbrauch wirtschaftlicher Macht. in:Wirtschaft und Wettbewerb,Jg.21 (1971),S.868 ff.

(561) Schmidtchen,D.,Für eine konsequente Wettbewerbspolitik und über die Wege dorthin: Bemerkungen zum Wettbewerbsverständnis des Sachverständigenrates.In: Zeitschrift für die gesamte Staatswissenschaft, Bd.129 (1973),S.102 ff.

(562) Schmitt-Grohé,J.,Produktinnovation. Verfahren und Organisation der Neuproduktplanung,Wiesbaden 1972.

(563) Schmookler,J.,The interpretation of patent statistics.In: Journal of Patent Office Society,Feb.1950.

(564) -- Invention, innovation, and competition.In:Soutern Economic Journal,Bd.20 (1953/54),S.380 ff.

(565) -- The level of inventive activity.In:Review of Economics and Statistics,Mai 1954.

(566) -- Bigness,fewness and research.In:Journal of Political Economy,Dez.1959.

(567) -- Economic sources of inventive activity.In:Journal of Economic History,Dez.1959.

(568) -- Technological progress and the modern american corporation.In:Mason,E.S.(Hrsg.),The corporation in modern society,Cambridge 1959,S.141 ff.

(569) Schmookler,J./Brownlee,O.,Determinants of inventive activity.In:American Economic Association,Papers,Mai 1962.

(570) Schneider,O.,Der Begriff der Konzentration.In:Zeitschrift für Betriebswirtschaft,Bd.30 (1960),S.626 ff.

(571) Schoch,R.,Die Diffusion von Neuerungen,(Habilitationsschrift),1973.

(572) Schon,A., Technology and change,The new heraclitus, Oxford-London 1967.

(573) Schon,D.,Champions for radical new inventions.In:Harvard Business Review,Mrz./April 1963.

(574) Schramm,W.E.(Hrsg.),Studies of innovation and of communication to the public,Stanford 1962.

(575) Schulz,K.E.,Zur Frage eines politisch praktikablen Wettbewerbskonzepts,(Diss.),Freiburg i.Br. 1965.

(576) Schulz,P.A.,Technischer Fortschritt und Wettbewerb unter besonderer Berücksichtigung des Rationalisierungskartells im GWB,(Diss.),Kiel 1965.

(577) Schulz,D.,Unternehmensgröße, Wachstum und Reorganisation, (Diss.),Berlin 1970,

(578) Schumpeter,J.A.,The theory of economic development,Harvard 1934.

(579) Schumpeter,J.A.,Capitalism, socialism and democracy,New York 1942.

(580) Schwartzmann,D.,Uncertainty and the size of the firm.In: Economica,Bd.30 (1963),S.287 ff.

(581) Scitovsky,T.,Economic theory and the measurement of concentration.In:National Bureau of Economic Research Business concentration and price policy,Princeton 1955,S.101 ff.

(582) -- Economics of scale, competition and European integration.In:American Economic Review,Bd.46 (1956) S.71 ff.

(583) Seiler,R.,Improving the effectiveness of research and development,New York 1965.

(584) Seraphim,H.-J.,Machtkonzentration in der Marktwirtschaft und die Verwirklichung des Wettbewerbs.In:Zeitschrift für Nationalökonomie,Bd.16 (1956),S.37 ff.

(585) Servet,W.,Natioanlökonomische Ansichten zum Begriff und zur Messung der Wirtschaftskonzentration,(Diss.), Bonn 1971.

(586) Shapley,W.H.,Problems of definition, concept and interpretation of research and development.In:National Science Foundation,59-36,Washington 1959.

(587) Sheahan,J.,Integration and exclusion in the telephone equipment industra.In:Quaterly Journal of Economics,Bd.70 (1965),S.249 ff.

(589) Shen,T.Y.,Innovation, diffusion and productivity changes. In:Review of Economics and Statistics,Bd.43 (1961) S.175 ff.

(590) -- Competition, technology and market shares.In: Review of Economics and Statistics,Bd.60 (1968), Nr.1.

(591) Shepherd,W.G.,Trends of concentration in american manufacturing industries,1947-1958.In:Review of Economics and Statistics,Bd.46 (1964),S.200 ff.

(592) Shepard,H.A.,Innovation-resisting and innovation-producing organizations.In:Journal of Business,Bd.40 (1967), S.470 ff.

(593) Scheperd,W.G.,Market power and economic welfare,New York 1970.

(594) -- Elements of market structure: An interindustry analysis.In:Southern Economic Journal,Bd.38 (1971/72),S.531 ff.

(595) Sieber,G.,Unternehmensgröße und Unternehmenskonzentration in der westdeutschen Industrie.In:Weltwirtschaftliches Institut - Mitteilungen,Jg.13 (1960), S.36 ff.

(596) Sieber,G.,Betriebskonzentration, Unternehmenskonzentration und Konzernierung,Köln 1962.

(597) Siegwart,H.,Zwang und Problematik der Konzentration in der Industrie.In:Die Unternehmung.Schweizerische Zeitschrift für Betriebswirtschaft,Jg.23 (1969),S.81 ff.

(598) Sievernicht,H.D.,Kernproblem der Wettbewerbspolitik im Hinblick auf den Tätigkeitsbereich des Bundeskartellamtes 1970.In:Die Aussprache,H.8 (1971),S.9 ff

(599) Slitor,R.E.,The tax treatment of research and innovative investment.In:American Economic Review,Bd.56 (1966).

(600) Simone,D.de,The impact of law on technological innovation, Proceedings of a conference on technology transfer and innovation,Washington 1967.

(601) Singer,E.M.,Antitrust economics. Selected legal cases and economic models,Englewood Cliffs 1968.

(602) Sohmen,E.,Competition and growth: The lesson of West Germany.In:American Economic Review,Bd.49 (1959), S.986 ff.

(603) -- Wettbewerb, Konzentration und ökonomische Effizienz.In:Ordo,Bd.20 (1969),S.123 ff.

(604) Solow,R.M.,Investment and technical progress.In:Arrow,K./ Karlin,S./Suppes,P.(Hrsg.),Mathematical methodes in the social science,Stanford 1960.

(605) Sölter,A.,Das Rätsel Wettbewerb.In:10 Jahre Kartellgesetz, Bergisch Gladbach 1968,S.459 ff.

(606) Sölter,A./Zimmerer,C.,Handbuch der Unternehmenszusammenschlüsse,München 1972.

(607) Sölter,R.,Struktur und Wettbewerbsprobleme in der EWG-Integration.In:Deutsche Gesellschaft für Betriebswirtschaft (Hrsg.),Wachsende Aufgaben der Betriebs wirtschaft im gemeinsamen Markt,Berlin 1967, S.19 ff.

(608) -- Das Mischunternehmen in der Wettbewerbsordnung. In:Salin,E.u.a.(Hrsg.),Notwendigkeit und Gefahr der wirtschaftlichen Konzentration in nationaler und internationaler Sicht,Basel-Tübingen 1969, S.153 ff.

(609) -- Technischer Fortschritt und Unternehmensgröße.Der Beitrag großer, mittlerer und kleiner Unternehmen zur Innovation.In:Berichte des Deutschen Industrie-Instituts zur Wirtschaftspolitik,Nr.6, Köln 1969.

(610) Sosnick,S.H.,Toward a concerte concept of effective competition.In:American Journal of Agricultural Economics,Bd.50 (1968),S.827 ff.

(611) Spethmann,D.,Großunternehmen im Wettbewerb.In:Salin,E./ Stohler,J./Pawlowsky,A.(Hrsg.),Notwendigkeit und Gefahr der wirtschaftlichen Konzentration in nationaler und internationaler Sicht,Basel-Tübingen 1969,S.87 ff.

(612) Spranger,P.-H.,Die Theorie von der "Countervailing Power", J.K.Galbraigh's Rechtfertigung des amerikanischen Kapitalismus.In:Hamburger Jahrbuch,Jg.1 (1956),S.158 ff.

(613) Steckler,H.O.,Profitability and size of firms,Bercely 1963.

(614) Steele,H.,Monopoly and competition in the ethical drug market.In:JLE,Bd.5 (1962),S.132 ff.

(615) -- Patent restriction and price competition in the ethical drug industry.In:Journal of Industrial Economics,Bd.12 (1964),S.198 ff.

(616) Stegemann,K.,Workable Competition nach zwanzig Jahren - Bemerkungen zu einem Buch von John Maurice Clark. in:Hamburger Jahrbuch für Wirtschafts- und Gesellschaftspolitik,Bd.9 (1964),S.237 ff.

(617) -- Wettbewerb und Harmonosierung im gemeinsamen Markt,Köln-Berlin-Bonn-München 1966.

(618) Steindl,J.,Small and big business, economic problems of size of firms,Oxford 1945.

(619) Stelzer,I.M.,Technological progress and market structure. In:Southern Economic Journal,Bd.23 (1956),S.63 ff.

(620) Stifterverband für die deutsche Wissenschaft,Stand und Struktur von Forschung und Entwicklung in Mitgliedländern der OECD,Eine Untersuchung der Ressourcen in OECD-Mitgliedsländer 1963/64,Essen 1968.

(621) -- Internationale Probleme der statistischen Erfassung der Forschungs- und Entwicklungsausgaben, Tagung der Gesprächsgruppe " Forschung in der Wirtschaft" im "Gesprächskreis Wissenschaft und Wirtschaft" mit der OECD in Düsseldorf (18.12. 1964),Essen 1966.

(622) -- Wissenschaft und Wirtschaft,Allgemeine Richtlinien für statistische Übersichten in Forschung und experimenteller Entwicklung,Essen 1971.

(623) Stigler,G.J.,Monopoly and ologopoly by merger.In:American Economic Review,Bd.40 (1950),S.23 ff.

(624) -- The economies of scale.In:Fortune,Mai 1952.

(625) -- The case against big business.In:Fortune,Mai 1952.

(626) -- The statistics of monopoly and merger.In:Journal of Political Economy,Bd.84 (1956),S.35 ff.

(627) Stigler,G.J.,Industrial organization and economic progress. In:White,L.D.(Hrsg.),The state of the social sciences,2.Auflage,Chicago 1957,S.269 ff.

(628) -- Perfect competition, historically contemplated. In:Journal of Political Economy,Bd.55 (1957), S.1 ff.

(629) -- Capital and rates of return in manufacturing industries,Princeton N.J. 1963.

(630) Stillerman,R.,Resistance to change.In:Journal for Planning and Organization,(1966),S.484 ff.

(631) Stocking,G.W./Watkins,M.W.,Monopoly and free enterprise, New York 1951.

(632) Strebel,H.,Unsicherheit und Risiko der industriellen Forschung und Entwicklung.In:Betriebswirtschaftliche Forschung und Praxis,Jg.20 (1968),S.193 ff.

(633) -- Die Bedeutung von Forschung und Entwicklung für das Wachstum industrieller Unternehmungen,Betriebswirtschaftliche Studien,Bd.3,Berlin 1968.

(634) Sturmey,S.G.,The management of research and development. In:Journal of Industrial Economics,Bd.14 (1965/66) S.91 ff.

(635) Stussig,H.,Forschung und technischer Fortschritt aus der Sicht der mittleren und kleineren Industrieunternahmen.In:BDI (Hrsg.),Stabilität und Wachstum, Bericht über die 20.Mitgliederversammlung des BDI am 18.19.6.1969 in Bonn,S.31 ff.

(636) Sutherland,A.,The diffusion of innovation in cotton spinning.In:Journal of Industrial Economics,Bd.7, (1959),S.118 ff.

(637) Swan,P.L.,Market structure and technological progress: The influence of monopoly on product innovation.In: Quaterly Journal of Economy,Bd.84 (1970),S.627 ff.

(638) Sylos-Labini,P.,Oligopoly and technical progress.In:Harvard Economic Studies,Bd.119,Cambridge Mass,1962.

(639) Terleckij,N.E.,Research and development: Its growth and composition,New York 1963.

(640) Thalhammer,R.,Der Einfluß der Konzentration auf das Wirtschaftswachstum,(Diss.)Wien 1973.

(641) Tolksdorf,M.,Hoppmanns neoklassische Wettbewerbstheorie als Grundlage der Wettbewerbspolitik.In:Jahrbücher für Nationalökonomie und Statistik,Bd.183 (1969), S.61 ff.

(642) Tuchtfeldt,E.,Wettbewerb und langfristige Wirtschaftspolitik.In:Zeitschrift für Nationalökonomie,Bd.27 (1967),S.1 ff.

(643) Tuchtfeldt,E.,Wettbewerbspolitik.In:Ehrlicher,W .u.a.(Hrsg.) Kompendium der Volkswirtschaftslehre,Bd.2,3.Auflage,Göttingen 1972,S.178 ff.

(644) Tull,D.S.,The relationship of actual and predicted sales and profits in new-product introduction.In:Journal of Business,Bd.40 (1967),S.233 ff.

(645) Tull,D.S./Rutemiller,H.C.,A note on the relationship of actual and predicted sales and profits in new product introductions.In:Journal of Business,Bd.41 (1968),S.385 ff.

(647) Turner,D.F.,Patents, antitrust, and innovation.In:Antitrust Bulletin,Bd.12 (1967),S.277 ff.

(648) -- The scope of antitrust and other economic regulatory policies.In:Harvard Law Review,Bd.82 (1969), S.1207 ff.

(649) Tybot,R.A.,Economics of research and development,Columbus 1965.

(650) Uhlmann,L.,Der technische Fortschritt in der Industrie.In: Wirtschaftskonjunktur,H.4 (1972),S.27 ff.

(651) Unterburg,G.,Die bedeutung der Patente in der industriellen Entwicklung.In:Schriftenreihe zur Industrie- und Entwicklungspolitik,Bd.3,Berlin 1970.

(652) Villard,H.H.,Competition, oligopoly, and research.In:Journal of Political Economy,Bd.66 (1958),S.483 ff.

(653) -- Reply to: Schmookler,J.:Bigness,fewness, and research.In:Journal of Political Economy,Bd.67 (1959),S.633 ff.

(654) Voigt,F., Unternehmenszusammenschlüsse (III) Staatliche Politik.In:Handwörterbuch der Sozialwissenschaften,Bd.10,Stuttgart-Tübingen-Göttingen 1959, S.565 ff.

(655) Völkel,H.,Die Regelung des Wettbewerbs in der Marktwirtschaft,(Diss.),Freiburg i.Br. 1971.

(656) Walter,H.,Bemerkungen zum gegenwärtigen Stand der Wettbewerbstheorie.In:Schmollers Jahrbuch für Wirtschafts- und Sozialwissenschaften,Jg.89 (1969), S.541 ff.

(658) -- Zusammenhang zwischen Forschung und Entwicklung Innovation und technischem Fortschritt.In: Institut für Wirtschaftsforschung(Hrsg.),Innovation in der Wirtschaft, Referate und Diskussionsbeiträge der Tagung vom 17.-19.3.1970, München 1970,S.30 ff.

(659) Weber,W.,Wettbewerb und Wachstum.In:Dürr,E./Schneider,H.K. (Hrsg.),Beiträge zur Wachstumspolitik,Berlin 1970,S.158 ff.

(660) Webster,F.E.,New product adoption in industrial markets: A framework for analysis.In:Journal of Marketing, Bd.33 (1969),S.35 ff.

(661) Weinberg,E./Siegel,I.H.,Development and implications of the first transistor patents.In:PTC j.Res. & Ed., Bd.3 (1959),S.392 ff.

(662) -- Analysis of 203 transistor patents.In:PTC J.Res. & Ed.,Bd.4 (1960),S.201 ff.

(663) Weiss,L.W.,Average concentration ratios and industrial performance.In:Journal of Industrial Economics,Bd. 11 (1963),S.237 ff.

(664) Wessels,T.,Über wirtschaftspolitische Konzeption des Wettbewerbs.In:Greiß,F./Meyer,F.W.(Hrsg.),Wirtschaft, Gesellschaft und Kultur - Festgabe für Alfred Müller-Armack,Berlin 1962,S.19 ff.

(665) -- Zur volkswirtschaftlichen Problematik der Unternehmenskonzentration und der Fusion von Unternehmen.In:Jahrbücher für Nationalökonomie und statistik,Bd.184 (1970),S.360 ff.

(666) Weston,F.J.,The role of mergers in the growth of large firms,2.Auflage,Berkely-Los Angeles 1969.

(667) Wild,J., Zur Methode der Konzentrationsmessung.In:Allgemeines Statistisches Archiv,Bd.45 (1961),S.142 ff.

(668) Willeke,F.-U.,Grundsätze wirtschaftspolitischer Konzeption, Tübingen 1973.

(669) Williams,B.R.,Technology, investment and growth,London 1967.

(670) Williams,B.R./Carter,C.F.,Industry and technical progress, Oxford 1958.

(671) -- Investment in innovation, Oxford 1958.

(672) Williamson,O.E.,Innovation and market structure.In:Journal of Political Economy,Feb.1965.

(673) -- Allocative Efficiency and the limits of antitrust. In:American Economic Review,Papers and Proceedings Bd.59 (1969),S.105 ff.

(674) Winter,W.,Der Einfluß der Konkurrenzbeziehung auf den technischen Fortschritt,(Diss.),Zürich 1962.

(675) Worley,J.S.,Industrial Research and the new competition.In: Journal of Political Economy,Bd.69 (1961), S. 183 ff.

(676) Young,A.,The research and development effort in western Europe, North America and the Soviet Union,OECD, Paris 1965.

(677) Zeller,O.,Der Patentschutz als volkswirtschaftliches Problem.Die Stellungnahme eines Patentanwaltes.Inß Wirtschaftsdienst,Jg.45 (1965),S.233 ff.

(678) Zintl,R.,Organisation und Innovation.In:Politische Vierteljahresschrift,Bd.11 (1970), S.219 ff.

(679) Zimmermann,K.,Zur Bestimmung der Unternehmensgröße in der Industrie und im Handel.In:Weltwirtschaftliches Institut, Mitteilungen,Jg.13 (1960),S.157 -161 und S.218 - 220.

(680) Zohlnhöfer,W.,Wettbewerbspolitik im Oligopol. Erfahrungen der amerikanischen Antitrustpolitik.In:Beckerath, E.v./Salin,E.(Hrsg.),Studien zur Ökonomie der Gegenwart,Veröffentlichungen der List-Gesellschaft e.V.,Bd.54,Basel-Tübingen 1968.

Schriften der Kommission für wirtschaftlichen und sozialen Wandel

Band 1: **Berufliche Leistungsfähigkeit im mittleren und höheren Erwachsenenalter**
Eine Analyse des Forschungsstandes
von Prof. Dr. Hans Thomae und Prof. Dr. Ursula Lehr unter Mitarbeit von Dr. Gernot Dreher und Dr. Werner Opgenoorth
1973. XVI/98 Seiten. Kart. 18,— DM. ISBN 3-509-00615-1

Band 2: **Organisation für Innovationsentscheidungen**
Das Promotoren-Modell
von Prof. Dr. Eberhard Witte
1973. X/74 Seiten. Kart. 13,50 DM. ISBN 3-509-00616-X

Band 3: **Regionale Strukturpolitik in der Bundesrepublik**
Kritische Bestandsaufnahme
von Prof. Dr. J. Heinz Müller
1973. X/40 Seiten. Kart. 8,80 DM. ISBN 3-509-00592-9

Band 4: **Alternative Verwendungsmöglichkeiten wachsender Freizeit**
Ökonomische und sozialpolitische Implikationen
von Prof. Dr. Bernhard Külp und Dipl.-Ökonom Robert Mueller
1973. VIII/166 Seiten. Kart. 22,80 DM. ISBN 3-509-00591-0

Band 5: **Herausforderungen des deutschen Managements und ihre Bewältigung**
untersucht von Booz-Allen & Hamilton, Unternehmensberatung, Düsseldorf, mit einer kritischen Stellungnahme von Prof. D. Heinz Hartmann, Münster
1973. VI/112 Seiten. Kart. 19,— DM. ISBN 3-509-00629-1

Band 6: **Anforderungen an ein Berufsbildungssystem**
Aus gesellschaftlicher, individueller und betrieblicher Sicht
von Dr. W. Dietrich Winterhager
1973. VIII/118 Seiten. Kart. 19,50 DM. ISBN 3-509-00649-6

Band 7: **Der Lernerfolg im Erwachsenenalter**
Ergebnisse psychologischer, soziologischer und didaktischer Forschung
von Prof. Dr. Alois G. Brandenburg
1974. X/142 Seiten. Kart. 21,50 DM. ISBN 3-509-00651-8

Band 8: **Umweltbelastung — Sozialökonomische Gegenkonzepte**
Zur Internalisierung externer Nachteile
von Prof. Dr. Konrad Littmann unter Mitarbeit von Dipl.-Volksw. Dr. Berend Krüger, Dipl.-Volksw. Volkmar von Obstfelder und Dipl.-Volksw. Rudi Ulbrich
1974. VIII/108 Seiten. Kart. 22,80 DM. ISBN 3-509-00665-8

Verlag Otto Schwartz & Co., Göttingen

Schriften der Kommission für wirtschaftlichen und sozialen Wandel

Band 9: Tätigkeitsspezifische Eignungstests

Entwicklungs- und Anwendungsprobleme
von Dr. Wolfgang Schneider, Dipl.-Psych. Harald Heim und Dr. Peter A. Wacker, Institut Mensch und Arbeit, München
1975. VIII/136 Seiten. Kart. 23,— DM. ISBN 3-509-00755-7

Band 10: Patentwesen und technischer Fortschritt

Kritische Würdigung der Zusammenhänge in ausgewählten Branchen der Bundesrepublik Deutschland anhand empirischer Untersuchungen
Ifo-Institut für Wirtschaftsforschung, München. ISBN 3-509-00773-5

Teil I: *Die Wirkung des Patentwesens im Innovationsprozeß*
von Dipl.-Holzw. Dr. Klaus Grefermann, Dipl.-Volksw. Dr. Karl Heinrich **Oppenländer, Dipl.-Ing.** Dr. Elfried **Peffgen, Dipl.-Kfm. Dr. Karl Röthlingshöfer, Dipl.-Volksw. Lothar Scholz**
1974. XIV/242 Seiten. Kart. 22,— DM. ISBN 3-509-00754-9

Teil II: *Patent- und Lizenzpolitik der Unternehmen*
von Dipl.-Holzw. Dr. Klaus Grefermann und **Dipl.-** Kfm. Dr. Karl Röthlingshöfer
1974. XIV/186 Seiten. Kart. 22,— DM. ISBN 3-509-00772-7

Band 11: Struktur und Finanzierung der Aus- und Weiterbildung

Eine Untersuchung zum Zusammenhang von Finanzierung und sachlicher Steuerung
von Prof. Dr. Friedrich Edding (Projektleiter), Dr. Ullrich Boehm, Gisela Dybowsky und Dr. Hedwig Rudolph
1974. XII/174 Seiten. Kart. 23,50 DM. ISBN 3-509-00662-3

Band 12: Perspektiven des technischen Wandels und soziale Interessenlage

Eine empirische Untersuchung über die Einstellung zum technischen Wandel von Spitzenmanagern, Naturwissenschaftlern und Ingenieuren aus industrieller Forschung und Entwicklung und kaufmännischen Angestellten der Industrieverwaltung
von Klaus Barck M.A., Dipl.-Ing. Otfried Mickler, Dr. Michael **Schumann unter Mitarbeit von Dipl.-Volksw. Frank Gerlach,** Dr. Martin Osterland, Dr. Hans Jürg Schaufelberger, Rolf Schröder M.A., Hans Albert Wulf M.A.
1974. VIII/160 Seiten. Kart. 23,— DM. ISBN 3-509-00746-8

Band 13: Analyse mobilitätshemmender Motivationen

von Dipl.-Soz. Dr. Manfred Werth, Institut für Sozialforschung und Sozialwirtschaft, Saarbrücken
1974. XII/300 Seiten. 37 Seiten Anhang. Kart. 18,— DM.
ISBN 3-509-00756-5

Verlag Otto Schwartz & Co., Göttingen

Schriften der Kommission für wirtschaftlichen und sozialen Wandel

Band 14: Freizeit und Alltag
Probleme der zunehmenden Freizeit
von Dipl.-Soz. Felizitas Lenz-Romeiß
1974. VIII/80 Seiten. Kart. 14,— DM. ISBN 3-509-00763-8

Band 15: Motive und Steuerungen von Ausbildungs-Entscheidungen in verschiedenen sozialen Schichten
von Dr. Karl-Michael Kuntz
1974. VIII/52 Seiten. Kart. 12,— DM. ISBN 3-509-00771-6

Band 16: Die Innovationsentscheidung
Bestimmungsgründe für die Bereitschaft zur Investition in neue Technologien
von Prof. Dr. Alois Günter Brandenburg, Peter Brödner, Prof. Dr. Hans-Wilhelm Hetzler und Gerd Schienstock unter Mitarbeit von Ingeborg Arndt, M. R. Felde und Dipl.-Ing. Friedrich Hamke
1975. VIII/198 Seiten. Kart. 17,— DM. ISBN 3-509-00777-8

Band 17: Verbraucherinteressen und Verbraucherpolitik
von Prof. Dr. Gerhard Scherhorn u. a.
1975. XIV/248 Seiten. Kart. ca. 28,— DM. ISBN 3-509-00778-6

Band 18: Rationalisierungsschutzabkommen
Wirksamkeit und Probleme — Untersuchung zur Vermeidung sozialer Härten bei technischen und wirtschaftlichen Veränderungen
von Dipl.-Soz. Fritz Böhle und Prof. Dr. Burkart Lutz, Institut für sozialwissenschaftliche Forschung, München
1974. VIII/74 Seiten. Kart. 16,— DM. ISBN 3-509-00776-X

Band 19: Aktuelle Probleme regionaler Mobilität
Ergebnisse und Lücken der Forschung
von Prof. Dr. Rainer Mackensen (Projektleiter), Dipl.-Soz. Monika Vanberg und Dipl.-Kfm. Klaus Krämer
1975. X/202 Seiten. Kart. ca. 18,50 DM. ISBN 3-509-00779-4

Band 20: Die Entwicklung neuer Formen der Arbeitsorganisation
Internationale Erfahrungen und heutige Problemstellungen
von Lisl Klein B. A., Tavistock Institute of Human Relations, London
1975. VIII/117 Seiten. Kart. 19,50 DM. ISBN 3-509-00780-8

Band 21: Technologie und Innovation in der industriellen Produktion
Theoretischer Ansatz und empirische Analyse am Beispiel der Mikroelektronik
von Dr. Lothar Scholz
1974. XVI/322 Seiten. Kart. 19,40 DM. ISBN 3-509-00781-6

Verlag Otto Schwartz & Co., Göttingen

Schriften der Kommission für wirtschaftlichen und sozialen Wandel

---

Band 22: Berufsbildung in Großunternehmen
Eine Untersuchung der Bildungsmaßnahmen in ausgewählten Unternehmen
von Dipl.-Sozialw. Lore Seifert und Dipl.-Hdl. Heinz Uebele, Deutsche Gesellschaft für Personalführung e. V., Düsseldorf
1974. X/72 Seiten. 40 Seiten Tabellen. Kart. 12,60 DM.
ISBN 3-509-00782-4

Band 23: Betriebliche Personalplanung
Eine Literaturanalyse
von Prof. Dr. Eduard Gaugler unter Mitarbeit von Dipl.-Kfm. Karl-Heinz Huber und Dipl.-Kfm. Christoph Rummel
1974. X/356 Seiten. Kart. 19,40 DM. ISBN 3-509-00783-2

Band 24: Methoden und Informationserfordernisse der technologischen Vorausschau
von Dipl.-Ing. Erhard Ulrich und Ing. grad. Manfred Lahner
1974. X/88 Seiten und 20 Übersichten. Kart. 12,60 DM.
ISBN 3-509-00784-0

Band 25: Die Garantie des Rechts auf Arbeit
von Dr. Michael Rath
mit einem Anhang über die rechtliche Vereinbarkeit und wirtschaftliche Realisierbarkeit
von Ulrich Lohmann
1974. VIII/214 Seiten. Kart. 16,— DM. ISBN 3-509-00785-9

Band 26: Arbeitsmarktstrukturen und öffentliche Arbeitsmarktpolitik
Eine kritische Analyse von Zielen und Instrumenten
von Prof. Dr. Burkart Lutz und Dr. Dipl.-Soz. Werner Sengenberger, Institut für sozialwissenschaftliche Forschung, München
1974. X/152 Seiten. Kart. 16,— DM. ISBN 3-509-00786-7

Band 27: Politische Planung im Regierungssystem der Bundesrepublik Deutschland
von Prof. Dr. Heribert Schatz
1974. VIII/112 Seiten. Kart. 12,60 DM. ISBN 3-509-00787-5

Band 28: Politische Durchsetzbarkeit innerer Reformen
von Prof. Dr. Fritz W. Scharpf unter Mitarbeit von Lutz Mehwald M. A. und Dipl.-Verw.-Wiss. Rainer Schmitges
1974. X/138 Seiten. Kart. 12,60 DM. ISBN 3-509-00788-3

Verlag Otto Schwartz & Co., Göttingen

Schriften der Kommission für wirtschaftlichen und sozialen Wandel

Band 29: **Chancen und Probleme der beruflichen Integration von Schulabgängern ohne Hauptschulabschluß**
Untersuchungen zu Art, Umfang und pädagogischer Orientierung berufsfördernder Schulungsmaßnahmen für Lernbehinderte und -gestörte
von Klaus-Peter Klein
1974. VI/246 Seiten. Kart. 16,— DM. ISBN 3-509-00789-1

Band 30: **Gesellschaftsbezogene Unternehmensrechnung**
von Prof. Dr. Peter Eichhorn
1974. VI/132 Seiten. Kart. 12,60 DM. ISBN 3-509-00790-5

Band 31: **Die Leistungsfähigkeit des Betrieblichen Vorschlagswesens**
Aufbereitung und Darstellung der bisherigen Erkenntnisse
von Dipl.-Kfm. Richard Bessoth, Institut für Sozialforschung und Sozialwirtschaft, Saarbrücken
1975. XVI/300 Seiten. Kart. 18,50 DM. ISBN 3-509-00799-9

Band 32: **Umweltbelastungen und ihre Verteilung auf soziale Schichten**
von Dipl.-Volksw. Jan Jarre, am Institut für Europäische Wirtschaftspolitik der Universität Hamburg
Direktor: Prof. Dr. Harald Jürgensen
1975. 112 Seiten. Kart. 16,— DM. ISBN 3-509-00820-0

Band 33: **Wirtschaftswachstum und Umweltpolitik**
Umweltpolitik als Begrenzung oder Voraussetzung für wirtschaftliches Wachstum
von Privatdozent Dr. Erich Hödl
1975. VIII/76 Seiten. Kart. 19,— DM. ISBN 3-509-00800-6

Band 34: **Vermögenspolitische Konzepte in der Bundesrepublik Deutschland**
Analyse der Ziele, Mittel und Wirkungen
von Dr. Wolfgang J. Mückl, Institut für Angewandte Wirtschaftsforschung, Tübingen
1975. X/112 Seiten. Kart. 19,— DM. ISBN 3-509-00801-4

Band 35: **Berufliche Bildungschancen von Frauen**
Analyse der Literatur in der Bundesrepublik Deutschland, Frankreich, Schweden sowie in der CSSR, DDR und UdSSR
von Ursula Linnhoff und Dr. Brunhilde Sauer unter Mitarbeit von Lujza Szücs
1975. VIII/318 Seiten. Kart. 28,— DM. ISBN 3-509-00821-9

Band 36: **Technologietransfer als Instrument staatlicher Innovationsförderung**
Analyse internationaler Transfermaßnahmen
von Dr. Erik Rupp
1975. ca. 200 Seiten. Kart. ca. 27,— DM. ISBN 3-509-00822-7

Verlag Otto Schwartz & Co., Göttingen

Schriften der Kommission für wirtschaftlichen und sozialen Wandel

---

Band 37: **Wettbewerb, Unternehmenskonzentration und Innovation**
Literaturanalyse zur These vom Wettbewerb als Entdeckungsverfahren von Prof. Dr. Udo Müller unter Mitarbeit von Dipl.-Volkswirt Peter Stahlecker
1975. ca. X/260 Seiten. Kart. ca. 26,— DM. ISBN 3-509-00823-5

Band 38: **Unternehmensgröße, Unternehmenskonzentration und technologische Entwicklung**
Literaturanalyse von Dipl.-Volksw. Lioba Jüttner-Kramny
1975. VIII/254 Seiten. Kart. ca. 21,— DM. ISBN 3-509-00824-3

Band 39: **Arbeitszeitverteilung und Freizeitgestaltung**
Eine Projektion über die Möglichkeiten der Arbeitszeitverteilung und ihre Auswirkungen auf die Freizeitgestaltung der Bevölkerung
von Annekathrin Klemp und Jürgen Klemp
1975. VIII/187 Seiten. Kart. 18,80 DM. ISBN 3-509-00825-1

Band 40: **Diskrepanz zwischen Aufgabenentwicklung und Finanzierung in den Gemeinden**
von Heinz Zielinski M. A.
1975. VIII/140/IV (Literaturverzeichnis) Seiten. Kart. 16,60 DM
ISBN 3-509-00826-X

Band 41: **Perspektiven der Sozialpolitik**
Synopse sozialpolitischer Vorstellungen der Bundesregierung, SPD, FDP, CDU, CSU, DAG, des DGB und der Bundesvereinigung der Deutschen Arbeitgeberverbände
von Dipl.-Volksw. Dr. Gerhard Wilhelm Brück und Dipl.-Polit. Harald Eichner unter Mitarbeit von Dipl.-Volksw. Maria Kuhkalani
1974. VI/312 Seiten. Kart. 19,40 DM. ISBN 3-509-00803-0

Band 42: **Definition und Entwicklung der Staatsquote**
Abgrenzung, Aussagekraft und Anwendungsbereiche unterschiedlicher Typen von Staatsquoten
von Prof. Dr. Konrad Littmann, Institut für Finanzwissenschaft der Universität Hamburg, unter Mitarbeit von Dipl.-Volksw. Dr. Berend Krüger
1975. XII/204 Seiten. Kart. 16,— DM. ISBN 3-509-00804-9

Band 43: **Stabilitätspolitik bei steigender Staatsquote**
von Prof. Dr. Alois Oberhauser, Freiburg
1975. VIII/93 Seiten. Kart. 12,60 DM. ISBN 3-509-00805-7

Band 44: **Voraussetzungen erfolgreicher Umweltplanung in Recht und Verwaltung**
von Dr. Hans-Georg Flickinger und Dr. Stefan Summerer
1975. XII/210 Seiten. Kart. 16,— DM. ISBN 3-509-00806-5

Verlag Otto Schwartz & Co., Göttingen

Schriften der Kommission für wirtschaftlichen und sozialen Wandel

---

Band 45: **Konjunktur und Arbeitsmarkt**
Eine empirische Studie
von Dr. Heiner Abels, Prof. Dr. Paul Klemmer, Prof. Dr. Heinz Schäfer und Dipl.-Ökonom Wolfgang Teis
1975. VI/125 Seiten. Kart. 12,60 DM. ISBN 3-509-00807-3

Band 46: **Einflüsse der Europäischen Gemeinschaft auf die Regionalpolitik der Bundesrepublik Deutschland**
von Dr. Fritz Franzmeyer, Dr. Siegfried Schultz, Dr. Dieter Schumacher und Dipl.-Volksw. Bernhard Seidel, Deutsches Institut für Wirtschaftsforschung, Berlin
1975. VI/230 Seiten und 44 Seiten Anhang sowie zahlr. Tab. u. Übers. Kart. 16,— DM. ISBN 3-509-00808-1

Band 47: **Verkehr und Kommunikation**
Möglichkeiten zur Minimierung des Verkehrsaufkommens. Ein Beitrag zur langfristigen Lösung des Verkehrsproblems
von Dieter W. Kreuz und Rainer Schultz-Wild, Sozialwissenschaftliche Arbeitsgruppe München, unter Mitarbeit von Herbert Fischer
1975. XIV/240 Seiten. Kart. 16,— DM. ISBN 3-509-00809-X

Band 48: **Möglichkeiten der Reform des Gesundheitswesens in der Bundesrepublik Deutschland**
Eine Literaturanalyse
von Dr. rer. pol. Peter Rosenberg, Deutsches Institut für Wirtschaftsforschung, Berlin
1975. X/362 Seiten. Kart. 19,40 DM. ISBN 3-509-00810-3

Band 49: **Die Luft- und Raumfahrtpolitik der Bundesrepublik Deutschland**
Forschungs- und Entwicklungsprogramme in der Kritik
von Dr. Jürgen Schulte-Hillen unter Mitarbeit von Dipl.-Ing. Dr. Ing. U. Sprengel und Dipl.-Ing. N. Treinies
1975. IV/200 Seiten. Kart. 16,— DM. ISBN 3-509-00811-1

Band 50: **Möglichkeiten der Verbesserung der Einkommens- und Vermögensstatistik**
Konzeption einer Verteilungsrechnung für die Bundesrepublik Deutschland
von Prof. Dr. Hans-Jürgen Krupp
1975. X/210 Seiten. Kart. 16,— DM. ISBN 3-509-00812-X

Band 51: **Der Arbeitsmarkt für Akademiker in Japan**
von Ulrich Teichler und Yoko Teichler-Urata
1975. 262 Seiten. Kart. 19,40 DM. ISBN 3-509-00813-8

Verlag Otto Schwartz & Co., Göttingen

Schriften der Kommission für wirtschaftlichen und sozialen Wandel

Band 66: **Die Chancen staatlicher Innovationslenkung**

— Ansätze für eine staatliche Beeinflussung der Richtung und des Umfangs der Innovationen auf der Unternehmensebene —
von Prof. Dr. Konrad Littmann
unter Mitarbeit von Dipl.-Volksw. Inge Bornemann und Dipl.-Volksw. Rainer Paulenz
1975. 256 Seiten. Kart. 19,40 DM. ISBN 3-509-00846-4

Band 67: **Freizeitpolitik in der Bundesrepublik**

von Dipl.-Soz. Felizitas Lenz-Romeiß
1975. 175 Seiten und 20 Seiten Anhang. Kart. 16,— DM.
ISBN 3-509-00847-2

Band 68: **Ansätze zur Lösung des Jungarbeiterproblems**

von Prof. Günter Wiemann
unter Mitarbeit der Studienreferendare Karl-Heinz Böse, Horst Biermann, Joachim Düffert, Peter Heilhoff, Hans-Adolf Knopp, Hans-Georg Kappler und Christoph Markert
1975. 523 Seiten. Kart. 28,— DM. ISBN 3-509-00848-0

Band 69: **Argumente für und gegen eine beschäftigungsorientierte Bildungspolitik**

— Literaturanalyse —
von Dipl.-Volksw. Gerhard Kühlewind und Dipl.-Volksw. Manfred Tessaring
1975. XII/160 Seiten. Kart. 16,— DM. ISBN 3-509-00849-9

Band 70: **Arbeitsbedingungen im Wandel**

— Ein Literatur- und Materialbericht —
von Dipl.-Sozialwirt Ulrich Mergner, Dr. Martin Osterland und M. A. Klaus Pelte, Soziologisches Forschungsinstitut Göttingen (SOFI)
mit Stellungnahmen des Instituts für angewandte Arbeitswissenschaft e. V., Köln und des Wirtschafts- und Sozialwissenschaftlichen Instituts des DGB, Düsseldorf
1975. ca 350 Seiten. Kart. 19,40 DM. ISBN 3-509-00850-2

Band 71: **Die Umverteilung der Einkommen durch den Staat in der Bundesrepublik in den Jahren 1960—72**

von Dr. Martin Heilmann
1976. ca. 160 Seiten. Kart. 16,— DM. ISBN 3-509-00851-0

Band 72: **Neue Strukturen der Arbeitszeitverteilung**

— Möglichkeiten, Voraussetzungen und Konsequenzen —
von Dr. Bernhard Teriet
1976. ca. 150 Seiten. Kart. ISBN 3-509-00852-9

Verlag Otto Schwartz & Co., Göttingen

Schriften der Kommission für wirtschaftlichen und sozialen Wandel

---

Band 73: **Die internationale Verflechtung der Umweltproblematik**
von Dipl.-Volksw. Rainer Buhné, am Institut für Europäische Wirtschaftspolitik der Universität Hamburg
Direktor: Prof. Dr. Harald Jürgensen
1976. 140 Seiten. Kart. ISBN 3-509-00853-7

Band 74: **Staatliche Förderung „umweltfreundlicher" Technologien**
von Prof. Dr. Karl William Kapp
unter Mitarbeit von lic. rer. pol. Hans Baumann und lic. rer. pol. Peter Wachtl
1976. 238 Seiten. Kart. ISBN 3-509-00854-5

Band 75: **Der Anteil staatlich-administrierter Preise am Preisindex**
— Eine empirische Untersuchung für die Periode 1950 bis 1973 —
von Dr. Helmut Bott
1976. 140 Seiten. Kart. ISBN 3-509-00855-3

Band 76: **Warenkennzeichnung — ein Mittel der Verbraucherinformation**
von Adrian Weser unter Mitarbeit von Ingrid Annuk
1976. 137 Seiten. Kart. ISBN 3-509-00856-1

Band 77: **Verdeckte Arbeitslosigkeit**
— Probleme der Messung in der Bundesrepublik —
von Dipl.-Volksw. Franz Egle, Dipl.-Volksw. Angelika Ernst und Dipl.-Volksw. Peter Schnur
1976. ca. 220 Seiten. Kart. ISBN 3-509-00857-X

Band 78: **Abgrenzung regionaler Aktionsräume der Arbeitskräftepolitik**
— Zwei Gutachten zur regionalen Arbeitsmarktpolitik und zur Typisierung von Arbeitsmarktregionen —
von Dr. Ursula Engelen-Kefer und Prof. Dr. Paul Klemmer
1976. ca. 200 Seiten. Kart. ISBN 3-509-00858-8

Band 79: **Niveau- und strukturorientierte Umweltpolitik**
— Instrumentenanalyse und internationaler Vergleich —
von Dipl.-Volksw. Peter Stamer, am Institut für Europäische Wirtschaftspolitik der Universität Hamburg
Direktor: Prof. Dr. Harald Jürgensen
1976. ca. 210 Seiten. Kart. ISBN 3-509-00859-6

Band 80: **Instrumente der Umweltpolitik**
— Informationsvoraussetzungen, Erfolgsbedingungen, Wirkungsanalyse —
von Prof. Dr. Horst Siebert unter Mitarbeit von Dipl.-Volksw. Wolfgang Vogt
1976. 270 Seiten. Kart. ISBN 3-509-00860-X

Verlag Otto Schwartz & Co., Göttingen

Schriften der Kommission für wirtschaftlichen und sozialen Wandel

Band 81: **Die Flexibilität öffentlicher Ausgaben**
— Eine Analyse der Restriktionen ausgabenpolitischer Handlungsspielräume —
von Dr. Dieter Ewringmann, Finanzwissenschaftliches Forschungsinstitut an der Universität Köln
1975. ca. 170 Seiten. Kart. 16,— DM. ISBN 3-509-00861-8

Band 82: **Die Verteilung von Gütern und Diensten auf die verschiedenen Bevölkerungsschichten**
— Eine Literaturstudie zu Problemen der Messung und der politischen Beeinflußbarkeit —
von Dr. Klaus-Dirk Henke
1975. VI/158 Seiten. Kart. 12,60 DM. ISBN 3-509-00862-6

Band 83: **Die Steuerungsfunktion von Zertifikaten und formalisierten Ausbildungsgängen für das Beschäftigungssystem**
von Dipl.-Volksw. Dr. Klaus Schweikert und Dorothea Grieger M. A.
1975. 209 Seiten. Kart. 16,— DM. ISBN 3-509-00863-4

Band 84: **Steuerungssysteme des Arbeitsmarktes**
— Vergleich von Frankreich, Großbritannien, Schweden, DDR und Sowjetunion mit der Bundesrepublik Deutschland —
von Dr. Günther Schmid
1975. 355 Seiten. Kart. 19,40 DM. ISBN 3-509-00890-1

Band 85: **Die Förderungsprinzipien und Instrumente der Forschungs- und Technologiepolitik**
— Eine Analyse ihrer Wirksamkeit —
von Dipl. Volksw. Gerhard Bräunling und
Dr. rer. nat. Dirk-Michael Harmsen
Institut für Systemtechnik und Innovationsforschung, Karlsruhe
1975. 339 Seiten. Kart. 19,40 DM. ISBN 3-509-00891-X

Band 86: **Neue Formen gesellschaftlicher Selbststeuerung in der Bundesrepublik Deutschland**
— Diskussion an Beispielen aus den Bereichen Bildung, Soziale Sicherung und Kommunale Selbstverwaltung —
von Prof. Dr. Eckart Pankoke, Dipl. Sc. Soc. Hans Nokielski, Dipl. Sc. Soc. Dr. Theodor Beine
Universität Essen
1975. ca. 200 Seiten. Kart. 16,— DM. ISBN 3-509-00892-8

Band 87: **Die Entwicklung von „Randgruppen“ in der BRD**
— Literaturstudie zur Entwicklung randständiger Bevölkerungsgruppen —
von Alfred Kögler, GEWOS e. V.
1975. ca. 500 Seiten. 28,— DM. ISBN 3-509-00893-6

Verlag Otto Schwartz & Co., Göttingen

Schriften der Kommission für wirtschaftlichen und sozialen Wandel

---

Band 88: **Berufsberatung und Berufslenkung**

Teil I: Vergleich der Systeme der Berufsberatung und Berufslenkung in Schweden, DDR, USA, Schweiz und Bundesrepublik Deutschland im Hinblick auf die weitere Entwicklung der Berufsberatung
von Dipl. Pol. Harald Eichner
Dr. phil Udo Wagner

Teil II: Länderstudien
— Berufsorientierung und Berufsberatung in Schweden —
von Dipl.-Volksw. Dr. Jürgen Hartmann
— Berufsberatung und -lenkung im System der Arbeitskräfteplanung der DDR —
von Ulrich Lohmann, unter Mitarbeit von Hartmut Fischer
— Berufsberatung in den USA —
von Dipl.-Pol. Harald Eichner
— Berufsberatung in der Schweiz —
von Dr. phil. Udo Wagner
1976. ca. 350 Seiten. Kart. 19,40 DM. ISBN 3-509-00894-4

Band 89: **Politische Beteiligung in der Bundesrepublik Deutschland**
von Thomas Ellwein, Ekkehard Lippert und Ralf Zoll
unter Mitarbeit von Detlef Bald
1975. ca. 220 Seiten. Kart. 16,— DM. ISBN 3-509-00895-2

Band 90: **Aufgaben und Qualifikation der öffentlichen Verwaltung**
von Prof. Dr. Gerhard Brinkmann
1976. ca. 180 Seiten. Kart. 16,— DM. ISBN 3-509-00896-2

Band 91: **Politische Planung im Ruhrgebiet**
— Analyse der staatlichen Planungen und Maßnahmen zur Strukturverbesserung des Ruhrgebietes —
von Dipl.-Volksw. Dr. Hans-Winfried Lauffs und Dipl.-Sozw. Werner Zühlke
1976. ca. 170 Seiten. Kart. 16,— DM. ISBN 3-509-00897-9

Band 92: **Gesellschaftliche Bedürfnislagen**
— Möglichkeiten und Grenzen ihrer wissenschaftlichen Bestimmung —
von Dipl.-Soz. Katrin Lederer und Prof. Dr. Rainer Mackensen
1975. ca. 150 Seiten. Kart. 12,60 DM. ISBN 3-509-00898-7

Band 93: **Politik und Koordinierung**
— Untersuchung ausgewählter Verfahren der Ziel- und Programmkoordination innerhalb und zwischen Ressorts sowie zwischen Gebietskörperschaften —
von Bodo A. Baars, Karl B. Baum, Jobst Fiedler
1975. ca. 230 Seiten. Kart. 16,— DM. ISBN 3-509-00899-5

Band 94: **Die Umverteilungswirkungen der Einkommensteuerreform 1975**
von Dr. Martin Heilmann
Institut für Finanzwissenschaft der Christian-Albrechts-Universität, Kiel
1975. ca. 135 Seiten. Kart. 12,60 DM. ISBN 3-509-00900-2

Verlag Otto Schwartz & Co., Göttingen

Schriften der Kommission für wirtschaftlichen und sozialen Wandel

---

Band 95: **Technischer Fortschritt**

— Kritische Beurteilung von Meß- und Prognosekonzepten —
Untersuchung durchgeführt unter der Leitung von Prof. Dr. Gottfried Bombach und Dr. Niklaus Blattner
mit Beiträgen von Lic. rer. pol. Christoph Bauer, Dr. Niklaus Blattner, Prof. Dr. Gottfried Bombach und Lic. rer. pol. Anton Hoffarth
1976. ca. 400 Seiten. Kart. 28,— DM. ISBN 3-509-00901-0

Band 96: **Weiterbildung und Arbeitsmarktpolitik**

— Ansätze zu einer arbeitsmarktorientierten Steuerung beruflicher Weiterbildung —
von Prof. Dr. A. Günter Brandenburg
1975. ca. 170 Seiten. Kart. 16,— DM. ISBN 3-509-00902-9

Band 97: **Raumordnungspolitik als integrierte Entwicklungspolitik**

— Kritische Analyse, Zielsysteme, Reformansätze —
von Prof. Dr. Ulrich Brösse
Institut für Wirtschaftswissenschaften, Rheinisch-Westfälische Technische Hochschule Aachen
1975. ca. 320 Seiten. Kart. 19,40 DM. ISBN 3-509-00903-7

Band 98: **Die Familienhaushalte im wirtschaftlichen und sozialen Wandel**

— Rationalverhalten, Technisierung, Funktionswandel der Privathaushalte und das Freizeitbudget der Frau —
von Prof. Dr. Rosemarie von Schweitzer und Prof. Dr. Helge Pross
Unter Mitarbeit von: Dipl. rer. pol. Boetticher, Dipl. oec. troph. Boland-Weinhuber, Prof. Dr. Bottler, Dipl. oec. Dern, Dipl. oec. troph. Gröschner, Dipl. oec. troph. Leonhäuser, Dipl. oec. troph. Dr. Pfannkuch, M. A. Pieper, Dipl. oec. troph. Dr. Seel, Prof. Dr. Schmucker, Dipl. oec. troph. Dr. Watz
1976. ca. 450 Seiten. Kart. 28,— DM. ISBN 3-509-00904-5

Band 99: **Stabilitätspolitik**

— Ein Überblick über die aktuelle Diskussion und Perspektiven einer Neuorientierung —
von Dr. Heinz Kock, Dr. Eduard Leifert, Dr. Alfons Schmid, Dr. Ludwig Stirnberg
Universität Augsburg
1976. ca. 145 Seiten. Kart. 12,60 DM. ISBN 3-509-00905-3

Band 100: **Zur Relativierung des Zieles der Geldwertstabilität**

von Prof. Dr. Erich Streissler, Dr. Lutz Beinsen, Dr. Hannes Suppanz
Institut für Wirtschaftswissenschaften der Universität Wien
Mit einer Stellungnahme von Prof. Dr. Kurt W. Rothschild, Hochschule für Sozial- und Wirtschaftswissenschaften, Linz
1976. ca. 350 Seiten. Kart. 19,40 DM ISBN 3-509-00906-1

Verlag Otto Schwartz & Co., Göttingen

Schriften der Kommission für wirtschaftlichen und sozialen Wandel

Band 109: **Technologische Entwicklung**

Teil 1: Prinzipien und allgemeine Tendenzen

von Prof. Dr. Ing. Hans Rumpf, Dr. rer. nat. Helmut Rempp und Dipl.-Ing. Manfred Wiesinger

1976. ca. 200 Seiten. Kart. 16,— DM. ISBN 3-509-00915-0

Teil 2: Energie, Transport und Verkehr, Information (einschl. Meßtechnik), Rohstoffe, Werkstoffe, Produktion

von Prof. Dr. Ing. Hans Rumpf, Dr. rer. nat. Helmut Rempp und Dipl.-Ing. Manfred Wiesinger

1976. ca. 370 Seiten. Kart. 19,40 DM. ISBN 3-509-00916-9

Teil 3: Chemie, Maschinenbau, Bautechnik, Lebensmitteltechnik, Umweltschutz

von Prof. Dr. Ing. Hans Rumpf, Dr. Ing. Manfred H. Pahl, Dr. rer. nat. Helmut Rempp, Dipl.-Wi.-Ing. Heinz Reinhardt und Dipl.-Ing. Manfred Wiesinger

1976. ca. 360 Seiten. Kart. 19,40 DM. ISBN 3-509-00917-7

Band 110: **Der Staat und die Steuerung der Wissenschaft**

— Analyse der Forschungs- und Technologiepolitik der Bundesregierung —

von Prof. Dr. phil. Ulrich Albrecht, Claus Koch, Prof. Dr. phil. Wolf-Dieter Narr, Dipl.-Ing. Rainer Riehle und Dipl.-Phys. Karl Schmitz

1976. ca. 530 Seiten. Kart. 28,— DM. ISBN 3-509-00918-5

Band 111: **Die Massenmedien in der postindustriellen Gesellschaft**

Konsequenzen neuer technischer und wirtschaftlicher Entwicklungen für Aufgaben und Strukturen der Massenmedien in der Bundesrepublik Deutschland

von Horst Decker, Prof. Dr. Wolfgang R. Langenbucher und Günter Nahr

Arbeitsgemeinschaft für Kommunikationsforschung e. V., München unter Mitarbeit von Jürgen Huber und Dietrich Steinhorst

1976. 475 Seiten. Kart. 28,— DM. ISBN 3-509-00919-3

Band 112: **Massenmedien und ihre Wirkungen**

Kommunikationspolitische Konsequenzen für den publizistischen Wandel Literaturexpertise — Bibliographie

von Dr. Josef Hackforth

unter Mitarbeit von Ilka Heiner, Christina Holtz, Hans-Joachim Möller, Wilhelm Noelke, Werner Pöhler, Ingrid Rieskamp, Dieter Stein, Sibylle Voss

1976. 276 Seiten. Kart. 19,40 DM. ISBN 3-509-00920-7

Band 113: **Privates Anlagekapital für die staatliche Forschungspolitik**

Alternative Finanzierungsmöglichkeiten der staatlichen Forschungs- und Technologiepolitik unter besonderer Berücksichtigung der Ertragsbeteiligung der Öffentlichen Hand

von Dipl.-Ing. Friedrich Hamke

1976. ca. 200 Seiten. Kart. 16,— DM. ISBN 3-509-00921-5

Verlag Otto Schwartz & Co., Göttingen

Schriften der Kommission für wirtschaftlichen und sozialen Wandel

Band 114: **Nachholbedarf an haushaltsorientierter Infrastruktur in den Regionen der Bundesrepublik Deutschland**

Eine empirische Bestandsaufnahme

von Dipl-Volksw. Stefan Heckhausen
Deutsches Institut für Wirtschaftsforschung, Berlin

1976. 524 Seiten. Kart. 28,— DM. ISBN 3-509-00922-3

Band 115: **Verwaltungseffizienz und Motivation**

Anreize zur wirtschaftlichen Verwendung öffentlicher Mittel durch die Titelverwalter

von Jochen Denso, Dipl.-Volksw. Dr. Dieter Ewringmann, Prof. Dr. Karl-Heinrich Hansmeyer, Dipl.-Pol. Dr. Rainer Koch, MinDirig. Dr. Herbert König, Prof. Dr. Heinrich Siedentopf

1976. ca. 150 Seiten. Kart. 16,— DM. ISBN 3-509-00923-1

Verlag Otto Schwartz & Co., Göttingen

